鸭绿江、图们江及乌苏里江流域新石器文化研究

杨占风 著

文物出版社

责任印制：张道奇

责任编辑：许海意　于炳文

图书在版编目（CIP）数据

鸭绿江、图们江及乌苏里江流域的新石器文化研究／
杨占风著. —北京：文物出版社，2013.11
ISBN 978 - 7 - 5010 - 3896 - 1

Ⅰ.①鸭…　Ⅱ.①杨…　Ⅲ.①新石器时代文化—
研究—东北地区　Ⅳ.①K871.134

中国版本图书馆 CIP 数据核字（2013）第 265053 号

鸭绿江、图们江及乌苏里江流域
新石器文化研究

杨占风　著

＊

文 物 出 版 社 出 版 发 行
（北京市东城区东直门内北小街 2 号楼）

http://www.wenwu.com

E-mail：web@wenwu.com

北京京都六环印刷厂印刷

新 华 书 店 经 销

710×1000　1/16　印张：18　插页：3

2013 年 11 月第 1 版　2013 年 11 月第 1 次印刷

ISBN 978 - 7 - 5010 - 3896 - 1　定价：70.00 元

本书为国家社科基金项目
（编号：12BKG004）研究成果

提　要

　　本文将鸭绿江、图们江及乌苏里江流域划分为鸭绿江流域及辽东半岛黄海沿岸地区、图们江流域及大彼得湾地区、乌苏里江流域三个自然地理区域，每个区域以江为界，对中国境内和外国境内的出土材料分别进行研究，明辨各自的考古学文化，并将中外相同的考古学文化进行整合，在探讨文化年代的基础上，建立每个区域的新石器时代考古学文化的编年序列。然后将三个不同区域的考古学文化或各期之间进行横向比较，求得各区域之间文化或文化分期在时间上的对应关系，统一划分出六个时段。以纵横两方面研究为基础，建立起整个鸭绿江、图们江和乌苏里江流域新石器时代考古学文化的时空框架。在此基础上，对陶器纹饰进行了专门探讨，区分出三大纹系和六种纹类。通过各纹类在同一区域不同阶段分布情况的研究，划分出线纹系和点纹系两大纹系区；根据各纹类在不同区域不同阶段变化态势的分析，划分出四个发展时期。

序

我在 12 年前给冯恩学的《俄国东西伯利亚与远东考古》作序时，就表达了一种真诚的希望：在新世纪的第一个十年中，有更多的人在中国考古学"走向世界"的方向迈出坚定的步子，才不辜负苏秉琦先生在世时对我们的谆谆嘱托。然而，中国近期的考古事业虽然有了极大的发展，取得了举世瞩目的成就，在"走向世界"方面却不是很令人满意的。单就吉林大学来说，年青一代的考古学者，英语有不错的，在欧亚大草原地带考古方面眼界比以前宽广了，但至今没有精通俄语、日语的；虽然有了朝鲜语较好的，蒙语人才却还一个没有。这就大大限制了以边疆考古研究为主要研究方向的研究群体，在"走向世界"方面能取得的实际成效。而我所翘首以待的中国人写的《日本考古学》、《朝鲜考古学》、《蒙古考古学》、《西西伯利亚考古学》、《中亚考古学》至今还没有见到一本。

文物出版社现在要出版我校研究生杨占风的博士论文，这篇题为《鸭绿江、图们江及乌苏里江流域新石器文化研究》的论文，不限于研究我国境内的新石器时代文化遗存，而注重收集邻境的朝鲜、俄国的新石器时代文化考古资料，进行跨国境的综合研究。这无疑是边疆考古应该倡导的研究方向，即以"世界"观点认识中国的遗存，从而看清中国的考古遗存在世界中的位置。因此，此举可以说是对中国考古走向世界的一种贡献。

杨占风是我和赵宾福合带的博士生，赵宾福教授对我国东北新石器时代文化研究有素，著有《东北石器时代考古》一书。由于杨占风是当前考古研究生中少有的通俄文的，因而选定了跨境研究新石器时代文化的题目。杨占风本人在粗通俄语的冯恩学、潘玲帮助下，收罗俄国方面的资料，由他本人译成中文。还有到韩国留学回来的成璟瑭、赵俊杰等帮他搜集朝鲜文资料，而他本人则作了很细致的分析、对比、综合的研究。这样，比仅从中国国内资料所作的综合研究有了不少新的认识，因此是很可喜的。我虽然也看过几次他的论文初稿，因当时研究侧重点不在这方面，又有很多杂务，未能专注于这个课题，因此没有提出任何实质性的意见。现在想来是很抱歉的。

这次重新读了将要出版的书稿，深感杨占风在全面搜集中朝、中俄邻境地区已发表的新石器时代考古材料方面，下了很大工夫。而且在论文答辩已通过后，继续补充了新发表的资料。例如乌苏里江以东地区，就增加了乌斯季诺夫卡－8、切尔尼戈夫卡－1、卢札诺夫索普卡－5、蓝盖伊－4；而奥西诺夫卡、卢扎诺夫索普卡－2的出土陶器内容又有增加。这些，为今后在东北工作的考古工作者提供了有用的参考资料，对各方面的研究都是很有益的。他对中国境内和邻国境内新石器遗存所做的分段研究是细致认真的，建立的编年序列和划分的时间刻度是基本准确的（当然，在田野工作不够充分的实际条件下，对遗存过细的分组分段，难免有一定的主观性）。在此基础上通过横向比较进行的遗存整合研究和考古学文化的划分结果具有一定的创新性。论文构建的以三个地区、六个阶段、十四支考古学文化为时空坐标和文化内容的框架格局，是现阶段在该领域综合研究方面取得的最新认识，为日后进一步开展其他专题研究奠定了基础。另外，以陶器纹系和纹类为切入点所做的文化系统的划分和发展态势的考察，同样是很有意义的尝试，结论具有一定的合理性。论文结构严谨，层次清晰，行文流畅，在中国东北考古和东北亚考古上自然会留下自己的印迹。

我因为要在我校举行的"文化交流与社会变迁"国际学术研讨会上做主旨发言，今年7月份，在杨占风博士论文的资料基础上，对鸭绿江、图们江、乌苏里江的新石器时代诸文化作了一次综合研究。因而产生了一些不同于杨占风的见解。值此博士论文出版之际，谈两点不同的浅见，或许可以进一步引起读者们对这本书的阅读兴趣，更加关注这个领域的需要解决的问题。

第一，我从1987年指导冯恩学写硕士论文《东北平底筒形罐区系研究》起，一直把中国东北及其邻境看成一个平底筒形罐的一统天下，而没有看到这个地区新石器时代文化的复杂性。冯恩学在《俄国东西伯利亚与远东考古》中已经指出，在朝鲜半岛清川江以南地区分布有尖圜底或圜底陶器的弓山文化。在杨占风论文中所提到的平安北道定州郡"堂山下层一组"，就分明存在弓山文化的尖圜底器和圜底器（图四二：23、24、27，26虽底部不明，从纹饰看也属弓山文化无疑）。而且，在俄国滨海边区的沿海地带的博伊斯曼遗存的下层文化遗存，直到 2008 年才确知也有尖圜底陶器。和朝鲜半岛上的弓山文化合而观之，则在平底筒形罐几乎遍布中国东北及其邻境之前，早已有一些制造尖圜底陶器的人群到达此地。他们是否从东西伯利亚来的，则是一个有待探索的问题。而且，在均为使用平底器的各种考古学文化中，情况也是复杂的。像辽东半岛上的"三堂一期文化"，就显然不是从小珠山下层→小珠山中层发展而来的。我倾向于同意朱永刚在《辽东地区新石器时代含条形堆纹陶器遗存研究》的假设：条形堆纹陶器是由鲁西南经胶东半岛传入辽东半岛的。而且正如杨占风分析，影响到了朝鲜半岛的堂山贝丘上层和平安北道龙川郡双鹤里。但这一人群，除在辽东半岛融入后来的北沟文化外，又继续北上，在新民偏堡、新民东高台山、沈阳肇工街等地留下遗存；进而抵达内蒙古的奈曼旗、札鲁特旗等地，参与像南宝力皋吐墓地所反映的文化的构成。比三堂一期文化时代晚的北沟文化，除含有三堂一期文化的成分外，而且明显受到越海而来的山东龙山文化的影响（三环足盆为代表）。杨占风把朝鲜半岛上平安北道龙川郡新岩里二组陶器类比，其实这批陶器既无三堂二期文化因素，也不见山东龙山文化的因素，只是在雷纹、三角纹上有相似性，并不足以证明北沟文化分布到鸭绿江以东。因此，在研究这一地区的新石器时代考古学文化时，不仅需要细致的分期和年代上的排序，而且应加强文化因素的分析和源流上的探索。

第二，乌苏里江西侧的新石器时代考古工作，迄今做得不多。赵宾福的《东北石器时代考古》中只定了"新开流文化"和"小南山文化"两个考古学文化，后者举玉器为代表，陶器特征不明。杨占风论文中把新开流遗址发掘出土的陶器分为一组、二组，分别归入新开流文化早期和晚期，又把鸡西刀背山采集的以篦齿印纹为主的陶器分为一组、二组，分别归入新开流文化晚期和小南山 M1（即出玉器之墓）时段。根据似嫌不足。

如果从俄国境内黑龙江畔的沃兹涅谢诺夫卡遗址的层位关系来看，篦齿印纹为主的马雷舍沃文化年代上早于"黑龙江编织纹"（实际上是模仿刮去鱼鳞的鱼皮，可称为"鱼皮纹"）为主的孔东文化。马雷舍沃文化陶器的篦纹图案也有人字形构图者，与刀背山所采集的近似。因此我很怀疑刀背山采集的陶片是否代表一种比"新开流文化"更早的新石器文化，而不是相当于新开流文化晚期或更晚。

实际上，马雷舍沃文化也已出现鱼皮纹（参看《俄国东西伯利亚与远东考古》图 47：2、3），故刀背山采集到陶片上有近似方格印纹、菱形印纹也不奇怪。像我国同江街津口采集的陶片就也是以篦齿印纹为主，只有少量菱形印纹（《北方文物》2003 年 1 期 P2 之图三），而俄境的博伊斯曼二组出土的陶器只有篦齿印纹而不见鱼皮纹，似乎都暗示在乌苏里江到黑龙江沿岸存在一个早期以复杂组合的篦齿印纹为主的纹饰区，而到了新开流文化鱼皮纹发达之时，仍残留以篦齿印纹为辅助装饰的习惯。这当然有待在这个地区开展更多的有层位的发掘，才能分晓。

不过，在现有发现的基础上，我主张整个鸭绿江、图们江、乌苏里江地区的印纹陶在早期阶段可以分为南面的条形印纹（之字纹、席纹）区、中部的窝点印纹区和北部的篦齿印纹区，以清眉目。由单尖印具形成的窝点纹，应该和篦齿印具形成的篦齿纹应该分开，不宜笼统合称为"印点纹"。

总之，看过本书的人一定会强烈地感到：我国东北的东部地区（尤其是东北部）新石器时代的考古太薄弱了！黑龙江省除 1972 年发掘的密山新开流遗址之外，四十年来再没有一次有规模的新石器遗址发掘。吉林省除 1980 年发掘的龙井金谷遗址和 1986～1987 年发掘的和龙兴城遗址外，三十年来也再没有一次有规模的新石器遗址发掘。前年，双鸭山市的王学良同志邀魏存成、韩世明和我去双鸭山地区作考古考察，看到大量的新石器时代遗址和采集的遗物，有大量的工作等着有志者去做。韩世明去年又去了一次，在饶河的树林里一翻就翻出一个新开流的墓葬，还有鱼皮纹的陶片。杨占风本来是有志于东北考古的，可是现在在四川工作了。但愿他的这本书能引起读过的人关心或是投身于这个地区的考古，不负他在东北和东北亚新石器时代考古曾经花费的一番心血。

2013 年 11 月 20 日于长春

目　录

第一章 绪论

鸭绿江、图们江、乌苏里江位于我国东北的南部边境，呈西南－东北向一线式分布，为中朝、中俄的边境线。绥芬河位于图们江和乌苏里江之间，辽东半岛黄海沿岸地区的地貌及新石器时代文化面貌与鸭绿江下游一带相同，因而这两个地区的新石器时代文化研究可纳入到鸭绿江、图们江及乌苏里江流域的新石器时代文化研究范畴之内。自此，本文研究的空间范围为西南起老铁山、东北至乌苏里江口的狭长地带。自然地理条件是北依我国的长白山脉，南临朝鲜的江南山脉、咸镜山脉和俄罗斯的锡霍特山脉。涉及的区域包括我国辽宁东南部、吉林南部、黑龙江东部，朝鲜北部及俄罗斯滨海地区。

写作缘由及目的。众所周知，原始文化的分布不受当今国界的限制，边境地带的考古学文化可能具有跨国分布的特点。然而正是由此，同一考古学文化遗存往往被分割成不同的考古学文化，从而有了不同的文化命名。既然"考古学的目的是研究人类的古代情况"[1]，"最终任务是复原古代历史的本来面目"[2]，那么考古学研究就不应该拘泥于今天的国界，应该把面貌相同的、不同名称的、属于同一考古学文化的遗存整合，作为一个整体加以研究。鸭绿江、图们江和乌苏里江流域恰好处于中国与朝鲜、俄罗斯的交界带，是进行跨国文化整合研究的理想之地。正是基于以上思考，本文试对鸭绿江、图们江及乌苏里江流域的新石器遗存进行一下梳理，以期把分布在不同国家境内的、不同名称的同一考古学文化遗存统一起来，在探讨文化特点及年代关系的基础上，建立该地区新石器时代文化的时空框架，并探讨其文化格局。

---

[1] 夏鼐：《什么是考古学》，《考古》1984 年 10 期，第 931～935、948 页。

[2] 苏秉琦：《关于重建中国史前史的思考》，《考古》1991 年 12 期，第 1～11 页。

研究思路与方法。以鸭绿江、图们江和乌苏里江三条江为准，分为三个自然地理区域，每个自然地理区域划江为界，对中外材料分别研究，明确各自的考古学文化，然后将中外相同的考古学文化进行整合，建立每个区域的考古学文化序列。在此基础上，将三个区域之间的考古学文化序列进行比较，探讨整个鸭绿江、图们江和乌苏里江流域新石器时代文化的时空框架，并勾画其格局。对每个区域中外材料的处理，均以层位学和类型学作为最基本的研究方法，从典型遗址材料的分组与分段，到一般遗址材料所属段别的判定，再到所有遗址材料的分段，最后划分若干考古学文化或类型。

在进入正文写作之前，需做如下说明：

一、材料的收集。本文写作的空间范围涉及中、朝、俄三国，材料自然包含中、朝、俄三国的材料，加上一些日本学者曾在此进行过的一系列考古活动，并取得了一定的研究成果，所以材料十分庞杂，搜集起来困难很大。中文材料基本搜集完备，朝、俄、日材料尽可能地做到了搜集完备，但或可会有遗漏。有一些材料或观点笔者并未亲见原文，而是引自其他文章，对于这部分材料或观点笔者在注释前加"＊"号以示区分。

二、典型遗址和一般遗址。本文将遗址分为典型遗址和一般遗址两大类，典型遗址是指在文化识别或文化分期方面具有标尺性作用的遗址，其余遗址都归入一般遗址。

三、在研究的过程中进行陶器比较时，一般兼顾器形和纹饰两方面，但是在有些情况下，比较的双方缺乏完整器或器形无明显变化，则侧重纹饰的比较。

四、为便于中外学者理解，对于跨国文化经整合研究之后的文化名称采用"中国文化名称－国外文化名称"的形式。

第二章 鸭绿江流域及辽东半岛黄海沿岸地区的新石器文化研究

一、地理范围与研究概况

（一）地理范围

　　鸭绿江是我国与朝鲜的界江，《新唐书·高丽》："有马訾水出靺鞨之白山，色若鸭头，号鸭绿水。"杜佑《通典》同此说，载为鸭绿海淀区发源处水的颜色似鸭头羽毛绿色，所以叫鸭绿江。其发源于长白山天池，蜿蜒南流，注入黄海。鸭绿江下游江面较宽，地势平坦，与辽东半岛黄海沿岸连成一片，形成一条狭长的濒海平原带。辽东半岛黄海沿岸不但地貌与鸭绿江下游相似，新石器文化面貌也基本相同，故将之纳入到鸭绿江流域新石器文化研究范畴。

　　鸭绿江流域及辽东半岛黄海沿岸地区江河密布，自南向北依次为碧流河、英那河、大洋河、大宁江（朝）、清川江（朝）、鸭绿江，及鸭绿江的支流叆河、蒲石河、浑江、忠满江（朝）、秃鲁江（朝）、长津江（朝）、虚川江（朝）。行政区划包括我国辽宁省的大连、丹东，吉林省的通化、白山，朝鲜的平安北道、两江道。该地区南濒黄海，与胶东半岛相望，北接东北内陆，东衔朝鲜半岛，是东北内陆、胶东半岛和朝鲜半岛的桥梁与纽带。

　　鸭绿江中、上游两岸山峦叠起，河谷较深，与峡谷相仿，至今人迹罕至。鸭绿江下游与辽东半岛黄海沿岸地势则相对平坦，水量充沛，是人类栖息的理想之所。考古学研究也表明，该地区的新石器文化遗存多集中于鸭绿江下游及辽东半岛黄海沿岸，而鸭绿江中上游则寥寥无几。

（二）研究概况

由于鸭绿江流域及辽东半岛黄海沿岸地区地跨中、朝两国，新石器时代的考古工作以鸭绿江为界被分割成中、朝两部分，即中国境内和朝鲜境内。中国境内包括鸭绿江右岸的大连、丹东地区，工作主要由我国学者进行；朝鲜境内包括鸭绿江左岸的平安北道和两江道，工作主要由朝鲜学者进行。中国境内的考古工作与朝鲜境内的考古工作基本是互不干涉、相互独立进行的。有鉴于此，在介绍该区的研究概况时，这两部分将分别进行介绍。

1. 中国境内

中国境内的新石器考古工作大致可分为四个发展阶段。

第一阶段：新中国成立之前，小规模的考古调查及初步的发掘工作，主要是一些日本学者进行的考古活动。19 世纪末 20 世纪初，鸟居龙藏❶、滨田耕作❷、八木奘三郎❸等在大连地区进行过考古调查，但是由于这一时期的材料难以见到，还无法确知其中是否包含新石器时代遗存。能够确知发现有新石器时代遗存的考古工作是在 20 世纪 40 年代滨田耕作以日本学术振兴会的名义对上马石❹和文家屯❺遗址的发掘，但正式报告一直没有发表。

第二阶段：新中国成立至 60 年代，大规模的考古调查。随着第一次全国文物普查工作的蓬勃开展，该地区新石器考古工作进入了一个崭新的阶段。1957 ~

---

❶ a 安志敏：《中国辽东半岛的史前文化》，《东亚考古论集》，中国考古艺术研究中心，1998 年，第 78 ~ 88 页；b＊【日】鸟居龍藏：《满洲調查報告》，1910 年。

❷ ＊【日】滨田耕作：《旅順石塚發見土器の種類に就いて——白色土器と陶質土器の存在》，《東亞考古學研究》，1943 年，第 139 ~ 152 页。

❸ ＊【日】八木奘三郎：《满洲舊蹟志》（上编），1924 年。

❹ a＊【日】澄田正一：《遼東半島の先史遺蹟——大長山島上馬石貝塚》，《人間文化》3 號，1986 年，第 36 ~ 45 页；b＊【日】澄田正一：《遼東半島の先史遺蹟——大長山島上馬石貝塚》，《人間文化》4 号，1988 年，第 37 ~ 52 页；c＊【日】宫本一夫：《遼東半島周代併行土器の變遷——上馬石貝塚 A・BⅡ 區を中心として》，《考古學雜誌》76 卷 4 号，1991 年，第 60 ~ 86 页。

❺ a＊【日】三宅俊成：《满洲考古學概說》，1944 年，第 194 ~ 195 页；b《長山列島先史時代の小調查》，《满洲學報》第 4 卷，1936 年。

1960 年旅顺博物馆对大连市长海县进行调查时，在广鹿岛、小长山岛、大长山岛、獐子岛、海洋岛等地都发现有新石器时代遗址❶。在以往材料的基础上并结合现有发现，对新石器文化性质❷、分布与分期❸进行了一系列的探讨，提出了诸多具有建设性的意见，如"大长山岛上马石、广鹿岛吴家屯、獐子岛沙泡子、貔子窝塔寺屯的列点纹、横弧纹、纵弧纹等篦纹陶，已见于西拉木伦河流域、嫩江流域等细石器文化地带"❹，以压印之字纹筒形罐为主体的文化早于龙山文化❺，以羊头洼为代表的遗存不适合直接作为龙山文化来处理，单驼子、高丽寨遗址不能作为分期断代的根据❻等观点，为日后的深入研究奠定了基础。

第三阶段：70 年代，该地区新石器时代考古得到了蓬勃发展。1975、1976年旅顺博物馆发掘了新金县乔东遗址❼。1977 年辽宁省博物馆、旅顺博物馆发掘了郭家村遗址，并区分出上、下层遗存❽。1978 年辽宁省博物馆、旅顺博物馆和长海县文化馆对广鹿岛柳条沟东山、小珠山（小珠山遗址 1978 年的发掘简称"小珠山78"）、吴家村、蛎碴岗、南窑和大长山岛上马石等多处新石器时代贝丘遗址进行了发掘，区分并命名"小珠山下层文化类型"、"小珠山中层文化类型"、"小珠山上层文化类型"❾，初步建立起了该地的新石器文化序列，成为当地新石器时代考古学研究的标杆。

第四阶段：80 年代至今，在第二次全国文物普查的带动下，新石器时代考

---

❶　旅顺博物馆：《旅大市长海县新石器时代贝丘遗址调查》，《考古》1962 年 7 期，第 345 ~ 352 页。

❷　裴文中：《中国黑陶文化概说》，《中国史前时期之研究》，1948 年，第 167 ~ 186 页。

❸　佟柱臣：《东北原始文化的分布与分期》，《考古》1961 年 10 期，第 557 ~ 566 页。

❹　佟柱臣：《东北原始文化的分布与分期》，《考古》1961 年 10 期，第 557 ~ 566 页。

❺　旅顺博物馆：《旅大市长海县新石器时代贝丘遗址调查》，《考古》1962 年 7 期，第 345 ~ 352 页。

❻　安志敏：《记旅大市的两处贝丘遗址》，《考古》1962 年 2 期，第 76 ~ 81 页。

❼　旅顺博物馆：《大连新金县乔东遗址发掘简报》，《考古》1983 年 2 期，第 122 ~ 125、100页。

❽　辽宁省博物馆、旅顺博物馆：《大连市郭家村新石器时代遗址》，《考古学报》1984 年 3期，第 287 ~ 328 页。

❾　辽宁省博物馆、旅顺博物馆、长海县文化馆：《长海县广鹿岛大长山岛贝丘遗址》，《考古学报》1981 年 1 期，第 63 ~ 109 页。

古研究掀起了新的高潮。1980 年刘俊勇、王璁对大连市郊的文物古迹进行了全面的普查，发现了多处新石器时代遗址❶。1980～1983 年丹东市文化局文物普查队在宽甸县和振安区发现了近 20 处新石器时代遗址❷。1981 年丹东市文化局文物普查队与辽宁省博物馆的同志一起对东沟县进行了为期三个月的文物普查，先后发现了 30 余处新石器时代遗址，并对部分遗址进行了试掘❸。1983～1984 年由辽宁省博物馆主持的、丹东市文化局和东沟县文化局参加的联合考古发掘队对后洼遗址进行了正式发掘，识别并命名"后洼下层类型"和"后洼上层文化"❹。1984 年辽宁省博物馆对东沟大岗遗址进行了试掘❺。1986 年 4 月辽宁省博物馆发掘了东沟县石佛山遗址，并提出了"石佛山类型"的命名❻。同年 10 月辽宁省文物考古研究所发掘了西泉眼遗址，并提出其出土遗存与"石佛山类型"属于同一类型文化❼。1986～1988 年辽宁省海岫铁路文物工作队对海岫铁路沿线进行了考古调查，发现了多处新石器时代遗址，并对部分遗址进行了发掘❽，其中北沟西山遗址出土的遗存具有鲜明的自身特点，发掘者将之命名为"北沟文化"❾。1990 年辽宁省文物考古研究所、大连市文物管理委员会、旅顺博物馆、庄河市文物管理办公室联合对北吴屯遗址进行了考古发掘，区分出"北吴屯下层遗存"

---

❶ 刘俊勇、王璁：《辽宁大连市郊区考古调查简报》，《考古》1994 年 4 期，第 306～319 页。

❷ 许玉林、金石柱：《辽宁丹东地区鸭绿江右岸及其支流的新石器时代遗存》，《考古》1986 年 10 期，第 865～872 页。

❸ 丹东市文化局文物普查队：《丹东市东沟县新石器时代遗址调查和试掘》，《考古》1984 年 1 期，第 21～36 页。

❹ 许玉林、傅仁义、王传普：《辽宁东沟县后洼遗址发掘概要》，《文物》1989 年 12 期，第 1～22 页。

❺ 辽宁省博物馆：《辽宁东沟县大岗新石器时代遗址》，《考古》1986 年 4 期，第 300～305、382 页。

❻ 许玉林：《辽宁东沟县石佛山新石器时代晚期遗址发掘简报》，《考古》1990 年 8 期，第 673～683 页。

❼ 许玉林：《东沟县西泉眼新石器时代遗址调查》，《辽海文物学刊》1988 年 1 期，第 17～19 页。

❽ 许玉林：《海岫铁路工程沿线考古调查和发掘情况简报》，《北方文物》1990 年 2 期，第 11～19 页。

❾ 许玉林、杨永芳：《辽宁岫岩北沟西山遗址发掘简报》，《考古》1992 年 5 期，第 389～398 页。

和"北吴屯上层遗存"❶。同年辽宁省文物考古研究所、吉林大学考古学系、旅顺博物馆还联合发掘了长兴岛三堂村遗址，区分并命名了"三堂一期文化"和"三堂二期文化"❷。1991年辽宁省文物考古研究所、吉林大学考古学系、大连市文物管理委员会办公室对瓦房店交流岛哈皮地遗址进行了发掘❸。1992年大连市文物考古研究所对大潘家村遗址进行了发掘❹。1995年王嗣洲和金志伟对大连北部的庄河、瓦房店、普兰店三市的多处新石器时代遗址进行了实地调查❺。2006年、2008年中国社会科学院考古研究所、辽宁省文物考古研究所、大连市文物考古研究所再次对小珠山（小珠山遗址2006年和2008年的发掘简称"小珠山08"）和吴家村遗址进行了发掘，其中小珠山遗址简报已发表❻。

截至目前，鸭绿江流域及辽东半岛黄海沿岸地区中国境内发现的新石器时代遗址有近100处，经报道的有50多处，主要遗址的分布情况见图一（1～59），发现与发掘情况参见附表一。

关于鸭绿江流域及辽东半岛黄海沿岸地区的新石器时代研究，最初仅限于大连地区，而且普遍认为当地的原始文化均属于龙山文化❼。随着新材料的发现，龙山文化一统说被打破，在文化谱系和年代分期方面形成了不同的认识。四个类型说：以小珠山下层为代表的类型，以小珠山中层和郭家村下层为代表的类型，以小珠山上层和郭家村上层为代表的类型，以于家村下层为代表的类型❽。四

---

❶ 辽宁省文物考古研究所、大连市文物管理委员会、庄河市文物管理办公室：《大连市北吴屯新石器时代遗址》，《考古学报》1994年3期，第343～379页。

❷ 辽宁省文物考古研究所、吉林大学考古学系、旅顺博物馆：《辽宁省瓦房店市长兴岛三堂村新石器时代遗址》，《考古》1992年2期，第107～121、174页。

❸ 辽宁省文物考古研究所、吉林大学考古学系、大连市文物管理委员会办公室：《瓦房店交流岛原始文化遗址试掘简报》，《辽海文物学刊》1992年1期，第1～6、124页。

❹ 大连市文物考古研究所：《辽宁大连大潘家村新石器时代遗址》，《考古》1994年10期，第877～894页。

❺ 王嗣洲、金志伟：《大连北部新石器文化遗址调查简报》，《辽海文物学刊》1997年1期，第1～5页。

❻ 中国社会科学院考古研究所、辽宁省文物考古研究所、大连市文物考古研究所：《辽宁长海县小珠山新石器时代遗址发掘简报》，《考古》2009年5期，第16～25页。

❼ 佟柱臣：《东北原始文化的分布与分期》，《考古》1961年10期，第557～566页。

❽ 许玉林等：《旅大地区新石器时代和青铜时代文化概述》，《东北考古与历史》1982年1期，第23～29页。

种文化遗存说：小珠山（下层）类型、郭家村下层遗存、郭家村上层遗存、于家村下层类型❶。四种文化说：小珠山一期文化、小珠山二期文化、小珠山三期文化、双砣子一期文化❷。

随着遗存的进一步丰富，研究的地理范围从大连地区扩展到丹东地区，而且三堂村遗址的发掘，把原来认为属于青铜时代的哈皮地及文家屯遗址出土的以附加堆纹敛口罐为代表的遗存❸纳入到新石器时代文化范畴，同时也认识到双砣子一期文化（包括于家村下层）不是新石器时代文化，而是青铜时代文化。虽然研究在不断深化，原有认识也在不断修正，但还是存在着分歧。六个文化类型说：小珠山下层文化、小珠山中层文化、小珠山上层文化、后洼下层文化、后洼上层文化、石佛山类型❹。两区七个文化类型说：即大连地区的小珠山下层文化、北吴屯上层文化、小珠山中层文化、小珠山上层文化；丹东地区的后洼下层类型、后洼上层文化、北沟文化，北沟文化又进一步划分出具有早晚关系的两个类型，即北沟类型和石佛山类型❺。两区六种文化说：即大连地区的小珠山下层文化、小珠山中层文化、小珠山上层文化；丹东地区的后洼下层文化、后洼上层文化、北沟文化❻。五种类型一个文化说：五种类型为小珠山下层文化类型、小珠山中层文化类型、小珠山上层文化类型、三堂文化类型、北沟文化类型，并认为三堂文化类型属于小珠山中层文化类型的子类型，北沟文化类型属于小珠山上层文化类型的子类型❼，这五种类型统称为小珠山文化。

---

❶ 郭大顺、马沙：《以辽河流域为中心的新石器文化》，《考古学报》1985 年 4 期，第 417～443 页。

❷ 安志敏：《中国辽东半岛的史前文化》，《东亚考古论集》，中国考古艺术研究中心，1998年，第 78～88 页。

❸ 安志敏：《中国辽东半岛的史前文化》，《东亚考古论集》，中国考古艺术研究中心，1998年，第 78～88 页。

❹ 许玉林：《辽东半岛新石器时代文化初探》，《考古学文化论集（二）》，文物出版社，1989年，第 96～112 页；《东北地区新石器时代文化概述》，《辽海文物学刊》1989 年 1 期，第 56～87 页。

❺ 许玉林：《论辽东半岛黄海沿岸新石器文化》，《博物馆研究》1992 年 2 期，第 78～87、55 页。

❻ 赵宾福：《东北石器时代考古》，吉林大学出版社，2003 年 12 月，第 286～327 页。

❼ 王嗣洲：《小珠山下层文化类型与后洼下层文化类型的比较》，《博物馆研究》1990 年 3 期，第 64～68 页。

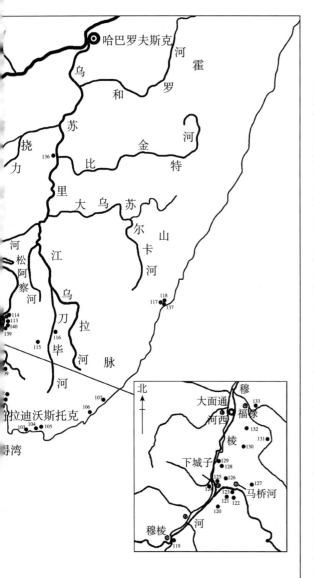

图一 鸭绿江、图们江及乌苏里江流域新石器时代遗址分布示意图

1. 南窑 2. 蛎碴岗 3. 吴家村 4. 小珠山 5. 东山 6. 东水口 7. 洪子东 8. 沙泡子村 9. 上马石 11. 清化宫 12. 姚家沟 13. 南玉村 14. 郭家村 15. 石灰窑村 16. 大潘家村 17. 王家屯 18. 文家屯 19. 哈皮地 20. 三堂村 21. 歪头山 22. 鱼山 23. 塔寺屯 24. 纪窑 25. 乔东 26. 窑南 27. 小业屯 28. 西沟 29. 北吴屯 30. 阴屯半拉山 31. 大驾地 32. 王驼子 33. 赵坨子 34. 蚂蚁坨子 35. 城山沟 36. 阎坨子 37. 蚊子山 38. 石固山 39. 老石山 40. 北沟贝墙里 41. 北沟西山 42. 西泉眼 43. 石佛山 44. 石灰窑 45. 大岗 46. 后洼 47. 小娘娘城山 48. 柞木山 49. 龙头山 50. 镇东山 51. 龙头山 52. 老温头山 53. 刘家街 54. 臭梨崴子 55. 老地沟 56. 大台子 57. 江口村 58. 大朱仙沟 59. 苇沙河 60. 新岩里 61. 龙渊里 62. 双鹤里 63. 美松里 64. 道峰里 65. 堂山 66. 细竹里 67. 土城里 68. 长城里 69. 龙坪里 70. 元帅台 71. 农浦里 72. 罗津 73. 雄基邑 74. 西潜项 75. 凤仪面 76. 黑狗峰 77. 间坪 78. 大苏二队 79. 邮电局 80. 兴城 81. 琵岩山 82. 金谷早期 83. 长东 84. 砖瓦厂 85. 大墩台 86. 东风 87. 河龙村 88. 歧新六队 89. 小孤山子 90. 迎花南山 91 西岗子 92. 参场 93. 南团山 94. 扎列奇耶－1 95. 格沃兹杰沃－4 96. 格沃兹杰沃－3 97. 扎伊桑诺夫卡－1 98. 格拉德卡亚－4 99. 扎伊桑诺夫卡－7 100. 博伊斯曼－2 101. 基罗夫斯基 102. 奥列尼 103. 别列瓦尔 104. 椴下 105. 弗拉基米尔－亚历山德罗夫斯科耶 106. 瓦连京地峡 107. 莫里亚克－雷博洛夫 108. 克罗乌诺夫卡 109. 奥西诺夫卡 110. 新谢利谢 111. 彼得洛维奇 112. 希罗金卡 113. 青树林 114. 卢扎诺夫索普卡－2 115. 列季霍夫卡－格奥洛吉切夫斯基 116. 阿尔谢尼耶夫 117. 鬼门洞穴 118. 鲁德纳亚 119. 二百户 120. 赵三沟 121. 万水江 122. 万水江东 123. 南山西 124. 金厂沟 125. 北山 126. 六道沟北 127. 沟里房 128. 后东岗东 129. 参园 130. 南天门 131. 光明 132. 中山 133. 龙庙山 134. 刀背山 135. 新开流 136. 小南山遗址和 M1 137. 乌斯季诺夫卡－8 138. 卢扎诺夫索普卡－5 139. 切尔尼戈夫卡－1 140. 蓝盖伊－4

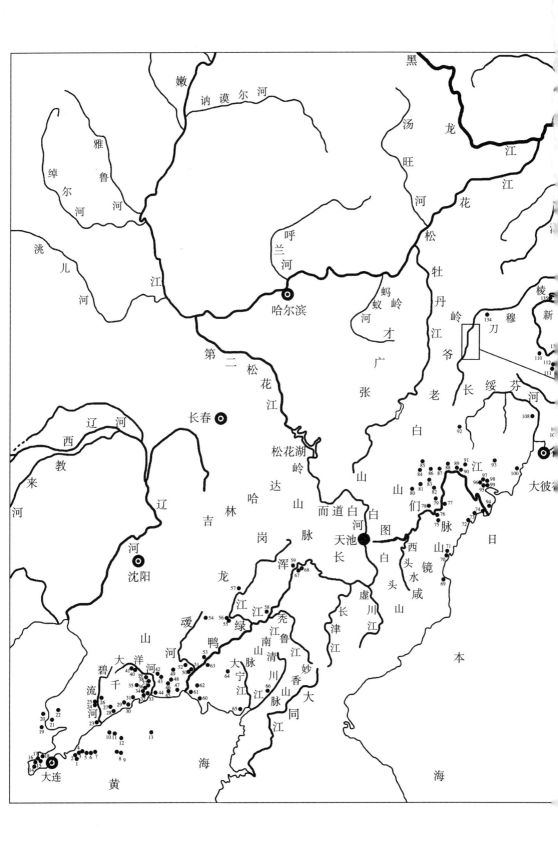

　　通过以上介绍可以看出，该地区的新石器时代考古学研究取得了瞩目的成就，但同时也存在着诸多问题。如文化与类型的概念相互混淆，文化名称不一；层位对比和文化归属屡有分歧；小珠山下层与后洼下层的关系问题；北吴屯上层和后洼上层的文化属性问题；三堂文化类型（或称三堂一期文化❶）与北沟文化的文化独立性问题；三堂类型的分布及年代问题。而且，多数文化都未进行深入的分期研究等等。

2. 朝鲜境内

　　朝鲜境内的新石器考古工作比中国境内起步要早，但是工作却做得不多，现将遗址的发现与发掘情况介绍如下。

　　早在 1958 年就发掘了堂山遗址，但当时的发掘材料一直未向学术界介绍。1959 年发掘了美松里遗址❷，在遗址下层发现有之字纹陶器遗存。1960 年发掘了长城里❸和土城里❹遗址。时隔不久，在新岩里❺和道峰里❻遗址也都发现有新石器时代遗存。1962、1963 年调查并发掘了细竹里遗址❼。为了进一步了解当地古文化状况，先后于 1964❽、1965❾、1966❿、1974⓫ 对新岩里遗址进行了 4 次

❶　辽宁省文物考古研究所、吉林大学考古学系、旅顺博物馆：《辽宁省瓦房店市长兴岛三堂村新石器时代遗址》，《考古》1992 年 2 期，第 107～121、174 页。

❷　김용간.<미송리동굴유적발굴보고>,<고고학자료집>1963 년 3 집;과학원고고학및민속학연구소:<미송리동굴유적>,<北韩文化遺迹发掘概报(上)〉,第 274-278 页，文化才管理局文化才研究所,1991 年;

❸　김종혁,<중강군 장성리 유적조사보고>,<문화유산>1962 년 6 호.

❹　리병선,<중강준 토성리 원시 및 고대유적 발굴중간보고>,<문화유산>1962 년 5 호.

❺　리병선.<평안부도 룡천군 염주군 일대의 유적 답사 보고>,<문화유산>1962 년 1 호,50-52 쪽.

❻　리병선.<평안북도 룡천군 염주군 일대의 유적답사 보고>,<문화유산>1962 년 1 호,55 쪽.

❼　김정문 김영우.<세죽리 유적 발굴 중간 보고(1)>,<고고민석>1964 년 3 호,44-54 쪽; 김정문 김영우.<세죽리 유적 발굴 중간 보고(2)>,<고고민석>1964 년 4 호,40-50 쪽; 김정문 김영우.<녕변국 세죽리 유적 발굴>,<문화유사>1962 년 6 호,68-69 쪽;안병산.<픽안북도 박천군 녕변군의 유적 조사 보고>,<문화유산>1962 년 5 호,66-72 쪽.

❽　리순진.<신암리 유적 발굴 중간 보고>,<고고민속>1965 년 3 호,40-49 쪽.

❾　김용간 리순진.<1965 년도 신암리 유적 발굴 보고>,<고고민속>1966 년 3 호,20-31 쪽.

❿　신의주력사박물관.<1966 년도 신암리유적 발굴 간략보고>,<고고민속>1967 년 2 호,42-44 쪽.

⓫　간중광.<신암리 원시유적 제 4 지점에 대하여>,<력사과학>1979 년 2 호,38-42 쪽.

发掘，其间还发掘了龙渊里遗址❶。另外在双鹤里遗址也发现有新石器时代遗存❷。1991 年又发掘了堂山遗址❸。在堂山遗址发掘之后，就再未见有关新石器时代遗存的报道。

截至目前，鸭绿江流域及辽东半岛黄海沿岸地区朝鲜境内发现的新石器时代遗址共有 9 处，其分布情况见图一（60 ~ 68），发现与发掘情况可参见附表一。

朝鲜境内新石器时代考古工作的总体特点是田野工作不充分，发现与发掘的遗址数量有限；有些考古学文化或类型的遗存刚刚露头，材料极少，给文化识别带来了一定困难；可供分期的多层遗址较少，使文化分期及文化序列的建立陷入困境。加之其他国家学者很难看到报道的材料，更不要说亲自观察或调查一手资料，使得新石器时代的考古学研究略显薄弱。

通过上述对鸭绿江流域及辽东半岛黄海沿岸地区的考古工作介绍可知，该区无论是中国境内的考古学研究还是朝鲜境内的考古学研究在取得一定成就的同时，都存在着一定的问题。"材料是认识问题的基础，只有深入分析原始材料，才有可能进一步深化或澄清已有认识。"❹ 在此思想的指导下，本文的研究，以单个遗址材料的研究为基础，从典型遗址材料的分组与分段，到一般遗址材料所属段别的确定，对中国境内和朝鲜境内经报道的所有新石器时代遗址材料重新进行梳理和检讨。在解决上述问题的基础之上，试在中国境内和朝鲜境内建立起各自的考古学文化序列，最后将中国境内与朝鲜境内相同考古学文化或类型进行比较、整合，建立起整个鸭绿江流域及辽东半岛黄海沿岸地区的新石器时代考古学文化编年序列。

---

❶　강중광.<룡연리 유적 발굴 보고>,<고고학자료집>1974 년 4 집,64-73 쪽;리병선.<평안북도 룡천군 일대의 유적 답사 보고>,<문화유산>1962 년 1 호,52-54 쪽.

❷　고고학연구소:<조선고고학개요>,1977 년.（李云铎译：《朝鲜考古学概要》，黑龙江文物出版编辑室）

❸　차달만.<당산조개무지유적 발굴보고>,<조선고고연구>1992 년 4 호;차달만:<당산유적 웃문화층 질그릇갖춤새의 특징에 대하여>,<조선고고연구>,1993 년 4 호.

❹　赵宾福：《中国东北地区夏至战国时期的考古学文化研究》，吉林大学博士论文，2005 年，第 4 页。

二、中国境内各遗址材料的分析与考古学文化的划分

（一）典型遗址材料的分组

1. 北吴屯遗址

北吴屯遗址位于辽宁省庄河市黑岛镇西阳宫村北吴屯东山脚下的"平摊地"上，东西长约 130 米，南北宽约 90 米，面积 1 万余平方米。1981 年大连市文物普查时发现，1985 年确定为大连市文物保护单位，1990 年 4 月至 8 月，辽宁省文物考古研究所、大连市文物管理委员会、旅顺博物馆、庄河市文物管理办公室联合对其进行了考古发掘❶。开 5×5 米探方 15 个，编号依次为 T1～15，揭露面积 430 平方米。发现的遗迹有 8 座房址、2 个灰坑、2 道围栅基址，出土了大量遗物，其中生产工具 500 余件，可复原的陶器 60 多件。

发掘者将北吴屯遗址分为上、下两层，上层是以刻划纹筒形罐为代表的遗存，下层是以压印纹筒形罐为代表的遗存，下层早于上层。笔者赞同上、下层的分期方案，但是认为下层遗存有进一步分期的可能。下面根据遗址的层位关系，结合陶器型式的差别，在原报告分期的基础上，对该遗址重新进行分组研究。

遗址堆积自上而下分 4 层，第②层可细分②A、②B、②C 三个亚层，第三层可细分③A、③B 两个亚层。共有 18 个单位发表了器物标本，具体为：T3②、T4②、T5②、T6②、T10②、T12②、T13②、T14②、T2③、T3③、T6③、T9③、F1、F2、F4、F6～8。

检索报告中的文字说明及"图三北吴屯遗址地层剖面图"，可知以上单位有如下几组叠压或打破关系（各单位之间的叠压或打破关系用"→"表示，下同）：

a. T6②A→T6②B→T6②C→F2→T6③（②C 层只存在 T6 内，为 F2 的废弃堆积）；

b. T4②A→F1；

---

❶ 辽宁省文物考古研究所、大连市文物管理委员会、庄河市文物管理办公室：《大连市北吴屯新石器时代遗址》，《考古学报》1994 年 3 期，第 343～379 页。

　　c. T7、8②A→F7；

　　d. T8、9②B→F8→T9③；

　　e. T6③A→F6→T6③B；

　　f. T2③B→T2④→F4。

以上述层位关系为基础，结合各单位出土的器物及其纹饰特点，对这 18 个单位的年代做一梳理，具体分析如下。

　　通过 a 组的层位关系可以看出，层位上 T6③ 早于 F2，T6③ 出土的陶器以压印纹筒形罐为主（图二，33、36），F2 出土的陶器以刻划纹筒形罐为主（图二，1、3、4），二者出土器物差别较大，属于不同时期的不同文化遗存，年代上 T6③ 早于 F2。T2③、T3③、T9③ 与 T6③ 同属遗址的第③层，那么他们与 T6③ 一样层位上早于 F2，且他们出土的陶器与 T6③ 出土陶器一样均以压印纹筒形罐为主，所以年代与 T6③ 更为接近。据 f 组层位关系可知 F4 早于 T2④，T2③ 与 T6③ 属于同一层，所以层位上 F4 早于 T6③，也必定早于 F2，F4 出土器物亦以压印纹筒形罐为主，与 T6③ 出土的陶器风格相同，年代接近。据 e 组层位关系可知，F6 位于 T6③A 和 T6③B 层之间，那么其年代也必定属于 T6③ 的年代范畴。据 d 组的层位关系可知，F8 位于 T8、9②B 下，直接打破 T9③，这样就无法从层位上判断其与 F2 的早晚，那么二者年代存在三种可能，即 F8 或早于 F2、或晚于 F2、或与 F2 同时。据 F8 发表的筒形器看（图二，28），通体压印之字纹或席纹，与 F2 出土的主要器形刻划纹筒形罐风格差别明显，与 T6③ 出土的压印纹筒形罐风格相同，因而断定年代上 F8 与 T6③ 接近，早于 F2。通过以上分析可知，T2③、T3③、T6③、T9③、F4、F6、F8 等 7 个单位均早于 F2。

　　进一步审视 T2③、T3③、T6③、T9③、F4、F6、F8 等 7 个单位，T2③、T3③、T6③、T9③ 同属第③层，F6 处于 T6③A 和 T6③B 中间，F8 打破 T9③，F4 被叠压在 T2③ 之下。从而得知层位上 F4 最早，次为 T2③、T3③、T6③、T9③ 及 F6，F8 最晚。

　　F4：82 筒形罐（图二，34）大口大底、腹壁笔直、筒腹较深、器形粗重，年代最早。T2③、T3③、T6③、T9③ 出土的器物既有如 F4：82 大口大底、腹壁笔直、筒腹较深的筒形罐（图二，31~33、35~37），又有大口小底、筒腹稍浅、腹壁微曲的筒形罐（图二，22~26），还有侈口罐、鼓腹罐（壶）等（图二，27、29、30）。地层堆积的形成，经历的时间可能较长也可能很短，即使是同一

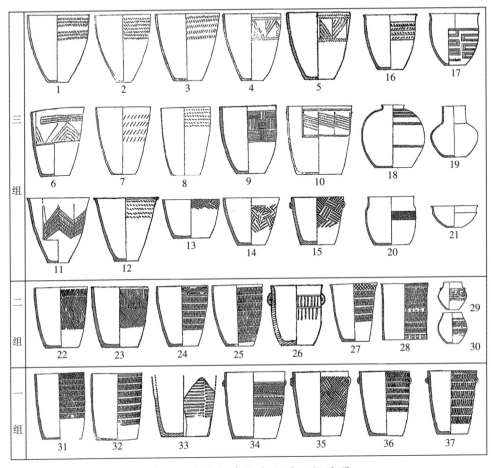

图二　北吴屯遗址出土的三组陶器

1、3、4、17、20、21. F2：7、10、9、25、8、25　2. F7：3　5. T3②B：69　6、19. F1：33、25　7、11、12、13. T6②C：30、27、32、26　8. T14②A：30　9. T5②：60　10. T4②A：33　14. T10②A：6　15. T6②：11　16. T13②A：1　18. T4②：35　22、24、26、29. T2③：77、T2③B：1、T2③：82、T2③B：47　23、25、27、30、31、32、35. T3③B：6、T3③：4、T3③：10、T3③：11、T3③：1、T3③：2、T3③：5　28. F8：7　33、36. T6③：14、26　34. F4：82　37. T9③：15

注：17、21 的器物编号均为 F2：25，报告中即是如此。

地层出土的器物也可能有早晚差别。F4 的陶器已经证明大口大底、腹壁笔直、筒腹较深筒形罐的年代的确较早，T3③：1、T3③：2、T3③：5、T6③：14、T6③：26、T9③：15 筒形罐（图二，31~33、35~37）器形与 F4：82 筒形罐相似，年代要早于同层出土的其他陶器，或者起码可以说其产生年代较同层出土的其他遗存早，可视为与 F4：82 筒形罐（图二，34）同时。这也符合东北地区"较早阶段的筒形罐口径与底径相差不大，器形方正。而越到晚段筒形罐的底径越趋向缩小，呈大口小底的造型"❶ 的发展规律。F8 层位上最晚，晚于 F4，其只出土有筒形器（图二，28），未见可比较的筒形罐，其侈口特点见于 T3③：10 侈口罐（图二，27），暂视为二者年代接近。F6 未发表可供进一步分组进行比较的器物，为稳妥起见暂视为其年代稍晚。

这样，就可将 T2③、T3③、T6③、T9③、F4、F6、F8 等 7 个单位分成具有早晚关系的一、二两组：

一组包括 F4 及 T3③：1、T3③：2、T3③：5、T6③：14、T6③：26、T9③：15 筒形罐，其特点是筒形罐大口大底、腹壁笔直、筒腹较深、器形粗重；

二组包括 T2③、T3③（T3③：1、T3③：2、T3③：5 筒形罐除外）、T6③（T6③：14、T6③：26 筒形罐除外）、T9③（T9③：15 筒形罐除外）、F6、F8，其特点是筒形罐大口小底、筒腹稍浅、腹壁微曲，还出有侈口罐、鼓腹罐（壶）、筒形器。

已知遗址的第②层可分为②A、②B、②C 三个亚层。无论从器形还是纹饰看，②A 层的 T14②A：2 筒形罐（图二，8）与 T6②C：30 筒形罐（图二，7），都十分相似，从而可以推断②A、②B、②C 层出土的遗物无进一步分组的可能，即整个遗址的第②层可归并为一组，那么 T3②、T4②、T5②、T6②、T10②、T12②、T13②、T14② 就可合并为一组。

据 b 组层位关系可知，F1 开口于 T4②A 层下，说明其处于 T4②层中间，且 F1：33 筒形罐（图二，6）与 T6②C：30、T14②A：2 筒形罐（图二，7、8），器形相似，年代接近，所以可知 F1 与 T4②、T6②、T14②的年代相同。

据 c 组层位关系可知，F7 位于 T7 和 T8 的②A 层下，知其处于②A 和②B 层之间，年代与②层相同。

F2：9 筒形罐（图二，4）大口小底，口沿下及腹中各有两道点线纹，中间施点线组成的三角几何纹饰，器形及纹饰与 T3②B：69 筒形罐（图二，5）几无

---

❶ 赵宾福：《东北石器时代考古》，吉林大学出版社，2003 年，第 310 页；王月前：《鸭绿江右岸地区新石器遗存研究》，载《中国历史博物馆考古部纪念文集》，科学出版社，2000 年，第 107～126 页。

二致，年代相同；F2∶7 筒形罐（图二，1）大口小底，弧腹，刻划点线纹，与 F7∶3 筒形罐（图二，2）相似，年代相同。

综合以上可知 T3②、T4②、T5②、T6②、T10②、T12②、T13②、T14②、F1、F2、F7 的年代相同，视为三组。前文已经证明三组中的 F2 晚于一、二两组，所以可知三组晚于一、二两组。

至此可以将该遗址发表的遗存自早至晚分为三个年代组，即：

一组：F4 及 T3③∶1、T3③∶2、T3③∶5、T6③∶14、T6③∶26、T9③∶15 筒形罐；

二组：T2③、T3③（T3③∶1、T3③∶2、T3③∶5 筒形罐除外）、T6③（T6③∶14、T6③∶26 筒形罐除外）、T9③（T9③∶15 筒形罐除外）、F6、F8；

三组：T3②、T4②、T5②、T6②、T10②、T12②、T13②、T14②、F1、F2、F7。

北吴屯遗址出土的三组陶器可参见图二。

观察北吴屯遗址出土的三组陶器，一、二两组均以压印纹筒形罐为主，压印纹细密、整齐、工整，不同的是一组器形大口大底、腹壁较直，二组器形大口小底、腹壁微弧。三组以刻划纹筒形罐为主，多圆唇，纹饰一般为刻划平行斜短线纹及其组成的几何纹，同时也有少量压印纹筒形罐，但可以看出三组的压印纹筒形罐口径相对于底径进一步变大，纹饰如报告所述，席纹"较潦草，不规则"，压印之字纹"弧线较短，……少数弧线跨度较大，……中间连线很浅，只压出两端，未连成弧线"[1]，为早期遗存的孑遗。据此可知，北吴屯遗址的压印纹筒形罐有如下变化规律，器形由大口大底、腹壁较直，到大口小底、腹壁微曲；纹饰由整齐工整，到潦草凌乱，与朱延平的认识一致[2]。

2. 后洼遗址

后洼遗址地处辽宁省东沟县（现东港市）马家店镇三家子村后洼屯，南北

---

❶ 辽宁省文物考古研究所、大连市文物管理委员会、庄河市文物管理办公室：《大连市北吴屯新石器时代遗址》，《考古学报》1994 年 3 期，第 343～379 页。

❷ 朱延平：《小珠山下层文化试析》，《考古求知集》，中国社会科学出版社，1997 年，第 186～193 页。

长约 170 米，东西宽约 100 米，面积约 17000 平方米。1981 年丹东市文物普查时发现，并进行了试掘，材料见于《丹东市东沟县新石器时代遗址调查和试掘》❶。1983～1984 年辽宁省博物馆、丹东市文化局和东沟县文化局等单位对遗址进行了正式发掘，材料见于《辽宁东沟县后洼遗址发掘概要》❷。这次发掘，层位关系清晰，遗存丰富，所以对该遗址的分组研究先从此次发掘材料分析入手。

1983～1984 年共进行了 4 次发掘，分 5 区，揭露面积 1785.5 平方米，清理房址 43 座、灰坑 20 个，出土可复原陶器 193 件及大量生产工具和一定数量的雕塑品。

遗址堆积自上而下分为 4 层，《辽宁东沟县后洼遗址发掘概要》将该遗址此次发掘出土的遗存分为上、下两层。上层遗存包括遗址的第②、③层及报告所提的 12 座房址和 2 个灰坑，下层遗存包括遗址的第④层及报告所提的 31 座房址和 18 个灰坑。上层陶器以刻划横线纹侈口罐（图三，1、2）及小平沿罐（图三，3、4）为主，还有少量壶（图三，5、6）；下层陶器以压印之字纹或席纹筒形罐为主（图三，8、13、14、19），亦有一定数量的压印纹鼓腹罐（壶）（图三，10、11、12、17）等。上、下两层属于不同的文化时期，上层晚，下层早，笔者赞同这种分期方案。

1981 年试掘材料，以压印之字纹或席纹筒形罐（图三，7、9、16）为主，也见压印网格纹筒形罐及压印席纹鼓腹罐（壶）（图三，18），还有少量刻网格纹筒形罐（图三，20）、刻划横线纹筒形罐（图三，15）等，从发表陶器的器形及纹饰看，均与后洼下层遗存相同，将之纳入到后洼下层范畴。

进一步观察后洼下层遗存（包含 1981 年试掘材料，下同），不难发现，筒形罐口径与底径存在着大口大底、大口小底，底径变得更小的区别，腹壁有着较直、微曲、弧曲的差别，纹饰方面既有整齐工整者，又有潦草凌乱者。据此可将该遗址出土的筒形罐分为三组，一组大口大底、腹壁较直，纹饰整齐工整（图

---

❶　丹东市文化局文物普查队：《丹东市东沟县新石器时代遗址调查和试掘》，《考古》1984年 1 期，第 21～36 页。

❷　许玉林、傅仁义、王传普：《辽宁东沟县后洼遗址发掘概要》，《文物》1989 年 12 期，第 1～22 页。

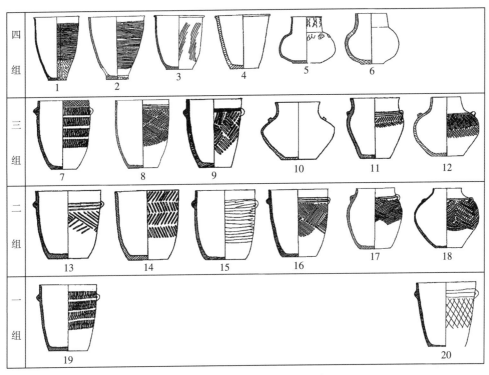

图三　后洼遗址出土的四组陶器

1. ⅠT2②：33　2. ⅠT8②：88　3. ⅡT2②：1　4、5、6. ⅡT1②：45、24、39　7、9、15、
16、18、20. T1：2、4、8、3、12、6　8. ⅡT18④：46、45　10. ⅤT22④：46　11. ⅢT9
④：21　12. ⅣT1④：27　13. ⅤT9④：24　14. ⅢT16④：25　19. ⅤT23④：28

三，19、20）；二组大口小底、腹壁微弧，纹饰整齐工整（图三，13～16）；三
组底径相对口径进一步变小，腹壁变得弧曲，纹饰除少部分保持工整的风格外，
大多数变得潦草凌乱（图三，7、8、9）。

　　北吴屯遗址的压印纹筒形罐有着底径由大变小、腹壁由直到弧、纹饰由整齐
到凌乱的变化规律。后洼遗址的压印纹筒形罐与北吴屯的压印纹筒形罐同属于压
印纹筒形罐系统，而且地域相邻，也应该存在着同样的变化规律，因此可以判断
后洼遗址的一、二、三组筒形罐之间有着时间上的先后关系，即一组最早，二组
次之，三组最晚。

　　同样，鼓腹罐（壶）之间也存在着一定的差别，可分为短颈（图三，17、
18）和长颈（图三，10、11、12）两种。后洼上层遗存也有壶，其颈部较长，
据此推测鼓腹罐（壶）的颈部变化应该是由短及长，因此判断短颈鼓腹罐（壶）

的年代早于长颈鼓腹罐（壶）。根据北吴屯遗址的分组可知，短颈鼓腹罐（壶）与大口小底、腹壁微曲的筒形罐年代接近，所以可将后洼遗址的短颈鼓腹罐（壶）纳入到后洼二组。长颈鼓腹罐（壶）的年代晚于短颈鼓腹罐（壶），其年代晚于二组，器身又施压印纹，所以暂将之并入后洼三组。

将后洼上层遗存视为第四组，从而可将后洼遗址出土的遗存按照年代的先后顺序分为四个年代组，四组陶器可参见图三。

3. 吴家村遗址

吴家村遗址位于辽宁省大连市长海县广鹿岛吴家村。1957～1960 年旅顺博物馆对其进行了调查❶，1973 年复查，1978 年辽宁省博物馆、旅顺博物馆、和长海县文化馆联合对其进行了正式发掘❷。对于该遗址来说，1978 年的发掘意义相当重大，不仅搞清了该遗址的文化内涵，而且对小珠山中层文化❸的提出及深入研究起着至关重要的作用。

1978 年的发掘分为三个区，Ⅰ区开 3 个探方，Ⅱ区开 1 个探方和 1 条探沟，Ⅲ区开一条探沟。遗址堆积自上而下分为三层，Ⅰ、Ⅱ区堆积相同，Ⅲ区堆积略有差别。

Ⅱ区，有四个单位发表了陶器标本，即Ⅱ T1②、Ⅱ G1②、Ⅱ G1③和Ⅱ F1，他们之间有叠压或打破关系的为Ⅱ G1②→Ⅱ F1→Ⅱ G1③。这组层位关系的三个单位，只有Ⅱ F1 发表了完整的筒形罐标本，Ⅱ G1②不见完整筒形罐只见筒形罐残片，较为完整的壶又缺乏可比性，Ⅱ G1③未发表任何完整器，只见筒形罐和盂的残片，所以对三者进行年代学研究，只能依据纹饰变化。Ⅱ G1③层位上早于Ⅱ F1，Ⅱ G1③出土的陶片以长线三角内填平行斜短线纹为主，还见有平行短线间以弦纹及盂的残片（图四，22、23、24），Ⅱ F1 则以刻划斜短线纹及其与乳丁组合纹的筒形罐为主（图四，1、2），两者纹饰风格迥异，所以年代上Ⅱ G1③

---

❶　旅顺博物馆：《旅大市长海县新石器时代贝丘遗址调查》，《考古》1962 年 7 期，第 345～352 页。

❷　辽宁省博物馆、旅顺博物馆、长海县文化馆：《长海县广鹿岛大长山岛贝丘遗址》，《考古学报》1981 年 1 期，第 63～109 页。

❸　辽宁省博物馆、旅顺博物馆、长海县文化馆：《长海县广鹿岛大长山岛贝丘遗址》，《考古学报》1981 年 1 期，第 63～109 页。

早于ⅡF1。ⅡG1②出土刻划短线纹与网格纹（图四，11、21），与ⅡF1：29、45
筒形罐（图四，1、4）所施纹饰相似，虽然层位上ⅡG1②晚于ⅡF1，但二者纹
饰相同，年代相当。ⅡT1②层位与ⅡG1②相同，出土的三角纹（图四，20）与
ⅡG1②出土的三角纹（图四，19）风格相近，所以ⅡT1②、ⅡG1②、ⅡF1可归
为一个年代组。

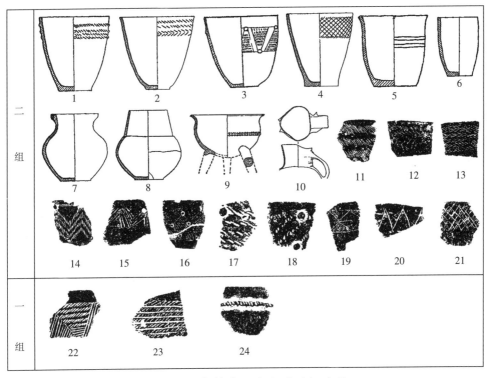

图四　吴家村遗址出土的两组陶器

1、2、4、7.ⅡF1：29、25、45、7　3、16.ⅠT1②：49、ⅠT1②　5.ⅠT3②：41　6、20.Ⅱ
T1②：25、ⅡT1②　8、10、11、14、19、21.ⅡG1②：43、ⅡG1②：44、ⅡG1②、ⅡG1②、
ⅡG1②、ⅡG1②　9.1973年采集　12、17.1957～1960年采集、1957～1960年采集　13.Ⅰ
T2②　15、18.ⅢG1②、ⅢG1②　22、23、24.ⅡG1③、ⅡG1③、ⅡG1③

Ⅰ区，ⅠT1②：49筒形罐（图四，3）与ⅡF1：25（图四，2）筒形罐均为
斜弧腹、小台底，器形接近，其纹饰为刻划三角纹内填短线纹，与ⅡG1②出土
的三角纹内填短线纹（图四，19）风格一致，所以ⅠT1②可归入ⅡF1、ⅡG1②
的年代组。ⅠT2②出土的刻划横人字纹（图四，13）见于ⅡF1：25筒形罐（图

四，2），年代接近，所以ⅠT2②与ⅡF1可归为一个年代组。

Ⅲ区，ⅢG1②出土的乳钉刺点纹、乳钉三角纹（图四，18、15）整体纹饰风格与ⅡF1：29筒形罐所施纹饰及ⅡG1②出土的纹饰一致（图四，1、14），均是乳钉纹加刻划纹，年代接近，所以ⅢG1②与ⅡF1及ⅡG1②的年代相同。

1957～1960年的调查材料中亦出有乳钉纹与刻划纹组合纹饰（图四，12、17），其年代应与ⅡG1②、ⅡF1一致。

1973年采集到的盆形鼎，腹施一圈绳索状附加泥条纹（图四，9），小珠山78也出有鼎，未给器物图，但据文字描述"鼎T4③：73，已残。盆形鼎，口外卷，腹微鼓，中部饰一周附加堆纹，夹砂黑陶，圆锥足"❶可知，无论从是口沿、腹部、鼎足还是纹饰看，吴家村1973年采集的盆形鼎（图四，9）都与小珠山78T4③：73鼎十分相似，应属同时。又小珠山78T4③：73鼎与乳丁加刻划斜短线组合纹共出（图五，6、7），所以吴家村1973年采集的鼎所处时代应该也属于乳丁加刻划斜短线组合纹的年代，与ⅡF1、ⅡG1②的年代相同。

综合以上分析，可以将吴家村遗址三次工作发表的材料按照年代的早晚关系分为两组：

一组：ⅡG1③；

二组：ⅠT1②、ⅠT1②，ⅡT1②、ⅡG1②、ⅢG1②、ⅡF1，1957～1960年采集品，1973年采集的鼎。

观察吴家村两组陶器，一组流行长线三角内填刻划斜短线纹筒形罐，二组流行刻划斜短线纹及其与乳丁组合纹筒形罐，其中单纯的刻划斜短线纹筒形罐唇部较尖，其余为平唇或圆唇。

吴家村遗址出土的两组陶器可参见图四。

4. 小珠山遗址

小珠山遗址位于辽宁省大连市长海县广鹿岛中部的小珠山东坡上，南北长约100米，东西宽约50米。1978年10、11月，辽宁省博物馆、旅顺博物馆和长海

---

❶ 辽宁省博物馆、旅顺博物馆、长海县文化馆：《长海县广鹿岛大长山岛贝丘遗址》，《考古学报》1981年1期，第63～109页。

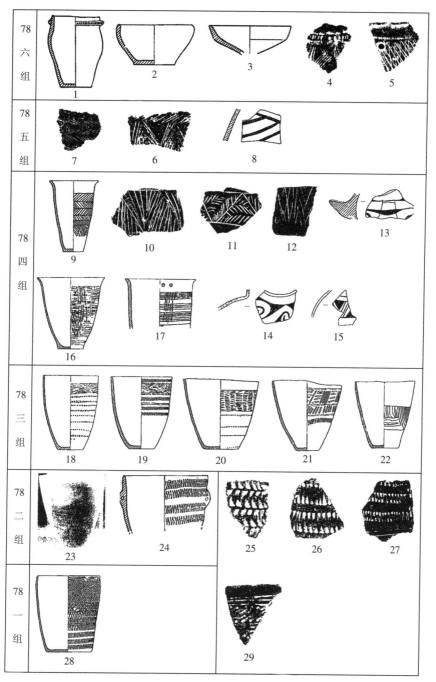

图五　小珠山78六组陶器

1. T4②：90　2、4. T2②：27、T2②　3. T3②：26　5. T5②　6、7. T4③　8. T4③：71
9. T4③：59　10、11、12. T4④　13、14、15. T1④：33、61、68　16、17、19. T1⑤：27、
28、20　18、28. T3⑤：24、23　20. T2⑤：15　21. T5⑤：12　22、23、24. T4⑤：54、53、
55　25. T5⑤　26. T2⑤　27. T1⑤　29. T4⑤

注：第9件陶器在原报告中发表的线图编号为T4②：90，根据报告的文字介绍并对照图
版可知其与"图版拾、1"实为一件器物，编号应为T4③：59。

县文化馆对广鹿岛上的多处遗址进行了发掘工作，小珠山遗址位列其内❶。2006年和2008年，中国社会科学院考古研究所、辽宁省文物考古研究所、大连市文物考古研究所联合再次启动了对小珠山遗址的发掘❷。

小珠山78布4×4米探方5个，编号依次为T1～5，揭露面积80平方米。地层堆积自上而下分为①至⑤层，第⑤层又可分为⑤A和⑤B两个亚层。发现有房址，据报告描述"在各探方的此层（指第④层）中，发现有柱洞、居住面等建筑遗迹"❸，但是由于都遭到破坏，大部分看不清楚轮廓和建筑结构，且都没有器物标本发表，故遗址的分组只能通过地层单位的研究来实现。

报告根据各层出土遗物的不同，将该遗址分为上、中、下三层，第⑤层为下层，年代最早；第③、④层为中层，年代次之；第①、②层为上层，年代最晚。

笔者在仔细检索了各层出土的陶器之后，发现第⑤层的陶器不尽相同，第③、④层陶器之间也存在着一定的差别。有鉴于此，笔者根据各层陶器之间的差别，结合原报告分期，并与周边其他遗址的相关遗存比较，对该遗址进行分组，具体分析如下。

第①、②层出土的陶器以附加堆纹罐（图五，1）、卷沿罐、折沿罐为主，亦见有壶、钵、豆、鼎等。多素面，有少量纹饰，纹饰主要为附加堆纹或附加堆纹及划纹组合纹饰（图五，1、4、5），不见彩陶。与其他各层出土陶器差别明显，报告将之统一归为小珠山上层，本文将之称为小珠山78六组。

第④层不见完整器形，只见陶器残片。从纹饰看，以刻划长线三角纹或长线三角内填斜短线纹（图五，10～12）为主，还有双勾涡纹和三角平行斜线纹彩陶陶片（图五，13～15）。

第③层层位上晚于第④层，亦不见完整器，纹饰以乳钉加刻划斜短线纹直口

---

❶ 辽宁省博物馆、旅顺博物馆、长海县文化馆：《长海县广鹿岛大长山岛贝丘遗址》，《考古学报》1981年1期，第63～109页。

❷ 中国社会科学院考古研究所、辽宁省文物考古研究所、大连市文物考古研究所：《辽宁长海县小珠山新石器时代遗址发掘简报》，《考古》2009年5期，第16～25页。

❸ 辽宁省博物馆、旅顺博物馆、长海县文化馆：《长海县广鹿岛大长山岛贝丘遗址》，《考古学报》1981年1期，第63～109页。

罐为主（图五，6），其完整器形可参见吴家村ⅡF1：29 罐❶（图四，1）。还有斜短线组成的三角纹（图五，7）及平行斜线纹彩陶陶片（图五，8）。这三种纹饰与第④层陶器纹饰有着十分明显的区别。第③层有一件陶器非常特殊，即 T4③：59罐（图五，9），侈口，腹饰叶脉纹和长线三角纹，无论器形还是纹饰与第③层的其他陶器有着非常大的差别，其器身下半部装饰的刻划长线三角纹，反而与第④层出土的陶片纹饰一致（图五，10）。经前文分析已经知道第④层中存在着刻划长线三角纹和长线三角内填斜短线纹两种纹饰，通过吴家村遗址的分组可以得知长线三角内填斜短线纹早于乳钉加刻划斜短线组合纹，那么刻划长线三角纹的年代亦早于乳丁加刻划短线组合纹。这样 T4③：59 刻划长线纹侈口罐（图五，9）的年代就值得怀疑，很可能是第④层混入第③层中的遗物，即使不是这样，其产生年代也要比第③层其他陶器早，是早期遗存的孑遗。从而可知，第③层遗存（T4③：59 刻划长线纹侈口罐除外）与第④层遗存是完全属于两个不同时期的遗存，将第③层遗存（T4③：59 刻划长线纹侈口罐除外）称为小珠山 78 五组，第④层及 T4③：59 刻划长线纹侈口罐，称为小珠山 78 四组，小珠山 78 五组晚于小珠山 78 四组。

第③层叠压在①、②层之下，可以得知层位上小珠山 78 五组早于小珠山 78 六组，又前者以刻划斜短线纹筒形罐为主，后者以附加堆纹罐、折沿罐、卷沿罐为主，器形差别明显，年代上小珠山 78 五组早于小珠山 78 六组。

第⑤层发表的陶器只有罐，按器形及纹饰的差别主要可分两种，一种为筒形罐，直口平底，以压印之字纹或席纹为主要纹饰（图五，18～21、23～29）；一种为侈口罐，侈口小台底，器身刻划横线纹（图五，16、17）。这两种罐无论器形还是纹饰差别都太过明显，很难想象他们是同一文化遗存，很可能属于不同文化时期的不同遗存。将该遗址出土的刻划横线纹侈口罐与后洼遗址陶器做一对比，不难证明我们的推测。小珠山78T1⑤：27、28 侈口罐（图五，16、17）与后洼ⅠT2②：33、ⅠT8②：88 侈口罐（图三，1、2）均为侈口，刻划横线纹，器形相似，纹饰相同，应属于同一文化遗存，年代相同。后洼遗址的分组已经证

---

❶ 辽宁省博物馆、旅顺博物馆、长海县文化馆：《长海县广鹿岛大长山岛贝丘遗址》，图一二、12，《考古学报》1981 年 1 期，第 63～109 页。

明这种刻划横线纹侈口罐的年代要晚于压印纹筒形罐，赵辉也有着相同的观点❶，所以小珠山 78 第⑤层出土的刻划纹侈口罐（图五，16、17）的年代要晚于同层出土压印纹筒形罐（图五，18～21，23～29）。从器形方面看，其与小珠山 78 四组 T4③：59 侈口罐又较为相似，年代应该较为接近。这种刻划横线纹侈口罐，又与小珠山 78 四组的刻划长线三角内填斜短线纹共见于上马石遗址 ⅢT1④（图一一，15、16），再次印证了笔者的观点。所以可将 T1⑤：27、28 刻划横线纹侈口罐归入小珠山 78 四组。

进一步观察小珠山 78 第⑤层出土的压印纹筒形罐，他们之间也存在着一定的差别，有的大口大底、腹壁较直，有的大口小底、腹壁较曲，有的纹饰之字纹和席纹压印紧密、整齐工整，有的压印之字纹弧度跨度较大，甚至只压印出两端，有的席纹较为潦草。通过北吴屯遗址的分组研究，可以得知压印纹整齐工整者早于潦草者，大口大底、腹壁较直者早于大口小底、腹壁较曲者。小珠山 78 第⑤层出土的压印纹筒形罐也应该符合这一变化规律，从而可将之从早至晚分为 78 一、二、三组。78 一组以 T3⑤：23 罐为代表，特点为纹饰压印整齐工整，器形大口大底、腹壁较直、筒腹较深。78 二组以 T4⑤：53、T4⑤：55 罐为代表，纹饰特点与一组相同，不同的是器形大口小底、腹壁微弧、筒腹稍浅。78 三组以 T3⑤：24、T1⑤：20、T2⑤：15、T5⑤：12 罐为代表，底径相对口径进一步变小，部分器物腹壁变得弧曲，筒腹变得更浅，压印纹变得潦草。T4⑤：54 筒形罐（图五，22）虽然施刻划，但是器形与 T2⑤：15、T5⑤：12 筒形罐（图五，20、21）极为接近，归入 78 三组。

78 三组虽然属于第⑤层遗存的最晚阶段，但是层位上还是要早于第④层，即早于小珠山 78 四组，小珠山 78 三组主要为压印纹筒形罐，小珠山 78 四组以刻划纹侈口罐为主，两者差别明显，所以年代上小珠山 78 三组早于小珠山 78 四组。

综上所述，可将小珠山 78 年发掘出土的遗存从早至晚分为六个年代组，具体情况如下：

78 一组：以 T3⑤：23 罐为代表；

78 二组：以 T4⑤：53、T4⑤：55 罐为代表；

78 三组：以 T3⑤：24、T1⑤：20、T2⑤：15、T5⑤：12 罐为代表；

---

❶ 赵辉：《辽东地区小珠山下、中层文化的再检讨》，《考古与文物》，1995 年 5 期，第 28～37 页。

78 四组：第④层及 T4③：59 刻划长线纹侈口罐、T1⑤：27、28 刻划横线纹侈口罐；

78 五组：第③层（T4③：59 刻划长线纹侈口罐除外）；

78 六组：第②层及第①层出土的新石器遗存。

小珠山 78 的六组陶器可参见图五。

小珠山 08 出土的遗存，发掘者依据层位关系，将之分为五期：第一期遗存以压印纹筒形罐为主，发表的陶器仅有三件筒形罐，均大口小底，风格一致，时代跨度不大，应属同一时期；第二期遗存以刻划纹筒形罐为主，与一期筒形罐不同的是器形多敞口或侈口，纹饰以刻划纹为主，包括横线纹、席纹、斜线纹、竖线纹、斜向三角纹、纵向平行线纹及戳印纹等，纹饰较为密集，且器身大部分都施有纹饰；第三期遗存仍以刻划纹筒形罐为主，多折沿或卷沿，纹饰主要为刻划人字纹、网格纹、短斜线纹、弦纹、刺点纹等，纹饰与第二期相比变得短小，且大部分饰于口沿部位，此外还发现有红地黑彩彩陶片；第四期遗存以附加堆纹敛口罐为主，还见有钵、豆，附加堆纹一般施于口沿外侧上缘，形成假叠唇，堆纹上饰有短线纹、交叉纹、刺点纹、锯齿纹等，器身一般刻划竖线纹或纵向的平行泥条堆纹、横向波浪形扁平堆纹等；第五期遗存虽仍以罐为主，但器类变得较为多样。罐多为卷沿或折沿的鼓腹罐，另见有钵、盆、豆等。以素面陶为主，施纹者较少。笔者完全同意该分期认识，为本文写作需要，将小珠山 08 第一至五期遗存分别称为小珠山 08 一至五组。

小珠山 08 的五组陶器可参见图六。

将小珠山 78 的六组陶器和小珠山 08 的五组陶器进行比较，08 一组与 78 三组的筒形罐均以压印纹为主，器形均大口小底，整体形态相近，时代相当，应属于一个年代组。08 二组与 78 四组均以刻划纹侈口筒形罐为主，器形及纹饰相似，年代相当，应属于一个年代组。08 五组与 78 六组均以素面折沿鼓腹罐为主要器形，两者年代相当，应属于一个年代组。08 三组与 78 三组相同的是两者均以刻划纹筒形罐为主，且纹饰一般只施于器物的上腹部，刻划纹较短，不同的是 08 三组筒形罐为折沿或卷沿，而 78 五组的筒形罐为直口或侈口，无折沿或卷沿的现象，小珠山遗址罐口沿遵循了从直口到直口或侈口再到折沿这样一个演变规律，从而可以判断小珠山 08 三组的年代晚于小珠山 78 五组的年代。08 五组与 78 六组年代相当，那么 08 三组当早于 78 六组。08 四组晚于 08 五组，其亦晚于 78 六组。

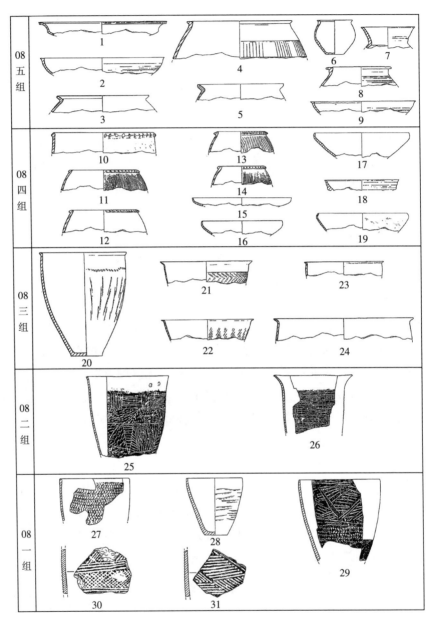

图六　小珠山 08 五组陶器

1～5、7～9. T1212③：8、7、2、1、5、4、3、6　6. T1211③：17　10、15、17. T1512④D：
1、3、2　11、14. T1512④C：1、2　12、16、18. T1512④B：1、2、3　13、19. T1512④A：
1、2　20. F1：1　21～24. T1512⑦B：2、1、4、3　25. T151211C：1　26. T11118：1
27. T151218：1　28、31. T151219：1、T1512 北隔梁 19：1　29. T161215：2　30. T151217：1

从而可将小珠山遗址出土陶器从早到晚分为八个年代组,从早到晚依次为小珠山一至八组。

小珠山一组:78 一组;

小珠山二组:78 二组;

小珠山三组:78 三组、08 一组;

小珠山四组:78 四组、08 二组;

小珠山五组:78 五组;

小珠山六组:08 三组;

小珠山七组:08 四组;

小珠山八组:78 六组、08 五组。

5. 郭家村遗址

郭家村遗址位于辽宁省大连市旅顺口区铁山公社郭家村的北岭上。遗址发现较早,新中国成立前原日本关东厅博物馆就在此收集过称之为"郭家疃发见遗物"[1] 和"老铁山"[2] 的遗物。新中国成立后旅顺博物馆对该遗址进行了调查,采集到了一些石、玉、骨、牙、蚌、角器以及蛋壳黑陶片等遗物。为了进一步了解遗址的内涵,1973 年旅顺博物馆对该遗址进行了小规模的发掘,随后于 1976、1977 年辽宁省博物馆、旅顺博物馆、辽宁大学联合对该遗址进行了两次较大规模的发掘[3]。

郭家村遗址堆积可分为 5 层,报告将第①、②层定为上层,第③、④、⑤层定为下层,笔者认为这种分期结果是无可非议的,只是略显笼统,可进一步细化,下面试作分析如下[4]。

---

[1] ＊《南满洲调查报告》,1931 年。

[2] ＊旅顺博物馆藏品。

[3] 辽宁省博物馆、旅顺博物馆:《大连市郭家村新石器时代遗址》,《考古学报》1984 年 3 期,第 287 ~ 328 页。

[4] 笔者曾撰文专门对该遗址进行过研究,做博士论文期间,在看到更多的相关田野材料及研究文章后,再次审视该遗址的材料,觉得笔者那篇文章的研究思路及结论还是无误的,但是个别单位及器物的年代归属需稍做调整,从而笔者对该遗址的认识以此次研究为准。

该遗址共进行过三次发掘，从报告的文字叙述及"图二探方平面分布图"❶看，每一次发掘为一个独立的发掘区，可称之为 73 区、76Ⅰ区和 76Ⅱ区。其中 76Ⅱ区发表器物标本最为丰富，所以先从此区分析入手。

76Ⅱ区发掘探方 9 个，编号依次为 76ⅡT1～T9，有 36 个单位发表了器物标本。ⅡT2⑤、ⅡT3⑤、ⅡT5⑤、ⅡT8⑤都属于 76Ⅱ区第⑤层，层位上最早；ⅡT1④、ⅡT2④、ⅡT6④、ⅡT7④、ⅡT8④、ⅡT9④都属于 76Ⅱ区第④层，层位上稍晚；ⅡT5F2 报告描述为"位于第四层中"❷，可知层位上，其开口于 76Ⅱ区第③层下，打破 76Ⅱ区第④层，早于 76Ⅱ区第③层，晚于 76Ⅱ区第④层；ⅡT1③、ⅡT2③、ⅡT3③、ⅡT5③、ⅡT6③、ⅡT7③、ⅡT8③、ⅡT9③都属于 76Ⅱ区第③层，层位上要再晚些；ⅡT1②、ⅡT2②、ⅡT3②、ⅡT4②、ⅡT5②、ⅡT6②、ⅡT7②、ⅡT8②、ⅡT9②都属于 76Ⅱ区第②层，层位上更晚；ⅡT5①、ⅡT7① 属于 76Ⅱ区第①层，层位上最晚。ⅡT1H18、ⅡT2H4、ⅡT4H2、ⅡT5F1、ⅡT9F1、ⅡT9F4 等 6 个单位的层位不详。

现就 76Ⅱ区有层位关系的单位进行分析。他们之间的叠压或打破关系可表示为：ⅡT5①、ⅡT7①→ⅡT1②、ⅡT2②、ⅡT3②、ⅡT4②、ⅡT5②、ⅡT6②、ⅡT7②、ⅡT8②、ⅡT9②→ⅡT1③、ⅡT2③、ⅡT3③、ⅡT5③、ⅡT6③、ⅡT7③、ⅡT8③、ⅡT9③→ⅡT5F2→ⅡT1④、ⅡT2④、ⅡT6④、ⅡT7④、ⅡT8④、ⅡT9④→ⅡT2⑤、ⅡT3⑤、ⅡT5⑤、ⅡT8⑤。

ⅡT5⑤：160 罐（图七，57），直口，上壁较直，器身刻划长线三角形纹；ⅡT3⑤：19 罐（图七，58），平沿，施纹面积较大；ⅡT5⑤：23 盆形鼎（图七，59），小平沿，锥形足；ⅡT8⑤：38 双钩涡纹彩陶（图七，60）；ⅡT2⑤：25 彩陶片，白地粉红圆逗点赭石斜线纹（图七，61），这些器形层位相同，年代接近，笔者将之称为 76Ⅱ甲。

ⅡT1④、ⅡT2④、ⅡT6④、ⅡT7④、ⅡT8④、ⅡT9④处于同一层，年代接近，笔者将之称为 76Ⅱ乙。ⅡT9④：15、16 罐（图七，48、49），口沿施乳丁和

❶　辽宁省博物馆、旅顺博物馆：《大连市郭家村新石器时代遗址》第 288 页，《考古学报》1984 年 3 期，第 287～328 页。

❷　辽宁省博物馆、旅顺博物馆：《大连市郭家村新石器时代遗址》第 289 页，《考古学报》1984 年 3 期，第 287～328 页。

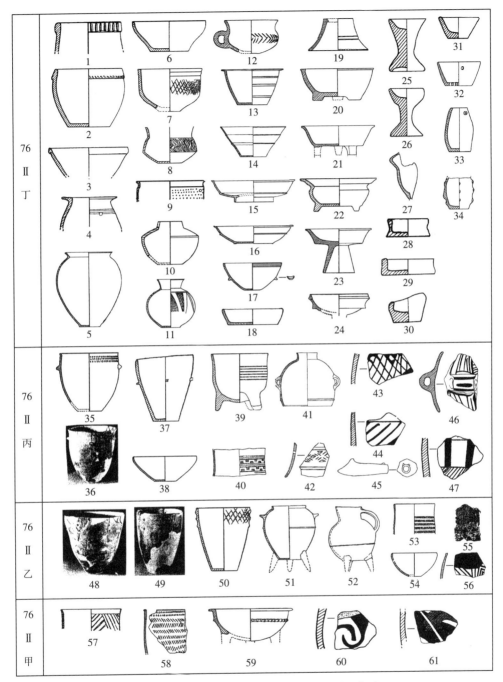

图七　郭家村遗址76Ⅱ区出土的四组陶器

1、28. ⅡT1②：26、33　2、5、7、11、13、14、23. ⅡT5F1：5、4、13、14、11、12、10　3、8、9、12、19. ⅡT3
②：27、31、20、28、29　4. ⅡT2H4：26　6、10、18. ⅡT9②：24、25、23　15、24、32、33. ⅡT6②：39、35、
33、38　16、20、25、29. ⅡT7②：31、21、29、28　17. ⅡT4H2：41　21. ⅡT4②：38　22、31. ⅡT2②：23、29
26. ⅡT8②：42　27. ⅡT5②：28　30. ⅡT5①：27　34. ⅡT7①：30　35. ⅡT2③：17　36. ⅡT9③：17　37. ⅡT6③：27
38、46、47. ⅡT7③：23、24、25　39. ⅡT5③：24　40、42. ⅡT3③：26、24　41. ⅡT5F2：1　43、45. ⅡT8③：37、35
44. ⅡT9F4：21　48、49. ⅡT9④：15、16　50、61. ⅡT2⑤：16、25　51. ⅡT8④：31　52. ⅡT1H18：19　53. ⅡT1④：23
54. ⅡT2④：24　55、56. ⅡT7④：33、26　57、59. ⅡT5⑤：160、23　58. ⅡT3⑤：19　60. ⅡT8⑤：38

刻划短线组合纹，与 76 Ⅱ 甲 Ⅱ T5⑤：160 罐（图七，57）有着明显区别；Ⅱ T7④：26 彩陶片（图七，56），直线三角纹，与 76 Ⅱ 甲 Ⅱ T8⑤：38 双钩涡纹彩陶（图七，60）不同；Ⅱ T8④：31 罐形鼎（图七，51），双扳耳，锥形足；Ⅱ T1④：23 盂（图七，53），Ⅱ T2④：24 碗（图七，54）Ⅱ T7④：33 刻划三角纹几何纹陶片（图七，55）在 76 Ⅱ 甲不见。从而可知 76 Ⅱ 乙出土的器物与 76 Ⅱ 甲有明显区别，其层位又晚于 76 Ⅱ 甲，所以 76 Ⅱ 乙的年代晚于 76 Ⅱ 甲。

值得说明的是 Ⅱ T2⑤：16 罐（图七，50），口沿处施乳丁及刻划纹组合，其器形及纹饰与同层的 Ⅱ T5⑤：160 罐（图七，57）有着较大区别，而与 Ⅱ T9④：16 罐（图七，49）十分相似，通过北吴屯遗址及小珠山 78 的分组，已经证明这种乳丁和刻划纹组合的筒形罐的年代要晚于长线三角纹筒形罐的年代，所以 Ⅱ T2⑤：16 罐（图七，50）的年代应该属于 76 Ⅱ 乙。

Ⅱ T1③、Ⅱ T2③、Ⅱ T3③、Ⅱ T5③、Ⅱ T6③、Ⅱ T7③、Ⅱ T8③、Ⅱ T9③ 均处于 76 Ⅱ 区第③层，年代接近。筒形罐均带有瘤状耳（图七，35~37），鼎为杯形鼎（图七，39），碗壁较直（图七，38），盂较腹部略鼓（图七，40），红地红彩的彩陶片线条较为平滑（图七，43、46），还有盉（图七，45）、红地黑彩彩陶、橙黄地黑彩彩陶（图七，47）等，将这组器物称之为 76 Ⅱ 丙。76 Ⅱ 乙的筒形罐为乳丁纹和刻划纹组合纹饰（图七，48、50），鼎为罐形鼎（图七，51）；碗壁较为弧曲（图七，54），盂腹部较直，（图七，53），红地红彩彩陶线条较直（图七，56），不见盉、红地黑彩彩陶、橙黄地黑彩彩陶。可见 76 Ⅱ 丙与 76 Ⅱ 乙器物有着一定的差别，层位上 76 Ⅱ 丙又晚于 76 Ⅱ 乙，所以年代上 76 Ⅱ 丙晚于 76 Ⅱ 乙。

Ⅱ T5F2 层位上早于 76 Ⅱ 丙，晚于 76 Ⅱ 乙。Ⅱ T5F2：1 壶（图七，41）双环耳的特点见于 Ⅱ T7③：24（图七，46）彩陶片，年代应该较为接近，所以将 Ⅱ T5F2 的年代归入 76 Ⅱ 丙。

Ⅱ T1②、Ⅱ T2②、Ⅱ T3②、Ⅱ T4②、Ⅱ T5②、Ⅱ T6②、Ⅱ T7②、Ⅱ T8②、Ⅱ T9② 均出自第 76 Ⅱ 区第②层，年代较为接近。器形以叠唇罐为主（图七，1、3），还见有曲腹碗（图七，6）、钵（图七，9）、小口直径壶（图七，10）、器盖（图七，19）等，将之称为 76 Ⅱ 丁。可以看出无论筒形罐的形态，还是其他器类，76 Ⅱ 丁与 76 Ⅱ 丙都有着很大差异，层位上 76 Ⅱ 丁又晚于 76 Ⅱ 丙，所以 76 Ⅱ 丁的年代要晚于 76 Ⅱ 丙。

ⅡT5①和ⅡT7①处于76Ⅱ区第①层，两者年代比较接近。虽然他们层位上晚于76Ⅱ丙，但是ⅡT5①：27小杯（图七，30）与ⅡT1②：33小杯（图七，28）风格接近，年代相同，所以可将ⅡT5①和ⅡT7①并入76Ⅱ丁。

下面就76Ⅱ区层位关系不详的ⅡT1H18、ⅡT2H4、ⅡT4H2、ⅡT5F1、ⅡT9F1、ⅡT9F4等6个单位的年代问题讨论如下。

ⅡT1H18：19鬶（图七，52）为圆锥足，而且锥足较短，与ⅡT8④：31罐形鼎（图七，51）的锥足十分相似，年代相同，所以可将ⅡT1H18的年代归入76Ⅱ乙。

ⅡT9F1：22彩陶的线条与ⅡT7③：25彩陶（图七，47）较为相似，所以其可纳入76Ⅱ丙。

ⅡT9F4：21彩陶（图七，44）与ⅡT1③：25彩陶同为红地黑彩，年代接近，所以可将ⅡT9F4并入76Ⅱ丙。

ⅡT5F1：5罐（图七，2）为叠唇，风格与ⅡT1②：26、ⅡT3②：27罐（图七，1、3）相近，年代相同，所以可将ⅡT5F1并入76Ⅱ丁。那么76Ⅱ丁增加了ⅡT5F1：11平沿直腹盆（图七，13）等器形。

ⅡT2H4：26平沿罐（图七，4），其平沿作风只见于76Ⅱ丁的ⅡT5F1：11平沿直腹盆（图七，13），而不见于其他年代组，所以其年代应该与76Ⅱ丁更为接近，可并入该组。

报告认为ⅡT4H2的年代与76Ⅱ区①、②的年代相同，笔者同意报告的说法，那么ⅡT4H2的年代将属于76Ⅱ丁。

综合以上分析，可将76Ⅱ区36个单位从早至晚分成四个年代组，依次为76Ⅱ甲、乙、丙、丁，各组包含的单位如下：

76Ⅱ甲：ⅡT2⑤（ⅡT2⑤：16罐除外）、ⅡT3⑤、ⅡT5⑤、ⅡT8⑤；

76Ⅱ乙：ⅡT1④、ⅡT2④、ⅡT6④、ⅡT7④、ⅡT8④、ⅡT9④、ⅡT1H18、ⅡT2⑤：16罐；

76Ⅱ丙：ⅡT1③、ⅡT2③、ⅡT3③、ⅡT5③、ⅡT6③、ⅡT7③、ⅡT8③、ⅡT9③、ⅡT5F2、ⅡT9F1、ⅡT9F4；

76Ⅱ丁：ⅡT1②、ⅡT2②、ⅡT3②、ⅡT4②、ⅡT5②、ⅡT6②、ⅡT7②、ⅡT8②、ⅡT9②、ⅡT2H4、ⅡT4H2、ⅡT5F1以及ⅡT5①、ⅡT7①出土的新石器遗存。

76Ⅱ区出土的四组陶器可参见图七。

　　73 区发掘探方 2 个, 编号为 73T1、T2。73T1②、73T1③、73T1④、73T1⑤、73T2①、73T2③、73T2④、73T1F1 等 8 个单位发表了陶器标本。从层位上看, 73T1⑤最早, 其次为 73T1④、73T2④, 再次为 73T1③、73T2③, 73T1②要更晚些, 73T2①最晚, 73T1F1 的层位不详。

　　73T2④与 73T1④同属 73 区④层, 层位相同, 又 73T2④: 5 拓片纹饰 (图八, 10) 与 73T1④: 14 纹饰 (图八, 12) 都是刻划斜线几何纹, 风格一致, 所以两者年代相同, 将之称为 73 乙。

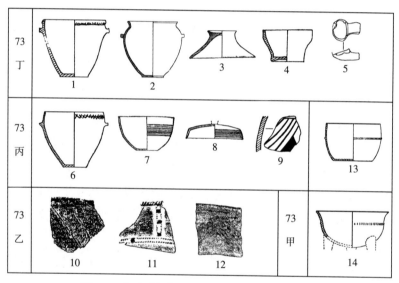

图八　郭家村遗址 73 区出土的四组陶器

1、3. 73T1F1: 212、73T1F1: 12　2、4、5. 73T1②: 30、73T1②: 58、248　6、7. 73T1③: 240、73T1③: 242　8、9. 73T2③: 39、73T2③: 4　10. 73T2④: 5　11、12. 73T1④: 202、73T1④: 14　13、14. 73T1⑤: 139、73T1⑤: 201

　　73T1⑤层位上早于 73 乙, 出土的器物为盂和鼎 (图八, 13、14), 与 73 乙差别较大, 所以 73T1⑤的年代应该较早, 将之称为 73 甲。

　　73T2③和 73T1③同属 73 区第③层, 层位相同, 年代接近, 将之称为 73 丙。其层位晚于 73 乙, 出有双扳耳罐 (图八, 6)、弦纹碗 (图八, 7)、带纽的器盖 (图八, 8)、红地黑彩彩陶 (图八, 9) 等, 与 73 乙器物不同, 年代不同, 73 丙晚于 73 乙。

　　73T1②层位上晚于 73 丙, 其出土的罐 (图八, 2) 卷沿, 器形上与

73T1③：240 罐（图八，6）不同，两者年代不同，所以 73T1② 晚于 73 丙，将之称为 73 丁。

73T2① 层位上最晚，晚于 73 丁，但是由于其没有出土任何完整或可复原的陶器，缺乏与 73 丁的可比性，据目前材料很难说清楚其年代是否晚于 73 丁，所以暂将两者视为同时，将之归入 73 丁。

73T1F1：212 罐（图八，1）叠唇、双扳耳，73T1③：240 罐（图八，6）双扳耳，73T1② 罐（图八，2）也有双扳耳，但是详细观察 73T1F1：212 罐（图八，1）的扳耳，其几乎成柱状，与 73T1② 罐（图八，2）的扳耳更为接近，两者年代应该相当，所以将 73T1F1 纳入 73 丁。

这样，按照年代的早晚可将 73 区发表的遗存分为四个年代组，依次为 73 甲、73 乙、73 丙、73 丁，具体情况为：

73 甲：73T1⑤；

73 乙：73T1④、73T2④；

73 丙：73T1③、73T2③；

73 丁：73T1②、73T1F1、73T2① 出土的新石器遗存。

73 区出土的四组陶器可参见图八。

将 73 区与 76 Ⅱ 区的器物进行对比不难看出，73T1⑤：20 盆形鼎（图八，14）与 Ⅱ T5⑤：23 盆形鼎（图七，59）均为盆形、腹部都有一圈附加堆纹、锥形足，风格相近，年代相同，由此判断 73 甲与 76 Ⅱ 甲的年代相同。

73T2④：5、73T1④：14 刻划几何纹陶片（图八，10、12）的风格与 Ⅱ T7④：33 刻划几何纹（图七，55）相同，年代接近，所以 73 乙与 76 Ⅱ 乙同时。

73T1③：240 罐（图八，6）不但器形上与 Ⅱ T2③：17、Ⅱ T9③：17 罐（图七，36、37）接近，而且都饰有瘤状耳，年代相同，所以 73 丙与 76 Ⅱ 丙组年代相同。

73T1F1：212 罐（图八，1）叠唇风格见于 Ⅱ T1②、Ⅱ T3②：27、Ⅱ T5F1：5 罐（图七，1、3、2），73T1F1：12 器盖（图八，3）的形态与 Ⅱ T3②：29 器盖（图七，19）相似，所以 73 丁的年代与 76 Ⅱ 丁相同。

通过 73 区与 76 Ⅱ 区器物的综合对比，可将两区自早至晚整合为四个年代组：

一组：76 Ⅱ 甲、73 甲；

二组：76Ⅱ乙、73 乙；

三组：76Ⅱ丙、73 丙；

四组：76Ⅱ丁、73 丁。

76Ⅰ区发掘探方 10 个，编号依次为 76ⅠT1～10。有 27 个单位发表了器物标本，其中地层单位 22 个，房址一座，灰坑 4 个。地层单位按照地层堆积的叠压关系可以划分为 5 个时间段：ⅠT3⑤最早，ⅠT2④、ⅠT3④、ⅠT4④、ⅠT6④次之，ⅠT1③、ⅠT2③、ⅠT3③、ⅠT6③、ⅠT7③、ⅠT8③、ⅠT9③再次，ⅠT1②、ⅠT2②、ⅠT3②、ⅠT4②、ⅠT5②、ⅠT6②、ⅠT7②、ⅠT8②、ⅠT9②更晚，ⅠT1①最晚。ⅠT1F2 及ⅠT1H4、ⅠT1H6、ⅠT2H4、ⅠT10H2 等 5 个单位的层位不详。

下面先讨论有层位关系的 21 个地层单位。ⅠT2④、ⅠT3④、ⅠT4④、ⅠT6④均属于 76Ⅰ区第④层，层位相同，ⅠT2④：16 罐（图九，24）与ⅠT4④：19 罐（图九，25）不但器形相近，纹饰风格相似，都是在口沿下刻划短线纹，年代接近。除此之外还有带竖鼻的刻划纹筒形罐、盂、豆座、红地红彩的彩陶片等（图九，23、27、28、31），将这几个单位及其出土器物称为 76Ⅰ乙。

ⅠT3⑤层位上早于 76Ⅰ乙，只发表了一件陶器ⅠT3⑤：22 盂（图九，32），又与ⅠT3④：17 盂（图九，27）有着明显差别，所以说ⅠT3⑤的年代早于 76Ⅰ乙，将之称为 76Ⅰ甲。

ⅠT1③、ⅠT2③、ⅠT3④、ⅠT6③、ⅠT7③、ⅠT8③、ⅠT9③均属于 76Ⅰ区第③层，层位相同，年代接近，将之称为 76Ⅰ丙，层位晚于 76Ⅰ乙。76Ⅰ丙ⅠT8③：19 盂（图九，17）鼓腹，近底部内收，而 76Ⅰ乙ⅠT3④：17 盂（图九，27）垂腹，两者差别明显，另 76Ⅰ丙的ⅠT9③：18 曲腹碗、ⅠT6③：11 豆、ⅠT2③：28 橙黄地黑彩彩陶等（图九，16、18、22）均不见于 76Ⅰ乙，76Ⅰ丙出土器物与 76Ⅰ乙差别较大，将之称为 76Ⅰ丙，76Ⅰ丙晚于 76Ⅰ乙。

ⅠT1②、ⅠT2②、ⅠT3②、ⅠT4②、ⅠT5②、ⅠT6②、ⅠT7②、ⅠT8②、ⅠT9②属于 76Ⅰ区第②层，层位相同，年代亦比较接近，将之称为 76Ⅰ丁，层位上其晚于 76Ⅰ丙。76Ⅰ丁出土的器物叠唇罐（图九，1、3）、卷沿罐（图九，5、6）、器盖（图九，11）等器形在 76Ⅰ丙都不见，同时其也不见彩陶，76Ⅰ丙却有大量彩陶，即使共见有豆，但形态又有较大差别，ⅠT8②：22 豆（图九，14）为细柄豆，ⅠT6③：11（图九，18）为粗柄豆。76Ⅰ丁与 76Ⅰ丙不同，年

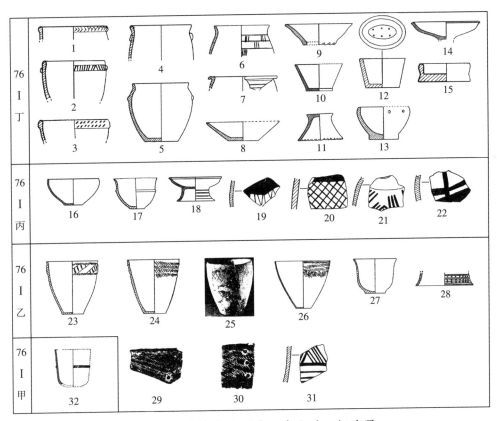

图九　郭家村遗址 76 I 区出土的四组陶器

1. IT6②：14　2. IT5②：9　3、6. IT4②：22、23　4、11、12. IT3②：22、23、20　5. IT9②：21
7. IT1H4：27　8. IT1H6：31　9. IT2②：30　10. IT10H2：13　13. IT1②：30　14. IT8②：22
15. IT1①：32　16. IT9③：18　17、19. IT8③：19、21　18. IT6③：11　20. IT1③：26　21、22.
IT2③：29、28　23、24、27、30. IT3④：21、16、17、27　25、29、31. IT4④：19、46、20
26. IT1F2：1　28. IT2④：26　32. IT3⑤：22

代较晚，将之称为 76 I 丁。

　　I T1①虽然层位上晚于 76 I 丁，但从 76 II 区来看，T1①：32 这种小杯（图九，15）的年代与叠唇罐的年代相同，所以可将之纳入 76 I 丁。

　　在讨论完 76 I 区层位关系清楚的单位的年代之后，接下来分析一下此区层位关系不详的 5 个单位的年代问题。

　　I T1F2：1 罐（图九，26）大口小底，只在口沿下施纹，与 I T3④：21（图九，23）相似，可将其并入 76 I 乙。

ⅠT1H4：27 罐（图九，7）平折沿，通过 76Ⅱ区陶器的分组可知，这种平折沿的作风的陶器多与叠唇罐共出，而不与其他类型的罐共出，76Ⅰ区只有 76Ⅰ丁出有叠唇罐，所以其年代应与 76Ⅰ丁相同。

ⅠT1H6：31 碗（图九，8）和 ⅠT10H12：13 碗（图九，10）这种简单斜直壁的作风仅见于 76Ⅰ丁的 ⅠT2②：30 碗（图九，9），年代应该较为接近。

ⅠT2H4 不见完整器物，只发表了一件陶器拓片，很难将之进行年代分组，报告认为其年代应与 76Ⅰ区的第①、②层的年代相同，即属于 76Ⅰ丁的年代，笔者亦同意。

为明晰起见，现按以上各单位的分组依次称为 76Ⅰ甲、乙、丙、丁组，具体情况如下：

76Ⅰ甲：ⅠT3⑤；

76Ⅰ乙：ⅠT2④、ⅠT3④、ⅠT4④、ⅠT6④、ⅠT1F2；

76Ⅰ丙：ⅠT1③、ⅠT2③、ⅠT3④、ⅠT6③、ⅠT7③、ⅠT8③、ⅠT9③；

76Ⅰ丁：ⅠT1②、ⅠT2②、ⅠT3②、ⅠT4②、ⅠT5②、ⅠT6②、ⅠT7②、ⅠT8②、ⅠT9②、ⅠT1H4、ⅠT1H6、ⅠT2H4、ⅠT10H2 以及 ⅠT1①出土的新石器遗存。

76Ⅰ区出土的四组陶器可参见图九。

下面将 76Ⅰ区出土陶器与 76Ⅱ区及 73 区的四组陶器做一比较。

ⅠT3⑤：22 盂（图九，32）和 73T1⑤：139 盂（图八，13）腹部都装饰一圈附加堆纹风格相同，年代接近。所以 76Ⅰ甲与 73 甲的年代相同，属于一组。

ⅠT3④：21、ⅠT1F2：1 罐（图九，23、26）均为大口小底，与 ⅡT9④：15 罐（图七，48）相似，年代相同；ⅠT4④：20 彩陶（图九，31），红地红彩，线条粗细均匀，与 ⅡT7④：26 彩陶（图七，56）相似，年代相同。所以 76Ⅰ乙的年代与 76Ⅱ乙的年代相同，属于二组。

ⅠT2③：28 彩陶（图九，22）与 ⅡT7③：25 彩陶（图七，47）都是橙黄地黑彩，年代接近。所以 76Ⅰ丙的年代与 76Ⅱ丙年代相同，属于三组。

ⅠT6②：14、ⅠT4②：22 罐（图九，1、3）叠唇风格见于 ⅡT1②：26、ⅡT5F1：5、ⅡT3②：27 罐（图七，1～3），年代接近；ⅠT2②：30 碗（图九，9）花边底，与 Ⅱ花边口沿的 T3②：29 器盖（图七，19）有着相同的制作风格。所以 76Ⅰ丁与 76Ⅱ丁的年代相同，属于四组。

另外，《郭家村》报告中还发表了一些采集的器物标本，如采: 61 碗、采: 66 深腹小罐（图一〇，1、2），他们分别与Ⅰ T2②: 30 碗、Ⅱ T7①: 30 深腹小罐（图九，9；图七，34）形态相似，可并入 76 Ⅰ 丁、76 Ⅱ 丁，属于四组。

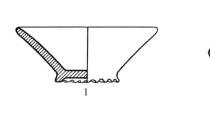

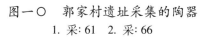

图一〇　郭家村遗址采集的陶器
1. 采: 61　2. 采: 66

至此，经过郭家村遗址三个发掘区的内部分组和三个发掘区及采集品之间的对比分析，可将该遗址自早至晚统一划分为四个年代组：

一组：76 Ⅱ 甲、73 甲、76 Ⅰ 甲；

二组：76 Ⅱ 乙、73 乙、76 Ⅰ 乙；

三组：76 Ⅱ 丙、73 丙、76 Ⅰ 丙；

四组：76 Ⅱ 丁、73 丁、76 Ⅰ 丁、郭家村遗址采集部分陶器。

现将郭家村遗址一至四组陶器特征总结如下：

一组，罐既有筒形罐又有小平沿罐，筒形罐直口，施长线三角纹；鼎均为盆形，圜底，锥形足，既有平沿者，又有卷沿者，腹部施一周附加堆纹；盂的腹部亦施一周附加堆纹；彩陶为双沟涡纹和白地粉红圆逗点赭石斜线纹。

二组，不见小平沿罐，筒形罐多施刻划与乳丁纹组合的纹饰，也有单纯的刻划纹，但是刻划的线条较短；鼎为罐形鼎，且带有双扳耳；盂为素面或缀有珠饰；碗敛口，壁较为弧曲；彩陶均为红地红彩，多为线形三角纹，线条较直，粗细均匀。

三组，筒形罐一般饰有瘤状耳或双扳耳；鼎为杯形；盂鼓腹，腹部施弦纹；碗为直口；豆均为粗柄豆，豆柄施弦纹或装饰镂空；还见有双耳壶、盂、红地黑彩彩陶、橙黄地黑彩彩陶等。

四组，罐多为附加堆纹口沿罐、折沿罐、卷沿罐；鼎均为盆形，平底，扁凿足；豆为细柄豆盘形豆，还有碗形豆；还见有袋足鬲、单把杯、花边口器盖、折沿盆、敞口直壁盆、圈足盘、斜腹盘、舟形器等，但不见彩陶。

6. 上马石遗址

上马石遗址位于辽宁省大连市长海县大长山岛三官庙大队八队，现存面积约为 4.5 万平方米。1957～1960 年，旅顺博物馆调查时发现❶；1978 年 10～11 月，辽宁省博物馆、旅顺博物馆、长海县文化馆对该遗址进行了正式发掘❷。

发掘面积约为 300 平方米，分为四个区，包含了新石器和青铜两个不同时代的文化遗存，本文只对新石器时代遗存进行研究。报告发表的新石器时代单位有Ⅰ区的 T4③、T6③、T3④、T5④、T6④，Ⅲ区的 T1④、F1，Ⅳ区的 F1。

Ⅲ区，ⅢT1④发表的陶器按照纹饰的不同可分两种，第一种为压印之字纹遗存（图一一，13、14），第二种是刻划横线纹和长线三角纹遗存（图一一，15、16、17），在这两种纹饰中，通过后洼遗址的分组研究可以得知压印之字纹遗存较早，将上马石ⅢT1④出土的第一种遗存称为一组，第二种遗存称为二组，一组的年代早于二组。ⅢF1 叠压在ⅢT1④下，层位上早于ⅢT1④，加之ⅢF1：8 壶（图一一，12）饰压印席纹，施纹手法与一组接近，应该属于同时，故可将ⅢF1并入一组。

Ⅰ区，ⅠT4③和ⅠT6③属于同区的同一层，年代相同，ⅠT3④、ⅠT5④、ⅠT6④属于同区的同一层，年代接近。ⅠT4③出有折沿罐（图一一，1），ⅠT5④、ⅠT6④中出有三环足器（图一一，2、4），这两类器物共见于三堂三组（图一二，6、24），所以ⅠT4③与ⅠT5④、ⅠT6④及 T6③、T3④都属同一时期的文化遗存，将之称为三组。

Ⅳ区，据报告描述ⅣF1 中出有折沿弦纹罐，与ⅠT4③：47 罐（图一一，1）较为相似，年代接近，所以可将ⅣF1 纳入三组。

1957～1960 年采集的鼎（图一一，5）与 1978 年发掘的ⅠT5④：41、ⅠT6④：49鼎（图一一，2、4）器形相似年代相同，从而可将之纳入三组。

---

❶ 旅顺博物馆：《旅大市长海县新石器时代贝丘遗址调查》，《考古》1962 年 7 期，第 345～352 页。

❷ 辽宁省博物馆、旅顺博物馆、长海县文化馆：《长海县广鹿岛大长山岛贝丘遗址》，《考古学报》1981 年 1 期，第 63～109 页。

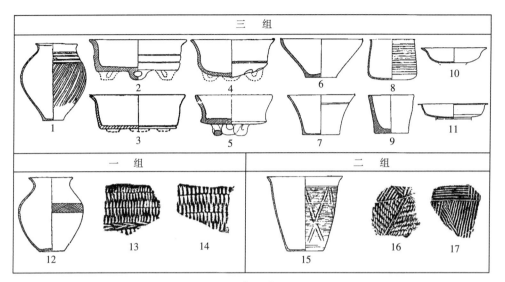

图一一　上马石遗址出土的三组陶器

1. ⅠT4③：47　2、6、11. ⅠT5④：41、43、45　3、4. ⅠT6④：51、49、50　5. 1956～1960 年采集　7. ⅠT6③：48　8. ⅠT3④：22　9. ⅣF1：9　12. ⅢF1：8　13、14、16、17. ⅢT1④　15. ⅢT1④：11

通过前面讨论已得知上马石一组早于二组，接下来讨论一下上马石三组的年代。通过小珠山遗址的分组可知，折沿、卷沿鼓腹罐的年代晚于长线划纹侈口罐的年代，上马石三组出有折沿鼓腹罐，二组出有刻划长线纹侈口罐，所以上马石第三组晚于第二组。

综上所述，可将上马石遗址 1978 年发掘和 1957～1960 年采集的新石器时代遗存从早至晚分为三组，具体情况如下：

一组：以ⅢT1④出土的压印之字纹筒形罐、ⅢF1 为代表；

二组：以ⅢT1④：11 刻划纹侈口罐、ⅢT1④出土的长线划纹罐为代表；

三组：包括ⅠT4③、ⅠT6③、ⅠT3④、ⅠT5④、ⅠT6④以及 1957～1960 采集的鼎

上马石遗址出土的三组陶器可参见图一一。

7. 三堂村遗址

三堂村遗址位于辽宁省瓦房店市长兴岛三堂村，现存面积约为 10000 平方米。1982 年大连市文物普查队在岛上进行调查时发现，之后于 1985、1986 年进

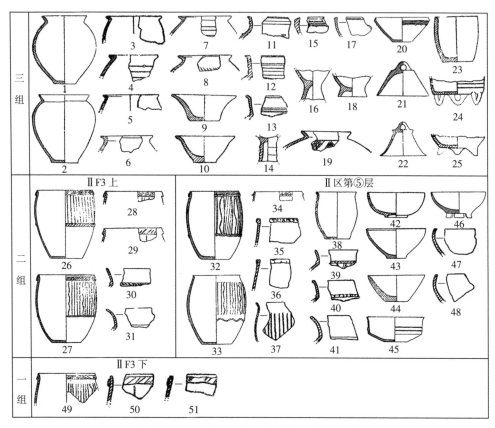

图一二　三堂村遗址出土的三组陶器

1、13、19、23. ⅠG1：4、6、5、13　2. ⅡH8：1　3、11、14、20. ⅠT204④A：13、14、11、2　4、5、6、7、8、12、22、24. ⅠT205④A：15、13、16、14、17、18、10、12　9. ⅠT106③：1　10. Ⅱ T101④A：1　15、16. ⅠT204④B：1、12　17、21. ⅠT206④A：6、7　18. ⅠF1：8　25. ⅢT202③：1　26、27、28、29、30、31. ⅡF3 上：19、14、12、13、18、17　32、46. ⅡT202⑤：7、12　33、36、37、41、45、47、48. ⅡT104⑤：16、15、9、12、11、8、13　34、35、43. ⅡT302⑤：12、11、10
38、39. ⅡT102⑤：8、9　40、42. ⅡT203⑤：1、2　44. ⅡT101⑤：2　49、50、51. ⅡF3 下：23、22、20

行了两次复查。为了配合国际环渤海考古会议的召开，1990 年辽宁省文物考古研究所、吉林大学考古学系、旅顺博物馆联合对该遗址进行了正式发掘❶。

❶　辽宁省文物考古研究所、吉林大学考古学系、旅顺博物馆：《辽宁省瓦房店市长兴岛三堂村新石器时代遗址》，《考古》1992 年 2 期，第 107～121、174 页。

发掘分四个区进行，发掘面积 875 平方米。报告依据层位及出土遗物的不同，将该遗址分为早晚两期，第一期包括Ⅱ区的第⑤、⑥层，H1～7，F1～3，M1、2 以及Ⅰ区的 H5；第二期包括Ⅱ区的第④A、④B 层和Ⅰ区除 H5 外的其余所有单位，以及Ⅲ、Ⅳ区的全部遗存。这种分期方案无疑是正确的，但是报告中的第一期文化遗存内部存在着一定的差别，而且有层位学方面的依据，也就是说第一期文化遗存有进一步分期的可能。遗址的发掘者也意识到了这一问题，并专门撰有《三堂新石器时代遗址分期及相关问题》❶，该文以Ⅱ第⑤层为分界点，将叠压其下的 F1～3 和第⑥层视为第一期的早段，第⑤层及Ⅰ区 H5 视为第一期的晚段。

实际上从发表的材料看，ⅡF3 是分为上下两层的。ⅡF3 下层只见附加堆纹口沿的附加堆纹敛口罐，可分两型，一种是附加堆纹上缘与口部交界处抹平（图一二，49），另一种是附加堆纹的上下缘均不抹平（图一二，50、51）。他们共同点都是附加堆纹与口沿有一定距离。ⅡF3 上层附加堆纹上缘抹平的附加堆纹敛口罐，附加堆纹与口沿距离进一步缩小（图一二，26、27），甚至有的上缘与唇沿连为一体（图一二，28、29），而且出现了壶（图一二，30、31），这些都与ⅡF3 下层有别，而且ⅡF3 上层层位上晚于ⅡF3 下层，所以ⅡF3 上层与ⅡF3 下层属于不同时期的遗存，ⅡF3 上层晚，ⅡF3 下层早。

Ⅱ区第⑤层与ⅡF3 上层都以罐和壶为主，将两者进行比较不难发现，ⅡT202⑤：7罐（图一二，32）与ⅡF3 上：19 罐（图一二，26）器形及纹饰相似，而且口部附加堆纹与口沿距离都较小；ⅡT302⑤：12 罐（图一二，34）口部附加堆纹上缘与唇沿连为一体，与ⅡF3 上：12、13 罐（图一二，28、29）相似；T102⑤：9、ⅡT203⑤：1 壶（图一二，39、40），直领，与ⅡF3 上：18 壶（图一二，30）相似；ⅡT104⑤：12 壶（图一二，41），弧领，器形与ⅡF3 上：17 壶（图一二，31）相似。可以看出第⑤层的主要器形皆与ⅡF3 上层陶器相似，年代相当。

由于第⑥层，H1～7，F1～3，M1、2 以及Ⅰ区的 H5 都没有发表遗物，暂不讨论。

从而据ⅡF3 下层和ⅡF3 上层，以及Ⅱ区第⑤层，可将该遗址的第一期文化

❶　陈全家、陈国庆：《三堂新石器时代遗址分期及相关问题》，《考古》1992 年 3 期，第 232～235 页。

遗存分为一、二两组，一组为ⅡF3下层，二组为ⅡF3上层和Ⅱ区第⑤层，一组早于二组。

如果将该遗址的第二期文化遗存称为三组，第二期遗存晚于第一期文化遗存，所以三组晚于一、二两组。那么就可以将该遗址自早至晚分为三个年代组，一组最早，二组次之，三组最晚。

三堂村遗址出土的三组陶器可参见图一二。

比较本文、《三堂新石器时代遗址分期及相关问题》、原报告三者分期可以发现，本文与《三堂新石器时代遗址分期及相关问题》都是在承认原报告上、下层的分期基础上对下层遗存进一步分期。本文分期与《三堂新石器时代遗址分期及相关问题》分期的区别在于，《三堂新石器时代遗址分期及相关问题》将ⅡF3下层和ⅡF3上层视为一个时期，早于Ⅱ区第⑤层；而本文则将ⅡF3下层和ⅡF3上层区别开，并通过两者陶器之间的比较认为ⅡF3下层早于ⅡF3上层，并且将Ⅱ区第⑤层遗存与ⅡF3上层遗存加以比较，结果认为ⅡF3上层与Ⅱ区第⑤层同时。

8. 北沟西山遗址

北沟西山遗址位于辽宁省岫岩县岫岩镇西北营子村贝墙里屯屯西的西山山顶和东坡上，东西长约160米，南北宽约100米。为了配合海岫铁路的修建，由辽宁省文物考古研究所、丹东市文管办、鞍山市文化局、鞍山博物馆、岫岩县文管所、海城市文管所联合组成辽宁省海岫铁路文物工作队，于1987年❶和1988年❷对该遗址进行了发掘。开4×4米探方4个，编号为T1～4；开8×1.5米探沟两条，编号为G1、2；发掘面积88平方米。通过发掘发现4座房址，但是该遗址所发表的陶器均为地层出土，房址没有发表任何器物，因而该遗址的分组研究主要是通过地层单位的分组实现的。

北沟西山遗址的地层堆积可分四层，第①层为现代耕土层，第②、③、④层为古代文化层。赵宾福曾对北沟西山遗址进行过分期研究，他将该遗址分为早、

---

❶ 许玉林：《海岫铁路工程沿线考古调查和发掘情况简报》，《北方文物》1990年2期，第11～19页。

❷ 许玉林、杨永芳：《辽宁岫岩北沟西山遗址发掘简报》，《考古》1992年5期，第389～398页。

晚两期，早期为遗址的第④、③层，晚期为第②层❶。

笔者赞同这种分期方案，但由于本文的研究需要，将赵宾福划分的早期称为一组，晚期称为二组，一组早于二组。

北沟西山遗址出土的一、二两组陶器可参见图一三。

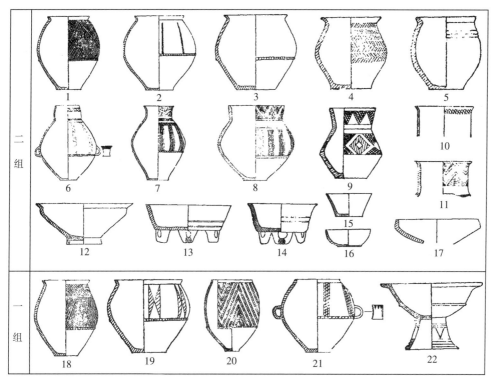

图一三　北沟西山遗址出土的两组陶器

1、3、4、5、13、15、16. T1②：81、79、44、72、48、73、55　2、12、14. T3②：64、54、56　6、7、17. G1②：27、26、23　8、9. T2②：36、22　10、11. G2②：102、103　18、20、22. T3③：61、77、79　19. T1④：1　21. T1③：6

（二）典型遗址材料的分段

通过典型遗址材料的分组研究，解决了各典型遗址内部的年代分组问题，接

❶　赵宾福：《东北石器时代考古》，吉林大学出版社，2003年，第289~290、303~313页。

下来分析一下各典型遗址诸组之间的年代关系，完成典型遗址材料的分段。

在各典型遗址中，小珠山遗址内含最丰富，组别最多，因而以小珠山遗址的分组为主线，将其他典型遗址与小珠山遗址进行比较，来探讨典型遗址之间各组的相对年代问题。在进行比较时一般结合器形和纹饰两方面的因素，但是由于个别遗址的个别年代组缺乏可比较的完整器形，只能通过纹饰进行比较。

吴家村诸组与小珠山诸组的比较。吴家村遗址出土的材料被分为两组，其中一组陶器流行长线三角内填斜短线纹（图四，22），其构图原理及纹饰风格与小珠山四组主要纹饰（图五，11；图六，25）十分相似，年代接近，表明吴家村一组的年代当与小珠山四组相同。吴家村二组流行刻划斜短线纹及其组成的各种纹饰（图四，1～3、11、14、15），其中以ⅡF1：29罐（图四，1）上装饰的乳丁加刻划斜短线组合纹最具特色，这种纹饰常见于小珠山五组（图五，6）；吴家村二组ⅢG1②出土的三角纹（图四，15）与小珠山五组T4③出土的三角纹（图五，7）酷似，因而可定吴家村二组与小珠山五组年代相当。

北吴屯诸组与小珠山诸组的比较。北吴屯遗址出土的材料被分为三组，其中一组筒形罐（图二，31～37）均大口大底、腹壁较直、筒腹较深，纹饰整齐工整，与小珠山一组T3⑤：23筒形罐（图五，28）风格一致，文化面貌相同，年代接近。北吴屯二组筒形罐大口小底，腹壁微曲，T3③：4筒形罐（图二，25）与小珠山二组T4⑤：53筒形罐（图五，23）器形相似，T2③：82筒形罐（图二，26）与小珠山二组T4⑤：55筒形罐（图五，24）均饰双耳，下腹内收，形态酷似，两者面貌相同，年代接近。北吴屯三组以刻划斜短线纹直口筒形罐（图二，1～4、7、8），刻划纹侈口罐（图二，11、12）亦占一定比例。北吴屯三组流行刻划斜短线纹这一点与小珠山五组及吴家村二组相同，但其完全不见乳丁加刻划斜短线纹的组合纹，同时相比较而言筒形罐的腹部更深，又与之不同。侈口罐与小珠山四组侈口罐（图五，16、17、9）器形较为接近，然而也不无差别，沿变短，有的接近小平沿，纹饰也由刻划横线纹、长线纹变为刻划斜短线纹，或斜短线组成的几何纹饰，更接近与小珠山五组及吴家村二组的纹饰。据此分析可知北吴屯第三组既共有小珠山四组和五组的特点，又与之不同，当处于二者之间的过渡时段。

后洼诸组与小珠山诸组的比较。后洼遗址出土的材料共分为四组，其中一组ⅤT23④：28罐（图三，19）与小珠山一组T3⑤：23罐（图五，28）均大口大底、腹壁较直、筒腹较深，压印纹规整细密，风格接近，年代相同，所以后洼一组与小珠山一组年代相同。后洼二组 T1：3 罐（图三，16），大口小底，腹壁微曲，压印纹饰整齐工整，与小珠山二组 T4⑤：53 罐（图五，23）酷似，年代接近，所以后洼二组的年代与小珠山二组接近。后洼三组Ⅱ T18④：46 罐（图三，8）与小珠山三组 T1⑤：20 罐（图五，19）相似，年代接近，所以后洼三组与小珠山三组年代接近。后洼四组Ⅰ T2②：33、Ⅰ T8②：88 刻划横线纹侈口罐（图三，1、2），腹壁弧曲，小台底，器形及纹饰与小珠山四组 T1⑤：27 刻划横线纹侈口罐（图五，16）都十分相似，二者文化面貌一致，年代接近，所以说后洼四组的年代与小珠山四组接近。

郭家村诸组与小珠山诸组的比较。郭家村遗址出土的材料被分为四组，其中一组Ⅱ T5⑤：160 罐（图七，57）施刻划长线三角纹，与小珠山四组 T4③：59 罐下部纹饰（图五，9）、T4④出土的陶片（图五，10）纹饰接近，年代相同；郭家村一组Ⅱ T8⑤：38 彩陶（图七，60）与小珠山四组 T1④：33、T1④：61 彩陶（图五，13、14）都是双钩涡纹彩陶，形态接近，年代相同，所以郭家村一组年代与小珠山四组年代相同。郭家村二组Ⅱ T9④：16、Ⅱ T2⑤：16、Ⅰ T3④：16（图七，49、50；图九，24）不但器形与吴家村二组Ⅱ F1：29 罐（图四，1）相似，而且纹饰都为刻划短线加乳丁纹，他们的纹饰特点与小珠山五组 T4③的刻划纹陶片（图五，6）相似，年代相同；郭家村二组Ⅱ T9④：15 罐（图七，48）、Ⅰ T3④：21 罐（图九，23）与吴家村Ⅱ F1：25、Ⅰ T1②：49 罐（图四，2、3）均为大口小底刻划纹筒形罐，器形接近，年代相同，所以郭家村二组的年代与小珠山五组、吴家村二组的年代相同。郭家村四组Ⅰ T5②：9 罐（图九，2）素面，口沿施一周附加堆纹，与小珠山八组 T4②：90 罐（图五，1）酷似，年代相同；郭家村四组Ⅰ T8②：22 豆（图九，14）与小珠山八组 T3②：26 豆（图五，3）器形相似，年代相同，所以郭家村四组与小珠山八组年代相同。郭家村遗址的分组已经证明郭家村三组晚于郭家村二组早于郭家村四组，通过郭家村遗址与小珠山遗址的比较知道，而郭家村二组、四组的年代分别相当于小珠山五组、八组，所以，郭家村三组的年代应该晚于小珠山五组。郭家村三组的刻划纹筒形罐为直口，小珠山六组筒形罐以折、卷沿为主，折、卷沿的特点属于晚期遗存的特点，所以郭家村三组比小珠山六组要稍早一些，从而可知，郭家村三组的年代当介于小珠山五组和六组之间。

上马石诸组与小珠山诸组的比较。上马石遗址出土的材料被分为三组，一组从筒形罐纹饰看，压印之字纹（图一一，13、14），纹饰之间间距较窄，整齐工整，应与小珠山一、二组年代相仿，从其出土的鼓腹罐（壶）（图一一，12）分析，这在小珠山一组是不见的，而见于与小珠山二组同时的北吴屯二组（图二，29、30），他们整体风格相近，都是有颈鼓腹，年代较为接近，所以上马石一组年代应该与小珠山二组的年代相同。上马石二组ⅢT1④：11罐（图一一，15），侈口，腹部刻划横线纹，与小珠山四组78T1⑤：27罐（图五，16）、08T1111⑧：1罐（图六，26）在器形和纹饰方面都较为接近，上马石二组的长线纹加短线纹、长线纹三角纹（图一一，16、17）亦分别与小珠山四组的纹饰（图五，11、10；图六，25）相似，年代相同，所以上马石二组的年代与小珠山四组的年代相同。上马石三组主要器形为折沿罐，实际上这类器形也是小珠山八组的主要器形（图六，3~6），其与上马石ⅠT4③：47折沿罐（图一一，1）大致相同，年代接近，所以上马石三组与小珠山八组陶器面貌相同，年代接近。

三堂村诸组与小珠山诸组的比较。三堂村遗址出土的材料共分三组，其中第三组ⅡH8：1折沿罐（图一二，2）与小珠山八组08T1211③：17（图六，6）、郭家村四组ⅡT5F1：4折沿罐（图七，5）器形相似，所以三堂村三组年代与小珠山八组、郭家村四组年代相当。通过小珠山六组和七组的陶器比较可知，刻划短线纹折沿或卷沿筒形罐的年代早于口沿饰附加堆纹敛口罐的年代，三堂村一、二组与小珠山七组相同均以附加堆纹口沿敛口罐为主要器形，所以三堂村一、二组的年代应与小珠山七组的年代更为接近，当早于小珠山六组。根据三堂村一、二组可以看出附加堆纹敛口罐的发展变化规律为由三堂村一组的附加堆纹与口沿有一定距离，到三堂村二组的堆纹与口沿距离进一步缩小甚或上缘与唇沿连为一体。小珠山三组的附加堆纹已经完全与口沿上缘连为一体，不见与口沿有距离，其代表的年代为附加堆纹敛口罐较晚的一个阶段，从而可以推断小珠山七组晚于三堂村一、二组。

北沟西山诸组与小珠山诸组的比较。北沟西山遗址出土的材料共分为两组，其中第二组G1②：23豆（图一三，17）与小珠山八组T3②：26豆（图五，3）皆为盘状细柄，器形相似，年代接近，三环足器（13、14）亦见与小珠山八组同时的上马石三组（图一一，2、4、5），所以说北沟西山二组年代与小珠山八组年代相同。北沟西山一组陶器与二组陶器差别不大，两者衔接较为紧密，无明显的年代缺环。小珠山七组与八组的陶器差别较为明显，两者之间有一定的年代缺环。小珠山八组与北沟西山二组年代相当，从而可以推断小珠山七组当略早于北沟西北一组。

通过各典型遗址之间的比较，明确典型遗址之间各组的年代关系，按照年代的先后顺序可将典型遗址材料自早至晚分为 13 段，具体情况如下：

Ⅰ段：小珠山一组、北吴屯一组、后洼一组

Ⅱ段：小珠山二组、北吴屯二组、后洼二组、上马石一组

Ⅲ段：小珠山三组、后洼三组

Ⅳ段：小珠山四组、后洼四组、上马石二组、郭家村一组、吴家村一组

Ⅴ段：北吴屯三组

Ⅵ段：小珠山五组、吴家村三组、郭家村二组

Ⅶ段：郭家村三组

Ⅷ段：小珠山六组

Ⅸ段：三堂村一组

Ⅹ段：三堂村二组

Ⅺ段：小珠山七组

Ⅻ段：北沟西山一组

ⅩⅢ段：小珠山八组、郭家村四组、上马石三组、三堂村三组、北沟西山二组

上述 8 个典型遗址材料的分段情况可参见表一。

以上各段陶器主要特征总结如下：

Ⅰ段，只见筒形罐，未见其他器形。筒形罐均大口大底、腹壁较直、筒腹较深。纹饰以压印之字纹和压印席纹为主，纹饰整齐工整，几乎通体施纹。

Ⅱ段，筒形罐仍然是主要器形，但出现侈口罐、鼓腹罐（壶）等。筒形罐大口小底、腹壁微曲、筒腹变浅。纹饰特点与Ⅰ段相同。

Ⅲ段，器形依然以筒形罐为主，筒形罐口径相较底径比Ⅱ段进一步加大，腹壁变得弧曲，纹饰依然以压印之字纹和席纹为主，但大多已变得潦草，腹部以下不施纹，纹饰呈现出衰弱的趋势。

Ⅳ段，器形以侈口罐为主，亦见有直口罐、小平沿罐、壶等。纹饰主要为刻划横线纹、刻划长线三角纹或长线三角斜内填斜短线纹。

表一　鸭绿江流域及辽东半岛黄海沿岸地区中国境内诸遗址材料分组、分段表

遗址	小珠山下层文化			后洼上层文化	小珠山中层文化				三堂一期文化			北沟文化早期	小珠山上层文化 北沟文化晚期
	早	中	晚		一	二	三	四	早	中	晚		
	I 段	II 段	III 段	IV 段	V 段	VI 段	VII 段	VIII 段	IX 段	X 段	XI 段	XII 段	XIII 段
小珠山	一组	二组	三组	四组		五组		六组			七组		八组（小）
北吴屯	一组	二组	三组	四组									
后洼	一组	二组	三组	四组	三组								
上马石			一组	二组									三组（小）
郭家村				一组		二组	三组						四组（小）
吴家村				一组		二组							三组（小）
三堂村									一组	二组			三组（小）
北沟西山			√									一组（北）	二组（北）
大岗		√	√										
东山		√											
东水口		√											
清化宫		√											
西沟		√											
阴屯半拉山		√											

（注：典型遗址——小珠山、北吴屯、后洼、上马石、郭家村、吴家村、三堂村、北沟西山；一般遗址——大岗、东山、东水口、清化宫、西沟、阴屯半拉山）

续表

遗址＼分期	小珠山下层文化 早 I段	中 II段	晚 III段	后洼上层文化 IV段	小珠山中层文化 一 V段	二 VI段	三 VII段	四 VIII段	三堂一期文化 早 IX段	中 X段	晚 XI段	北沟文化早期 XII段	小珠山上层文化 北沟文化晚期 XIII段
石灰窑		√											
王驼子		√											
臭梨崴子		√		√									
赵坨子		√			√								
阎坨子		√			√	√							
沙泡子村			√										
李强子村			√	√									
南王村			√	√									
北沟贝墙里				√								√（北）	
柞木山												√（北）	
石固山						√							√（北）
蝲蛄坨子						√							
王家屯						√							
文家屯									√				√（小）

（以上均属一般遗址）

续表

分期＼遗址	小珠山下层文化 早 I段	中 II段	晚 III段	后洼上层文化 IV段	小珠山中层文化 一 V段	二 VI段	三 VII段	四 VIII段	三堂一期文化 早 IX段	中 X段	晚 XI段	北沟文化早期 XII段	小珠山上层文化 北沟文化晚期 XIII段
大潘家村							√						√（小）
哈皮地									√	√			√（小）
石灰窑村									√	√			√（小）
鱼山									√				
小业屯										√		√（北）	
石佛山											√		√（北）
西泉眼													√（北）
蚊子山												√（北）	
老石山												√（北）	
小娘娘城山												√（北）	
大朱仙沟												√（北）	
苇沙河												√（北）	
窑南												√（北）	
歪头山												√（北）	

一般遗址

续表

分期 / 遗址	小珠山下层文化 早 I段	中 II段	晚 III段	后洼上层文化 IV段	小珠山中层文化 一 V段	二 VI段	三 VII段	四 VIII段	三堂一期文化 早 IX段	中 X段	晚 XI段	北沟文化早期 XII段	小珠山上层文化 北沟文化晚期 XIII段
姚家沟												√（北）	
龙头山												√（北）	
城山沟												√（北）	
老温山头												√（北）	
蛎碴岗													√（小）
南窑													√（小）
乔东													√（小）
大驾地													√（小）
山南头													√（小）
洪子东													√（小）

（一般遗址）

注："小" 指该遗存在文化性质上属于小珠山上层文化，"北" 指该遗存在文化性质上属于北沟文化。

Ⅴ段，以筒形罐为主，口大底小，筒腹较深，亦见有一定数量的侈口罐。纹饰以刻划斜短线纹为主。

Ⅵ段，以筒形罐为主要器形，与Ⅴ段不同的是器形筒腹变浅。纹饰流行刻划斜短线纹，但更多的是刻划斜短线与乳丁组成的复合纹饰，而且纹饰只施于口沿下，其他部位为素面。

Ⅶ段，筒形罐变得矮胖，一般饰有双扳耳，施纹面积进一步缩小，而且出现了素面筒形罐。

Ⅷ段，以仍以刻划纹筒形罐为主要器形，但是器形口沿以折沿或卷沿为主，纹饰亦以刻划短线纹为主，施于器物上部，亦出现有素面罐。

Ⅸ段，器形为附加堆纹敛口罐，口部施一周附加堆纹，附加堆纹距唇沿有一定距离，腹部施若干条纵向的附加堆条，即竖条堆纹。

Ⅹ段，仍然以附加堆纹敛口罐为主，与Ⅸ段不同的是出现了一定数量的壶，以及碗、钵等器形。附加堆纹敛口罐也发生了变化，口部的附加堆纹上移，多数与唇沿连为一体，同时还出现了口沿不饰附加堆纹的附加堆纹敛口罐。

Ⅺ段，依然以附加堆纹敛口罐为主，附加堆纹全部上移与唇沿连为一体。器身竖条堆纹减少，出现了大量的刻划纹几何纹。

Ⅻ段，施竖条堆纹和几何纹的折沿、卷沿罐。

ⅩⅢ段，分为两类遗存，一类是条形堆纹及几何纹的折沿、卷沿罐及壶为代表的遗存，另一类是以素面的附加堆纹口沿罐、折沿罐、卷沿罐为代表的遗存。

这8个典型遗址材料，基本反映了鸭绿江流域及辽东半岛黄海沿岸地区中国境内新石器时代遗存的全部文化面貌，其分段也基本代表了整个新石器时代遗存的编年序列。当地出有新石器时代遗存的遗址除了以上典型遗址外，还有若干一般遗址，下面将一般遗址材料与典型遗址材料进行比较，确定一般遗址材料所属段别。

（三）一般遗址材料所属段别的确定

1. 大岗遗址

大岗遗址位于东沟县（现东港市）马家店镇双山村兴台屯。1984年秋，辽宁省博物馆对其进行了试掘❶。该遗址陶器主要为红褐陶和黑褐陶，手制，胎较厚，均含沙及滑石粉。器形以筒形罐为主，还见有鼓腹罐（壶）、碗、杯、勺、舟形器、纺轮、圆形陶片、长条陶片、有沟陶片等。纹饰以压印纹为主，其中席纹和之字纹最多，还有网格纹、人字纹、横线纹及各种组合纹饰。

T2∶1 筒形罐（图一四，6）口径与底径基本相当，腹壁较直，口沿饰压印网格纹，下饰压印之字纹，纹饰整齐工整，与北吴屯一组 T3③∶1、T3③∶2 筒形罐（图二，31、32）十分相似，年代相同。T2∶2 筒形罐（图一四，7）腹壁较直，腹部压印横线纹，与北吴屯一组 T6③∶14 筒形罐（图二，33）酷似，年代相同。T1∶2 筒形罐（图一四，8）大口大底，腹壁较直，器形粗重，与北吴屯一组的器物的整体风格相同，年代接近。T1∶1 筒形罐（图一四，4）大口小底，腹壁较为微曲，其风格与北吴屯二组 T3③B∶6 筒形罐（图二，23）相似，年代接近。T1∶3 侈口罐（图一四，3）见于北吴屯二组 T3③∶10 侈口罐（图二，27），年代接近。T1∶4 鼓腹罐（壶）（图一四，5）与后洼二组 ⅡT18④∶45 鼓腹罐（壶）（图三，17）相似，年代接近。T2∶5 鼓腹罐（壶）（图一四，1）与后洼三组 ⅤT22④∶46 鼓腹罐（壶）（图三，10）相似，年代接近。

为行文方便，将大岗遗址 T2∶1、T2∶2、T1∶2 筒形罐为代表的遗存称为大岗一组，T1∶1 筒形罐、T1∶3 侈口罐、T1∶4 鼓腹罐（壶）为代表的遗存称为大岗二组，T2∶5 鼓腹罐（壶）为代表的遗存称为大岗三组。通过上文的比较已知，大岗一组与北吴屯一组年代接近，大岗二组与北吴屯二组、后洼二组的年代接近，大岗三组与后洼三组年代接近，因此可分别将大岗一、二、三组分别并入Ⅰ、Ⅱ、Ⅲ段。

大岗遗址出土的三组陶器可参见图一四。

2. 东山遗址

东山遗址位于辽宁省大连市长海县广鹿岛柳条沟大队的东山上，面积约为

❶ 辽宁省博物馆：《辽宁东沟县大岗新石器时代遗址》，《考古》1986 年 4 期，第 300～305、382 页。

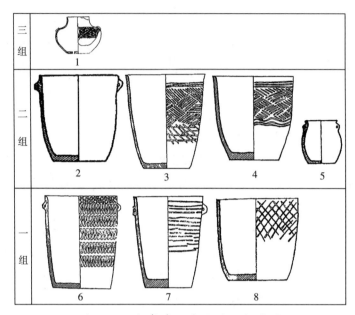

图一四　大岗遗址出土的三组陶器
1、2、6、7. T2∶5、3、1、2　3、4、5、8. T1∶3、1、4、2

5000平方米。1957～1960年旅顺博物馆调查时发现❶，1978年辽宁省博物馆、旅顺博物馆和长海县文化馆对该遗址进行了发掘❷。开4×4米探方3个，2×6米探沟两条，发掘面积84平方米。出土大量纹饰陶片，不见完整器，纹饰几乎为压印之字纹和席纹（图一五，1、2），1957～1960年的采集品中还见有带耳的压印席纹陶片（图一五，3）。从其纹饰整齐工整的特点看，与小珠山一、二组年代接近。由于缺乏完整器物，无法进一步确定其年代具体相当小珠山一组还是二组，暂且笼统地视为与小珠山一、二组年代相当，即处于Ⅰ、Ⅱ段。

3. 东水口遗址

东水口遗址位于辽宁省大连市广鹿岛柳条沟东山下海岸边，遗址面积较大。

❶　旅顺博物馆：《旅大市长海县新石器时代贝丘遗址调查》，《考古》1962年7期，第345～352页。

❷　辽宁省博物馆、旅顺博物馆、长海县文化馆：《长海县广鹿岛大长山岛贝丘遗址》，《考古学报》1981年1期，第63～109页。

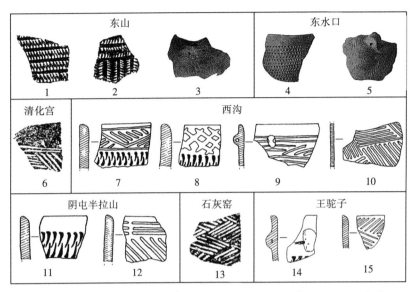

图一五　东山、东水口、清化宫、西沟、阴屯半拉山、石灰窑、
王驼子遗址新石器时代陶器（均为采集品）

1957~1960 年旅顺博物馆调查时发现❶，采集有压印之字纹和席纹陶片，有的带有瘤状耳（图一五，4、5）。纹饰工整，线条均匀，间距一致，与小珠山一、二组纹饰特点相同，年代接近。由于缺乏完整器物，无法进一步确认其年代相当小珠山一组还是二组，暂且笼统地视为与小珠山一、二组年代相当，即处于Ⅰ、Ⅱ段。

4. 清化宫遗址

清化宫遗址位于辽宁省大连市长海县大长山岛上，现存面积约为 2 万平方米。1957~1960 年旅顺博物馆调查时发现❷。陶器只见陶片，未见完整器，纹饰全系压印纹，压印席纹（图一五，6）整齐工整，与小珠山一、二组的压印席纹特点相近，年代相当，可并入Ⅰ、Ⅱ段。

---

❶　旅顺博物馆：《旅大市长海县新石器时代贝丘遗址调查》，《考古》1962 年 7 期，第 345~352 页。

❷　旅顺博物馆：《旅大市长海县新石器时代贝丘遗址调查》，《考古》1962 年 7 期，第 345~352 页。

5. 西沟遗址

西沟遗址位于辽宁省庄河市平山乡旋城山村，现存面积 1000 余平方米。1995 年王嗣洲、金志伟对该遗址进行了实地调查❶。采集有压印纹筒形罐残片，不见完整器，有的陶片带有瘤状耳（图一五，9）。纹饰以压印之字纹和席纹为主（图一五，7~10），压印纹整齐工整，与小珠山一、二组特点相近，年代相当。由于缺乏完整器，无法进一步确认其相当于小珠山一组还是二组，暂且笼统地认为与小珠山一、二组年代相当，归入Ⅰ、Ⅱ段。

6. 阴屯半拉山遗址

阴屯半拉山遗址位于辽宁省庄河市黑岛镇黄海边的阴屯半拉山上，现存面积约 3000 平方米。1995 年王嗣洲、金志伟对该遗址进行了实地调查❷，从采集的陶片看，主要为压印之字纹和压印席纹筒形罐（图一五，11、12），压印纹整齐工整的特点与小珠山一、二组较为接近，年代相当。由于缺乏完整器形的比较，无法进一步确认属于小珠山一组还是二组，暂且只能笼统地认为与小珠山一、二组同时，归入Ⅰ、Ⅱ段。

7. 石灰窑遗址

石灰窑遗址位于辽宁省东沟县（现为东港市）黄土坎公社石灰窑大队烧酒缸小队，地处大洋河下游，是一处地下岩洞遗址，洞长 3 米，宽 3 米。1981 年丹东市文化局文物普查队及辽宁省博物馆调查时发现❸，采集有压印席纹筒形罐残片（图一五，13），纹饰压印整齐工整，与后洼下层一、二组相似，年代相当。由于缺乏完整器形的比较，无法进一步确认属于后洼一组还是二组，暂且只能笼统地认为与后洼一、二组同时，归入Ⅰ、Ⅱ段。

---

❶ 王嗣洲、金志伟：《大连北部新石器文化遗址调查简报》，《辽海文物学刊》1997 年 1 期，第 1~5 页。

❷ 王嗣洲、金志伟：《大连北部新石器文化遗址调查简报》，《辽海文物学刊》1997 年 1 期，第 1~5 页。

❸ 丹东市文化局文物普查队：《丹东市东沟县新石器时代遗址调查和试掘》，《考古》1984 年 1 期，第 21~36 页。

8. 王驼子遗址

王驼子遗址位于辽宁省东沟县（现为东港市）谷屯大队王驼子小队的西山坡地上，南北长约 150 米，东西宽约 100 米。1981 年丹东市文化局文物普查队及辽宁省博物馆对该遗址进行了调查❶，采集有压印之字纹和压印席纹筒形罐残片，有的带有瘤状耳（图一五，14、15）。从压印纹整齐工整的特点与后洼一、二组较为相似，年代接近。但是由于缺乏完整器，无法进一步确认具体属于后洼一组还是二组，暂且笼统地认为与后洼一、二组同时，归入Ⅰ、Ⅱ段。

9. 臭梨崴子遗址

臭梨崴子遗址位于辽宁省丹东市宽甸县永甸乡幸福村，长约 50 米，宽约 20 米。1980～1983 年丹东市文化局文物普查队调查时发现❷。从发表的材料看，遗址成分较为复杂，既有压印之字纹（图一六，1），又有刻划横线纹（图一六，2）。压印之字纹压印整齐工整，与后洼一、二组的压印之字纹特点相近，年代接近，相当于Ⅰ、Ⅱ段。刻划横线纹见于后洼四组和小珠山四组，年代接近，归入Ⅳ段。从而可知臭梨崴子遗址既含有Ⅰ、Ⅱ段遗物，又有Ⅳ段遗物。

图一六　臭梨崴子遗址新石器时代陶器（均为采集品）

❶　丹东市文化局文物普查队：《丹东市东沟县新石器时代遗址调查和试掘》，《考古》1984年 1 期，第 21～36 页。

❷　许玉林、金石柱：《辽宁丹东地区鸭绿江右岸及其支流的新石器时代遗存》，《考古》1986年 10 期，第 865～872 页。

10. 赵坨子遗址

赵坨子遗址位于辽宁省东沟县（现为东港市）谷屯大队赵坨子小队老窑山西坡下，现存面积约为 1000 平方米。1981 年丹东市文化局文物普查队及辽宁省博物馆对该遗址进行了调查❶，采集有压印之字纹和刻划斜短线纹筒形罐残片。压印之字纹（图一七，1）整齐工整，与后洼一、二组相似，年代相当，但是没有完整器，很难进一步确认具体属于后洼一组还是二组时期，暂且笼统地认为与后洼一、二组同时，即并入Ⅰ、Ⅱ段。刻划纹口沿残片，圆唇、施单纯的刻划斜短线纹（图一七，2），与北吴屯三组 F2：7、10，F7：3，T6②C：30，T14②A：30 罐（图二，1、3、2、7、8）口沿及纹饰都十分相似，年代相当，可并入Ⅴ段。

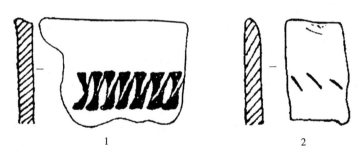

图一七　赵坨子遗址陶器（均为采集品）

11. 阎坨子遗址

阎坨子遗址位于辽宁省东沟县（现为东港市）谷屯大队阎坨子小队的北坨子北坡下，四边长约 100 米。1981 年丹东市文化局文物普查队与辽宁省博物馆的同志对该遗址进行了调查❷，采集有压印之字纹筒形罐残片、刻划斜短线纹及其与乳丁组合纹残片，为行文方便，将这三种纹饰陶片为代表的遗存分别称为阎驼

❶　丹东市文化局文物普查队：《丹东市东沟县新石器时代遗址调查和试掘》，《考古》1984 年 1 期，第 21~36 页。
❷　丹东市文化局文物普查队：《丹东市东沟县新石器时代遗址调查和试掘》，《考古》1984 年 1 期，第 21~36 页。

子一、二、三组。一组压印之字纹（图一八，4、5）整齐工整，与Ⅰ、Ⅱ段的压印特点一致，年代相当。二组单纯刻划斜短线纹的圆唇筒形罐（图一八，2、3）见于北吴屯三组 F2：7、10，F7：3，T6②C：30，T14②A：30 罐（图二，1、3、2、7、8）等，年代相当，并入Ⅴ段。三组乳丁加刻划斜短线组合纹（图一八，1）是吴家村三组主体纹饰（图四，1），年代相当，可纳入Ⅵ段。

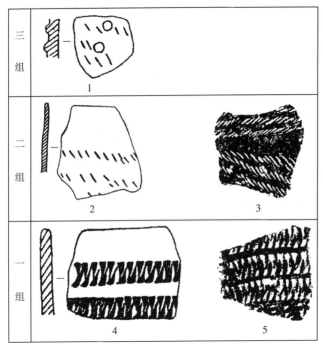

图一八　阎坨子遗址陶器（均为采集品）

12. 沙泡子村遗址

沙泡子村遗址位于辽宁省大连市长海县獐子岛沙泡子村东的海岸处。1957～1960 年旅顺博物馆调查时发现❶。不见完整器，只见残片。纹饰均为压印纹（图一九，1～7），压印纹饰潦草，可并入Ⅲ段。

---

❶　旅顺博物馆：《旅大市长海县新石器时代贝丘遗址调查》，《考古》1962 年 7 期，第 345～352 页。

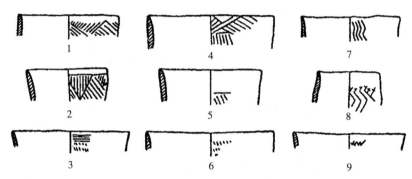

图一九　沙泡子村、南玉村遗址陶器（均为采集品）
1~7. 沙泡子村　8、9. 南玉村

13. 李强子村遗址

李强子村遗址位于辽宁省大连市长海县獐子岛李强子村西北的海岸处。1957~1960 年旅顺博物馆调查时发现❶。该遗址未发表任何陶器，但据报告描述"出土的陶器与沙泡子村贝丘相同"❷，年代亦应与之相当，可并入Ⅲ段。

14. 南玉村遗址

南玉村遗址位于辽宁省大连市长海县海洋岛南玉村北的海岸处。1957~1960 年旅顺博物馆调查时发现❸。未见完整器，从其纹饰看主要为压印纹（图一九，8、9），压印较为潦草，可归入Ⅲ段。

15. 北沟贝墙里遗址

北沟贝墙里遗址位于辽宁省岫岩县贝墙里屯西南，地处大洋河上游，现存面积约为 6000 平方米。1987 年由辽宁省文物考古研究所、丹东市文管办、鞍山市

---

❶　旅顺博物馆：《旅大市长海县新石器时代贝丘遗址调查》，《考古》1962 年 7 期，第 345~352 页。

❷　旅顺博物馆：《旅大市长海县新石器时代贝丘遗址调查》，《考古》1962 年 7 期，第 345~352 页。

❸　旅顺博物馆：《旅大市长海县新石器时代贝丘遗址调查》，《考古》1962 年 7 期，第 345~352 页。

文化局、鞍山市博物馆、岫岩县文管所、海城市文管所组成的辽宁省海岫铁路文物工作队对该遗址进行了发掘❶。

出土有压印纹陶片、刻划横线纹陶片和卷沿罐、折沿罐、壶的口沿残片，将压印纹陶片为代表的遗存称为北沟贝墙里一组，刻划横线纹陶片为代表的遗存称为北沟贝墙里二组，卷沿罐、折沿罐、壶的口沿残片为代表的遗存称为北沟贝墙里三组。其中一组遗存均出自 T4④层，有压印之字纹和压印席纹，从发表的纹饰看，压印之字纹（图二〇，6、7）只压印出两端，整体形态不明，压印席纹较为凌乱（图二〇，8），与小珠山三组的压印之字纹和压印席纹的特点相似，所以可将之并入Ⅲ段。二组遗存的刻划横线纹（图二〇，4、5）是后洼四组的主体纹饰，年代应与之相当，可纳入Ⅳ段。三组遗存只见卷沿罐、折沿罐及壶的口沿部位（图二〇，1、2、3），考虑到该遗址地域与北沟西山遗址临近，而且北沟西山遗址常见这种口沿，年代相当，可纳入Ⅻ、ⅩⅢ段。但是由于缺乏完整器形，不见腹部纹饰，无法进一步细分。

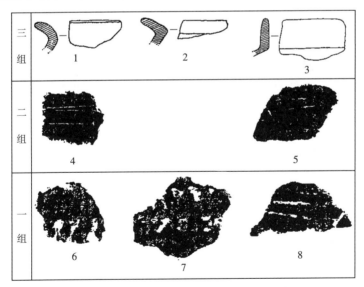

图二〇　北沟贝墙里遗址出土的三组陶器

1、2、3. G2②：6、4、3　4、5、6、7、8. T4④

---

❶　许玉林：《海岫铁路工程沿线考古调查和发掘情况简报》，《北方文物》1990 年 2 期，第 11~19 页。

16. 柞木山遗址

柞木山遗址位于辽宁省丹东市东沟县（现为东港市）北井子公社徐卜大队柞木山上，东西长约 20 米，南北宽约 16 米。1981 年丹东市文化局文物普查队与辽宁省博物馆的同志对该遗址进行了调查❶，采集的陶器以刻划纹的折沿罐、折腹壶（图二一，1~3）为主，将此类遗存称为柞木山二组，还采集有刻划横线纹、点纹陶片（图二一，4、5），将此类遗存称为柞木山一组。一组遗存的刻划横线纹及点纹是后洼四组的典型纹饰，所属段别与之相同，可并入Ⅳ段。二组遗存陶器风格与北沟西山遗址出土陶器相同，年代相当，但由于缺乏完整器形，无法进一步判定其所属段别，暂时笼统纳入Ⅻ、ⅩⅢ段。

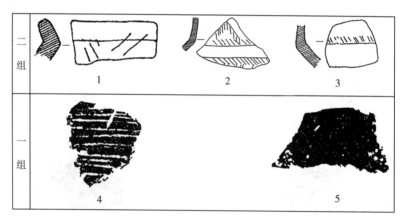

图二一　柞木山遗址的两组陶器（均为采集品）

17. 石固山遗址

石固山遗址位于辽宁省东沟县（现为东港市）新民公社石固大队，东西长约 30 米，南北宽约 20 米。1981 年丹东市文化局文物普查队与辽宁省博物馆的同志在东沟县进行文物普查时发现❷。采集的器物主要有罐、壶，罐一般为折沿、

❶　丹东市文化局文物普查队：《丹东市东沟县新石器时代遗址调查和试掘》，《考古》1984年 1 期，第 21~36 页。

❷　丹东市文化局文物普查队：《丹东市东沟县新石器时代遗址调查和试掘》，《考古》1984年 1 期，第 21~36 页。

肩部刻划人字纹和锯齿纹（图二二，2），将此类遗存称为石固山二组。还采集有刻划横线纹陶片（图二二，1），将此类遗存称为石固山一组。二组陶器器形是北沟西山一、二组常见器形，纹饰与北沟西山 T2②：22 壶（图一三，9）的纹饰相似，所以其年代应与北沟西山二组相当，可并入 XIII 段。一组的刻划横线纹见于后洼四组，年代应与之相当，可并入Ⅳ段。

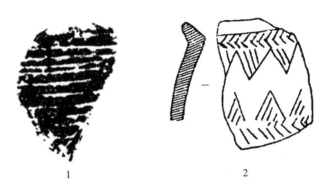

图二二　石固山遗址陶器（均为采集品）

18. 蜊蚁坨子遗址

蜊蚁坨子遗址位于辽宁省东沟县（现为东港市）谷屯大队蜊蚁坨子小队以西的西河山头南坡下，南北长约 100 米，东西宽约 50 米。1981 年丹东市文化局文物普查队及辽宁省博物馆调查时发现❶。未见完整器，从筒形罐残片看（图二三，1、2），圆唇、刻划斜短线纹，与北吴屯三组器形和纹饰较为相似，年代接近，可纳入Ⅴ段。

19. 王家屯遗址

王家屯遗址位于大连市旅顺口区北海乡王家村东北，1980 年刘俊勇、王璇对该遗址进行了调查❷。发现有筒形罐残片，口沿下刻划斜十字纹（图二四，1），

❶ 丹东市文化局文物普查队：《丹东市东沟县新石器时代遗址调查和试掘》，《考古》1984 年 1 期，第 21～36 页。

❷ 刘俊勇、王璇：《辽宁大连市郊区考古调查简报》，《考古》1994 年 4 期，第 306～319 页。

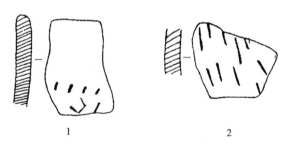

图二三　蚂蚁坨子遗址陶器（均为采集品）

图二四　王家屯遗址陶器（采集品）

与郭家村二组ⅡT2⑤：16 罐（图七，50）纹饰相似，年代与之相当，可并入Ⅵ段。

20. 文家屯遗址

文家屯遗址位于辽宁省大连市甘井子区营城镇四平山南麓，南北长约 150 米，东西宽约 130 米。1942 年日本学术振兴会对该遗址进行了发掘，但报告一直未见发表，只有过简单的文字介绍❶。1989 年刘俊勇、王嗣又对该遗址进行了调查❷。

从 1989 年调查的材料看，陶器以罐为主，还见有壶、钵等器形。调查者将该遗址采集到的陶器分为 A、B、C 三类。

A 类中的采：20、21、22 罐（图二五，9～11），刻划斜短线纹、网格纹人

---

❶ 【日】澄田正一：《遼東半島の史前遺蹟——四平山和老鉄山》，《橿原考古研究所論文集》第四集，1979 年。姚义田摘译，刊于《大连文物》1987 年 2 期，1988 年 1 期。

❷ 刘俊勇、王嗣：《辽宁大连市郊区考古调查简报》，《考古》1994 年 4 期，第 306～319 页。

字纹，且只在口部施纹，腹部及以下为素面，特点相同，可归为一组，将之称为文家屯一组。文家屯一组陶器与临近的郭家村二组ⅠT3④：16罐（图九，16）、ⅡT2⑤：16罐（图七，50）纹饰特点相同，所属段别亦应相当，可将之并入Ⅵ段。

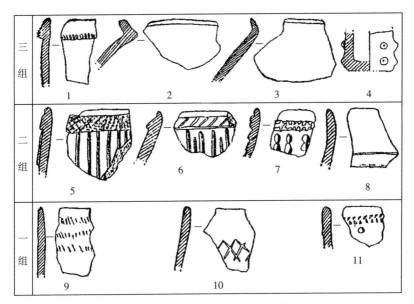

图二五　文家屯遗址的三组陶器

1. 采：42　2. 采：39　3. 采：40　4. 采：44　5. 采：36　6. 采：37　7. 采：43　8. 采：48　9. 采：21　10. 采：22　11. 采：20

B类采：36、37罐（图二五，5、6）及C类中的采：43罐（图二五，7）口部的附加堆纹与唇沿距离都比较大，特点较为近似，可归为一组，称为文家屯二组。文家屯二组陶器特点与临近的三堂村一组陶器相似，年代相当，可并入Ⅸ段。

C类中的采：42罐（图二五，1），素面，附加堆纹罐口沿，与临近的郭家村四组ⅡT5F1：5罐（图七，2）相似；采：39折沿罐（图二五，2）与郭家村四组ⅡT5F1：4罐（图七，5）相似；采：40卷沿罐（图二五，3）与郭家村四组73T1②：30罐（图八，2）口沿相似，所以说C类中的附加堆纹罐、折沿罐、卷沿罐年代与郭家村四组相当。综上可知，C类中的采：42罐、采：39折沿罐、采：40卷沿罐为代表的遗存均与郭家村四组年代相当，属于一个年代组，将之称为文家屯三组。文家屯三组与郭家村四组年代相当，所属段别亦应相同，即 XIII 段。

21. 大潘家村遗址

大潘家村遗址位于辽宁省大连市旅顺口区江西镇大潘家村北，现存面积约为17600 平方米。1980 年刘俊勇、王嵸在大连市郊进行考古调查时发现❶，1992 年进行了发掘❷，开 5×5 米探方 14 个，扩方 5 个，发掘面积约 400 平方米。

遗址地层堆积分两层，第 1 层为耕土，第 2 层为新石器时代文化堆积，另发现新石器时代房址 7 座、灰坑 7 个、儿童墓葬 1 座。房址皆开口于第②层下，打破生土。灰坑的开口层位报告描述为"皆开口于第 2 层"，如此描述，灰坑的开口层位可以有两种理解，一种是开口于第 2 层层面，即第 1 层下；第二种是开口于第 2 层下。报告意指的到底是哪种解释呢？在介绍 H4 和 H7 时都有"开口在一座已废弃的房址居住面上"这样的描述，而所有的房址皆开口于第 2 层下，那么"皆开口于第 2 层"就应该理解为皆开口于第 2 层下，这样所有的灰坑就都开口于第 2 层下。墓葬的开口层位报告也描述为"开口于第 2 层"，与灰坑同样墓葬也开口于第 2 层下。通过以上分析可知，该遗址发现的所有新石器时代房址、灰坑、墓葬等遗迹都开口于第 2 层下，个别灰坑（如 H4、H7）与房址之间有打破关系，但是报告并没有给出具体打破的是哪座房址。

仔细观察各单位陶器，发现该遗址陶器混杂，同一单位含有不同时期、不同文化类型的陶器，甚至个别单位陶器的年代与层位关系相矛盾。如与类似三堂村二组的罐和与三组类似的折沿罐共存于 F3；见于郭家村二、三组的彩陶与四组的附加堆纹罐共出；见于三堂村一组的罐与二组罐共出；见于三堂村一组的罐晚于三堂村二组的罐。这使我们不得不对各单位陶器的共存关系产生怀疑，有必要对各单位出土陶器的年代进行重新分析。

Ab 型 H4：4 罐（图二六，15）与郭家村三组 73T1③：240 罐（图八，6）相似，年代相当。Ab 型 T14②：17 罐（图二六，16）与郭家村三组 II T9③：17 罐

---

❶　刘俊勇、王嵸：《辽宁大连市郊区考古调查简报》，《考古》1994 年 4 期，第 306～319 页。

❷　大连市文物考古研究所：《辽宁大连大潘家村新石器时代遗址》，《考古》1994 年 10 期，第 877～894 页。

（图七，36）相似，年代相当。Aa 型罐 T7②：71、T10②：25、T7②：72 罐（图二六，17、18、19）与 Ab 型 T14②：17 罐除有无耳外，几无二致，所以其年代也与郭家村三组相当。为行文方便，将以 Ab 型 H4：4 罐、T14②：17 罐和 Aa 型罐 T7②：71、T10②：25、T7②：72 罐为代表的遗存统称为大潘家村一组。通过上文已知大潘家村一组年代与郭家村三组相当，从而可将之并入Ⅶ段。

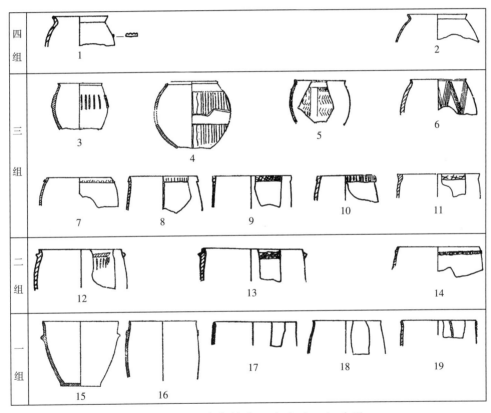

图二六　大潘家村遗址出土的四组陶器

1. T7②：73　2. F3：1　3. T8②：36　4. T2②：25　5. T04②：9　6. H1：1　7、8. F3：5 罐、T3
②：6　9. T06②：26　10. T6②：64　11. T6②：63　12. F1：6　13. T14②：20　14. H1：6）15
（H4：4　16. T14②：17　17、18、19. T7②：71、T10②：25、T7②：72

Ac 型 F1：6 罐、T14②：20 罐（图二六，12、13）和 B 型 H1：6 罐（图二六，14）与三堂村一组ⅡF3 下：22、20 罐（图一二，50、51）相似，年代相当。为行文方便，将 Ac 型 F1：6 罐、T14②：20 罐和 B 型 H1：6 罐为代表的遗存称为大潘家村二组，其年代与三堂村一组相当，可并入Ⅸ段。

Ca 型 F3：5 罐、T3②：6 罐（图二六，7、8）与三堂村二组Ⅱ F3 上：12 罐（图一二，28）相似，Cb 型 T06②：26、T6②：64、T6②：63 罐（图二六，9、10、11）见于三堂村二组Ⅱ T302⑤：11、Ⅱ T104⑤：15 罐（图一二，35、36）。

Da 型 T8②：36、T2②：25 竖条堆纹鼓腹罐（图二六，3、4）整体风格与三堂村二组Ⅱ T104⑤：16 罐（图一二，33）相似。Db 型 T04②：9 刻划人字纹鼓腹罐（图二六，5），其器形与三堂村二组Ⅱ T102⑤：8 罐（图一二，38）相似，刻划人字纹亦见于三堂村遗址。Db 型 H1：1 刻划三角纹纹鼓腹罐（图二六，6）其器形与三堂村二组Ⅱ T104⑤：16 罐（图一二，33）相似，其纹饰也见于三堂村遗址。

为行文方便，将 Ca 型 F3：5 罐、T3②：6 罐，Cb 型 T06②：26、T6②：64、T6②：63罐，Da 型 T8②：36、T2②：25 竖条堆纹鼓腹罐，Db 型 T04②：9、H1：1 鼓腹罐为代表的遗存统称为大潘家村三组，其年代与三堂村二组相当，可并入Ⅹ段。

E 型 T7②：73 与 F3：1 折沿罐（图二六，1、2）器形相似，可归为一组，称为大潘家村四组，其与郭家村四组及三堂村三组的折沿罐相似，年代相当，可并入 XIII 段。

F 型 T7②：74 罐与青铜时代的双砣子一期和于家村下层出土的同类器相似，不属于本文的研究范畴。其于器形年代特征不明显，暂不研究。

通过以上研究可以得知，大潘家村遗址出土的陶器十分复杂，包含着新石器和青铜两个不同时代的遗存，其中新石器时代遗存又可划分为四个年代组，新石器时代各组陶器可参见图二六。

22. 哈皮地遗址

哈皮地遗址位于辽宁省瓦房店市交流岛上，现存面积 1.6 万平方米左右。1982 年大连市文物普查队调查时发现，1991 年辽宁省文物考古研究所、吉林大学考古学系、大连市文物管理委员会办公室联合对该遗址进行了试掘❶。经试掘

---

❶ 辽宁省文物考古研究所、吉林大学考古学系、大连市文物管理委员会办公室：《瓦房店交流岛原始文化遗迹试掘简报》，《辽海文物学刊》1992 年 1 期，第 1~6、124 页。

发现，该遗址破坏相当严重，耕土下即为生土。此次试掘所得遗物按照采集品编号，与 1982 年文物普查时采集到的标本一同发表❶。报告将该遗址陶器分为甲、乙、丙三类。

甲类陶器中的素面罐（图二七，1、2）见于郭家村四组 I T3②：22 罐（图九，4），年代与之相当。

乙类陶器，主要见有折沿罐、卷沿罐、圈足碗等（图二七，3、4、5），报告指出其"与小珠山遗址上层和郭家村遗址上层同类器相似"，笔者赞同这种说法。小珠山上层即为本文的小珠山八组，郭家村上层即为本文的郭家村四组，所以可知该遗址的乙类陶器与小珠山八组和郭家村四组年代相当。

为行文方便，可将甲、乙类陶器统称为哈皮地三组，其与郭家村四组年代相当，可并入 XIII 段。

丙类陶器，口沿下饰一周附加堆纹，其下饰竖条堆纹或间饰刻划纹。报告将之进一步分为 A、B、C 三型，A 型下又分为 Aa、Ab、Ac 三个亚型。

Aa 型（图二七，16、17、18）、Ab 型（采：40、41 除外）（图二七，13、14、19）和 B 型（图二七，11、15），共同特征是口沿外侧的附加堆纹上下缘均不抹平，与唇沿有一定距离，将之统称为哈皮地一组。哈皮地一组遗存与三堂村一组 II F3 下：22、20 罐（图一二，50、51）相似，年代相当，可并入 IX 段。

Ac 型（图二七，8）及 Ab 型中的采：40、41 罐（图二七，9、7），口沿外侧附加堆纹上缘抹平，并且上移与唇沿连为一体形成叠唇，可统称为哈皮地二组。哈皮地二组遗存与三堂村二组 II F3 上：12、13 罐，II T302⑤：12 罐（图一二，28、29、34）相似，年代相当，可并入 X 段。

C 型（图二七，6），折沿，折沿处施一周附加堆纹，下饰竖条堆纹，器形及纹饰与北沟西山二组 T3②：64 罐（图一三，2）几无二致，可以说其属于北沟西山二组遗存，年代与之相当，可并入 XIII 段，与该遗址的三组同时。通过乙类陶器分析，可知该遗址在第 XIII 段时属于以小珠山八组为代表的文化遗存的势力范围，但却出现了北沟西山二组的典型性器物，应当是两者文化交流的见证。

---

❶ 辽宁省文物考古研究所、吉林大学考古学系、大连市文物管理委员会办公室：《瓦房店交流岛原始文化遗迹试掘简报》，《辽海文物学刊》1992 年 1 期，第 1～6、124 页。

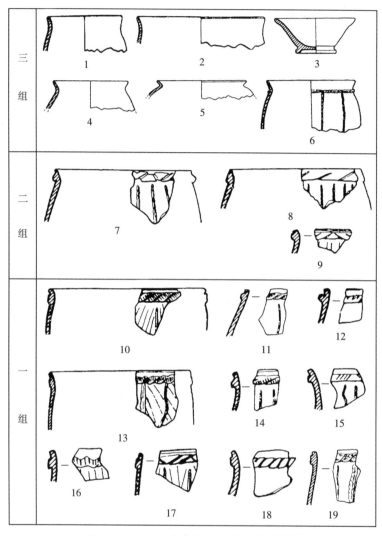

图二七　哈皮地遗址出土的三组陶器

1. 采: 12　2. 采: 10　3. 采: 24　4. 采: 22　5. 采: 23　6. 采: 34　7. 采: 41　8. 采:
31　9. 采: 40　10. 采: 29　11. 采: 32　12. 采: 33　13. 采: 30　14. 采: 37　15. 采:
38　16. 采: 27　17. 采: 28　18. 采: 36　19. 采: 39

23. 石灰窑村遗址

石灰窑村遗址位于辽宁省大连市旅顺口区三涧堡镇石灰窑村东南，现存面积约30000平方米。1980年10月在大连市文物普查时发现❶。报告将采集到的陶器分为A、B两类，A类陶器的总体特征为口沿都有一周附加堆纹，腹部饰竖条堆纹或间饰纵向划纹，个别为素面，B类陶器为素面鸡冠耳罐和素面折沿罐。

　　A类陶器按照附加堆纹与唇沿的距离可将之分为一、二两组，一组陶器附加堆纹与唇沿有一段距离，以采:4罐（图二八，5）为代表；二组陶器附加堆纹上移，与唇沿连为一体，以采:5、7罐（图二八，3、4）为代表。一组陶器附加堆纹特点与三堂村一组ⅡF3下:22罐（图一二，50）相似，年代相当，可并入Ⅸ段；二组陶器附加堆纹特点与三堂村二组ⅡF3上:12、13罐（图一二，28、29）相似，年代相当，可并入Ⅹ段。

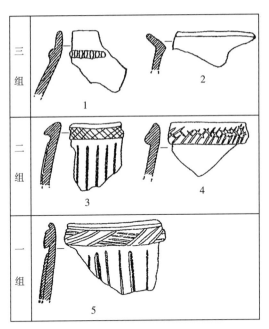

图二八　石灰窑村遗址的三组陶器
1. 采:3　2. 采:9　3. 采:5　4. 采:7　5. 采:4

　　B类陶器采:9折沿罐，素面（图二八，2）与郭家村四组ⅡT5F1:4折沿罐（图七，5）口沿相似，年代相当；采:8罐（图二八，1），饰鸡冠耳，与郭家村

❶　刘俊勇、王嶙：《辽宁大连市郊区考古调查简报》，《考古》1994年4期，第306~319页。

四组 I T3②：22 罐（图九，4）相似，年代相当。可将采：9 折沿罐、采：8 罐为代表的遗存统称为三组，因其年代与郭家村四组相同，所以可将之纳入 XIII 段。

24. 鱼山遗址

鱼山遗址位于瓦房店老虎屯镇磊子山村西北鱼山南坡上，1995 年王嗣洲、金志伟对该遗址进行了调查❶。采集到带有竖条堆纹的残片（图二九，1），为三堂村一、二组常见纹饰，但由于不见口沿部位，无法进一步判断其所属段别，暂笼统地认为相当于Ⅸ、Ⅹ段。

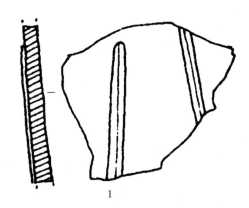

图二九　鱼山遗址的竖条堆纹陶片（采集品）

25. 小业屯遗址

小业屯遗址位于辽宁省庄河市光明山乡小业屯北岗上，现存面积约 10000 平方米。1995 年王嗣洲和金志伟对该遗址进行了调查❷。采集到的陶器有附加堆纹敛口罐、卷沿罐、三环足器。将附加堆纹敛口罐为代表的遗存称为小业屯一组，卷沿罐、三环足器为代表的遗存称为小业屯二组。小业屯一组的附加堆纹敛口罐（图三〇，4）口沿外侧的附加堆纹上缘与唇沿连为一体形成叠唇，腹部施竖条

❶ 王嗣洲、金志伟：《大连北部新石器文化遗址调查简报》，《辽海文物学刊》1997 年 1 期，第 1~5 页。

❷ 王嗣洲、金志伟：《大连北部新石器文化遗址调查简报》，《辽海文物学刊》1997 年 1 期，第 1~5 页。

堆纹，与三堂村二组ⅡF3上：12、13附加堆纹敛口罐（图一二，28、29）相似，年代相当，可归入Ⅹ段。小业屯二组的卷沿罐（图三〇，1、2），腹部刻划席纹，是北沟西山遗址常见器形，由于缺乏完整器形，无法进一步分组，暂时笼统认为与整个北沟西山遗址年代接近，相当于Ⅻ、ⅩⅢ段；三环足器（图三〇，3）与北沟西山二组T1②：48三环足器（图一三，13）相似，年代相当，可并入ⅩⅢ段。

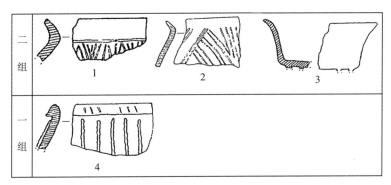

图三〇　小业屯遗址的两组陶器（均为采集品）

26. 石佛山遗址

石佛山遗址位于辽宁省东沟县（现为东港市）马家店镇马家店村石佛山屯西的石佛山上。1985年由马家店镇三家子村后洼屯的村民发现并上报，1986年辽宁省博物馆对该遗址进行了调查，并于同年进行了试掘❶。

试掘工作分三个区进行，地层堆积分为三层，第①层为耕土，第②、③层为文化层。

遗址发表的所有遗物都没标明层位，所以无法得知诸遗存之间的早晚，因而只能通过该遗址出土的主要器类与周边相关遗存的比较，对该遗址及其出土遗物的年代作出判定。

该遗址出土的新石器时代陶器主要有折沿罐、卷沿罐、叠唇筒形罐、大口高领壶。折沿罐是整个遗址中数量最多的器形，大都折腹，有的在折腹处饰一周附加堆纹，腹上部施竖突棱纹或几何纹、人字纹、叶脉纹、席纹等各种刻划纹饰，

❶　许玉林：《辽宁东沟县石佛山新石器时代晚期遗址发掘简报》，《考古》1990年8期，第673～683页。

腹下部不施纹（图三一，1、2），与北沟西山二组的 T1②：81、44、T3②：64 罐（图一三，1、4、2）等形态相似，年代相当，可并入 XIII 段。卷沿罐（图三一，3、4）纹饰特征与折沿罐相同，亦见于北沟西山二组（图一三，3），年代相当，可并入 XIII 段。大口高领壶（图三一，5），直口直领，一般颈与肩的结合处饰一周附加堆纹，领部刻划几何纹，与北沟西山二组 T2②：36、22 壶（图一三，8、9）风格相似，年代相当，可并入 XIII 段。

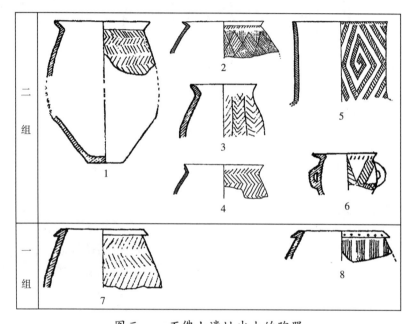

图三一　石佛山遗址出土的陶器

1. Ⅰ T4：37　2. Ⅱ T1：23　3. Ⅰ T1：23　4. Ⅰ T1：40　5. Ⅱ T2：10　6. Ⅰ
T4：19　7. Ⅰ T3：20　8. Ⅰ T3：19

叠唇筒形罐，腹身饰梳齿纹、人字纹等（图三一，7、8），器形与小珠山七组罐（图六，11、13、14）相似，年代相当，可并入Ⅺ段。

为行文方便，将叠唇筒形罐为代表的遗存称为石佛山一组，折沿罐、卷沿罐、大口高领壶为代表的遗存称为石佛山二组。通过与周边遗址相关遗存进行比较后得知，石佛山一、二两组遗存属于不同时期的文化遗存，分别可并入Ⅺ、XIII 段。石佛山遗址本身的文化堆积分为两层，说明该遗址有进一步分组的可能性，在某种程度为笔者的研究结果提供了层位上的支持。

27. 西泉眼遗址

西泉眼遗址位于辽宁省东沟县（现为东港市）龙王庙镇西泉眼屯北的转山子南坡上。1981 年秋，丹东市文物普查队调查时发现。1986 年 10 月，丹东市文物普查队和辽宁省文物考古研究所又先后进行了调查。同年 11 月，辽宁省文物考古研究所对该遗址进行了部分发掘❶。

发掘时只开 1×3 米探方一个，所有的新石器时代遗存均出自该方的第③层，年代接近。器形以折沿罐、壶为主，还见有附加堆纹口沿鼓腹罐、豆、环足器、碗等。罐多为折沿罐（图三二，1、2），其特点为折沿、折腹，腹上部微鼓，腹下急收成小平底，有的折腹处施一周附加堆纹，腹上部刻划人字纹，腹下部无纹饰，与北沟西山二组 T1②：44 折沿罐（图一三，4）相似。壶多直领折腹，折腹处饰附加堆纹，腹下部急收成小平底，折腹上部及颈部多施刻划几何纹，腹下部无纹饰（图三二，4、5），与北沟西山二组 T2②：22、G2②：103 壶（图一三，9、11）等相似。豆浅盘直口（图三二，7、8），与北沟西山二组 G1②：23 豆（图一三，17）相似。环足器（图三二，9）也见于北沟西山二组（图一三，13、14）。

通过以上分析，可知西泉眼遗址出的新石器时代遗存文化面貌与北沟西山二组遗存相同，年代相当，可并入 XIII 段。

28. 蚊子山遗址

蚊子山遗址位于辽宁省丹东市东沟县（现为东港市）新农公社广巨大队宋岛小队的小土岭上。1981 年丹东市文化局文物普查队与辽宁省博物馆的同志对该遗址进行了调查❷。采集的陶壶器身多刻划几何纹、人字纹等（图三三，1、2），风格与北沟西山二组 T2②：22 陶壶（图一三，9）相似，年代相当，可并入 XIII 段。三环足器（图三三，5）亦见于北沟西山二组（图一三，13、14），可并入 XIII 段。折沿罐，器身施刻划纹（图三三，8），与北沟西山遗址出土的折

---

❶ 许玉林：《东沟县西泉眼新石器时代遗址调查》，《辽海文物学刊》1988 年 1 期，第 17～19 页。

❷ 丹东市文化局文物普查队：《丹东市东沟县新石器时代遗址调查和试掘》，《考古》1984 年 1 期，第 21～36 页。

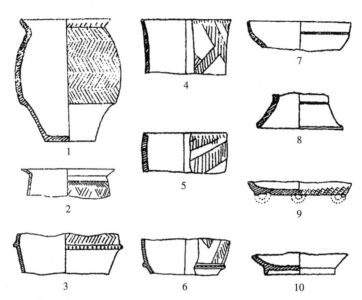

图三二　西泉眼遗址出土的陶器（均出自第③层，器物的具体编号没给）

沿罐风格相似，但是由于缺乏完整器物，无法进一步分组，暂时视为与整个北沟
西山遗址年代相当，即相当于XII、XIII 段。

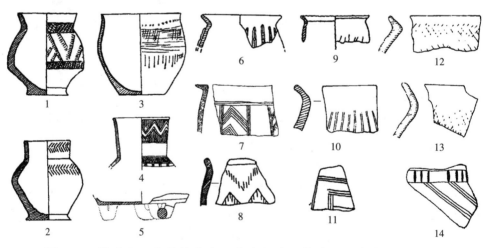

图三三　蚊子山、小娘娘城山、大朱仙沟、苇沙河、窑南、歪头山、
姚家沟等遗址的新石器时代陶器（均为采集品）

1、2、5、8. 蚊子山　3. 大朱仙　4、12、13. 窑南　6、10. 歪头山　7. 姚家沟　9. 苇沙河
11、14. 小娘娘城山

29. 老石山遗址

老石山遗址位于辽宁省东沟县（现为东港市）小甸子公社徐卜大队梁炉生产队。1981 年丹东市文化局文物普查队调查时发现❶。在遗址的南坡采集有刻划平行线几何纹的折沿罐，从文字描述看其与北沟西山遗址出土陶器相同，但由于未发表线图及图片，无法对其具体形态进行研究，所以无法判定其具体可归入北沟西山一组还是二组。

30. 小娘娘城山遗址

小娘娘城山遗址位于辽宁省丹东市振安区浪头乡胜天村东南的小娘娘城山顶和西坡上，现存面积约为 2500 平方米。1980～1983 年丹东市文化局文物普查队在振安区进行文物普查时发现❷。采集有刻划几何纹及其与附加堆纹组合纹陶片（图三三，11、14），与北沟西山遗址出土陶器纹饰相近，年代相当。但由于没有完整器形，无法进一步分段，暂且认为相当于XII、XIII 段。

31. 大朱仙沟遗址

大朱仙沟遗址位于吉林省集安县（现为集安市）榆林公社，1972 年发现，1974 年吉林省博物馆和集安县文物保管所对遗址进行了调查❸。采集到一件划纹陶罐，卷沿、鼓腹，器身矮胖，腹饰刻划纹饰（图三三，3），与北沟西山一、二组出土的卷沿罐风格大体相同，年代接近，相当于XII、XIII 段。

32. 苇沙河遗址

苇沙河遗址位于吉林省临江市苇沙河镇苇沙河村南的江岸台地上，1984 年由浑江市文物普查队发现，1986 年吉林省文物考古研究所进行了试掘，1995 年

---

❶ 丹东市文化局文物普查队：《丹东市东沟县新石器时代遗址调查和试掘》，《考古》1984年 1 期，第 21～36 页。

❷ 许玉林、金石柱：《辽宁丹东地区鸭绿江右岸及其支流的新石器时代遗存》，《考古》1986年 10 期，第 865～872 页。

❸ 吉林省博物馆集安考古队、集安县文物保管所：《吉林集安大朱仙沟新石器时代遗址》，《考古》1977 年 6 期，第 426 页。

白山市文物普查队再次对该遗址进行了调查❶。发现有刻划纹折沿罐（图三三，9），其风格与北沟西山一、二组折沿罐风格相似，年代应大体相当，属于XII、XIII段。

33. 窑南遗址

窑南遗址位于辽宁省庄河市蓉花山乡五道沟村，现存面积约 3000 平方米。1995 年王嗣洲和金志伟对该遗址进行了调查❷。采集到的陶器以卷沿罐和壶为主，壶（图三三，4），高领，领饰几何纹，与北沟西山二组 T2②：36、G2②：103 壶（图一三，8、11）相似，年代相当，可并入 XIII 段。卷沿罐（图三三，12、13），腹饰几何纹，是北沟西山遗址的罐风格相近（图一三，1、4、18），但是由于缺乏完整器形，很难进一步分组，暂且笼统地视为与整个北沟西山遗址年代相当，相当于XII、XIII段。

34. 歪头山遗址

歪头山遗址位于辽宁省瓦房店市泡崖乡闫屯歪头山上，现存面积约为 3000 平方米。1995 年王嗣洲和金志伟对该遗址进行了调查❸。采集到的陶器中，折、卷沿罐上饰竖条堆纹（图三三，6、10），是北沟西山遗址常见器形，由于缺乏完整器形，无法进一步确定其年代，暂时笼统认为与整个北沟西山遗址年代相当，相当于XII、XIII段。

35. 姚家沟遗址

姚家沟遗址位于大连长海县小长山岛姚家沟西岭上，1957～1960 年旅顺博物馆调查时发现❹。采集有刻划几何纹折沿罐（图三三，7），整体风格与北沟西

❶ 张殿甲：《白山市原始社会遗址调查述略》，《博物馆研究》1988 年 3 期，第 70～76 页。

❷ 王嗣洲、金志伟：《大连北部新石器文化遗址调查简报》，《辽海文物学刊》1997 年 1 期，第 1～5 页。

❸ 王嗣洲、金志伟：《大连北部新石器文化遗址调查简报》，《辽海文物学刊》1997 年 1 期，第 1～5 页。

❹ 旅顺博物馆：《旅大市长海县新石器时代贝丘遗址调查》，《考古》1962 年 7 期，第 345～352 页。

山遗址出土遗物相似，年代与之相当，相当于Ⅻ、ⅩⅢ段。实际上该遗址所在地为以小珠山八组为代表的遗存分布区，应该是其与以北沟西山一、二组为代表的遗存之间进行文化交流的结果。

36. 蛎碴岗遗址

蛎碴岗遗址位于辽宁省大连市长海县广鹿岛南太山北面的开阔台地上。1978年10、11月，辽宁省博物馆、旅顺博物馆和长海县文化馆对广鹿岛上的多处遗址进行了发掘工作，其中包括蛎碴岗遗址❶。该遗址与小珠山遗址相距较近，而且是由同一单位在同一时间段内发掘完成的，甚至器物的分类也是统一编排的。附加堆纹罐、折沿罐、卷沿罐（图三四，1、3、4）是该遗址与小珠山遗址第①、②层主要器形，而且特征相近，发掘者认为其与小珠山遗址第①、②层出土的新石器遗存面貌相近，年代相同。

据前文对小珠山遗址的分组研究可知，小珠山遗址第②层和第①层出土的新石器遗存为本文的小珠山八组，所以蛎碴岗遗址的年代与小珠八组相当，可并入ⅩⅢ段。

37. 南窑遗址

南窑遗址位于辽宁省大连市长海县广鹿岛南太山北坡的台地上。南窑遗址和蛎碴岗遗址相邻，与之一样，跟小珠山遗址是由同一单位在同一时间段内发掘完成的，器物的分类也是跟两者一起统一编排❷。

南窑遗址发现房址一座，即为F1，遗物全部出自房址内。卷沿罐（图三四，2）是南窑F1与小珠山遗址第①、②层及蛎碴岗遗址的主要器形之一，从而报告将南窑F1视为与小珠山遗址第①、②层及蛎碴岗遗址同时期的遗存，笔者赞同报告的观点。

据前文对小珠山遗址的分组研究，小珠山遗址第①、②层属于本文的小珠山八组，所以南窑遗址的年代与小珠山八组相当，可并入ⅩⅢ段。

---

❶ 辽宁省博物馆、旅顺博物馆、长海县文化馆：《长海县广鹿岛大长山岛贝丘遗址》，《考古学报》1981年1期，第63～109页。

❷ 辽宁省博物馆、旅顺博物馆、长海县文化馆：《长海县广鹿岛大长山岛贝丘遗址》，《考古学报》1981年1期，第63～109页。

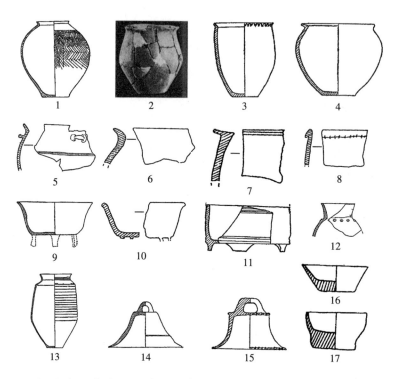

图三四　蛎碴岗、南窑、乔东、大驾地、山南头等遗址的新石器时代陶器

1. 蛎碴岗 T5③：54　2、13、15. 南窑 F1：7、11、9　3. 蛎碴岗 T2③：14　4、9、14. 蛎碴岗 T5②：48S、45、14　5、16、17. 乔东 F1：24、18、17　6、7. 大驾地采集　8、10. 山南头采集　11. 蛎碴岗 T2②：15　12. 蛎碴岗 T6②：19

38. 乔东遗址

乔东遗址位于辽宁省大连市新金县双塔公社乔东北场，面积约为 1500 平方米。1975 年 6 月发现，同年发掘了 LBF1，第二年发掘了 LBF2❶。

F1 出土陶器有折沿罐、附加堆纹口沿罐、三环足器、杯、钵、纺轮、坠饰等。F1：24 折沿罐、F1：18 杯、F1：17 杯（图三四，5、16、17）分别与郭家村四组 73T1②：30 折沿罐、73T1②：58 杯、ⅡT2②：29 杯（图八，2、4；图七，31）相似，附加堆纹罐也见于郭家村四组，所以说 F1 的文化面貌与郭家村四组

❶　旅顺博物馆：《大连市新金县乔东遗址发掘简报》，《考古》1983 年 2 期，第 122～125、100 页。

相近，年代相同，可并入 XIII 段。

F2 出土陶器有罐、豆、壶、纺轮等。壶高领、斜沿，口沿外饰弦纹和锥刺纹，报告认为其与于家村遗址上层❶出土的同类器相似，笔者同意报告的认识。于家村遗址上层属于双砣子三期文化❷，属于青铜时代的遗存，不在本文的研究范畴之内。

39. 大驾地遗址

大驾地遗址位于大连庄河市青堆子镇东南藏炉村大曲屯东山上，1995 年王嗣洲、金志伟对该遗址进行了调查❸。采集的素面折沿、卷沿罐（图三四，6、7），见于小珠山八组、郭家村四组，年代与之相当，可纳入 XIII 段。

40. 山南头遗址

山南头遗址位于大连市普兰店夹河庙镇山南头村北，1995 年王嗣洲、金志伟对该遗址进行了调查❹。出土的附加堆纹口沿罐、三足鼎（图三四，8、10）皆见于小珠山八组、郭家村四组，年代与之相当，可并入 XIII 段。

41. 洪子东遗址

洪子东遗址位于大连长海县广鹿岛南面的洪子东岛，1957～1960 年旅顺博物馆调查时发现❺。附加堆纹口沿残片、三足平底鼎、杯等见于郭家村四组，年代与之相当，可并入 XIII 段。

除以上 41 处遗址之外，塔寺屯遗址❻采集有压印纹陶片，但是未见线图或

---

❶ 旅顺博物馆等：《旅顺于家村遗址发掘简报》，《考古学集刊》第 1 集，1981 年。

❷ 赵宾福：《中国东北地区夏至战国时期的考古学文化研究》，吉林大学博士学位论文，2005 年。

❸ 王嗣洲、金志伟：《大连北部新石器文化遗址调查简报》，《辽海文物学刊》1997 年 1 期，第 1～5 页。

❹ 王嗣洲、金志伟：《大连北部新石器文化遗址调查简报》，《辽海文物学刊》1997 年 1 期，第 1～5 页。

❺ 旅顺博物馆：《旅大市长海县新石器时代贝丘遗址调查》，《考古》1962 年 7 期，第 345～352 页。

❻ 王嗣洲、金志伟：《大连北部新石器文化遗址调查简报》，《辽海文物学刊》1997 年 1 期，第 1～5 页。

照片，大致推测其年代范围在Ⅰ至Ⅲ段之间，但是无法确定其具体所属段别。丹东东沟县龙头山❶、城山沟❷，振安区老温山头遗址❸发现有刻划几何纹陶片，是北沟西山遗址常见纹饰，但是由于缺乏完整器形，无法进一步判定其所属段别。纪窑遗址❹器形主要有壶、罐、碗，纹饰有刻划纹，但是未见发表图片，对器形及纹饰形态未加详细描述，无法判定其所属段别。老地沟、大台子、刘家街、镇东山遗址❺及江口村遗址❻发现有刻划纹陶片，据发表的陶器残片无法辨别器形，无法确定其具体所属段别

诸一般遗址材料所属段别情况可参见表一。

（四）诸遗址材料的分段

通过典型遗址材料的分组与分段，以及一般遗址材料与典型遗址材料的比较分析，可将鸭绿江流域及辽东半岛黄海沿岸地区中国境内的所有新石器遗址材料分为13段，具体情况见表一。

根据陶器器形及纹饰特点看，Ⅰ～ⅩⅢ段遗存之间的亲疏关系是不同的，具体情况如下：

第Ⅰ至Ⅲ段，器形以直口筒形罐为主，见有少量的侈口罐和鼓腹罐（壶），有的筒形罐和鼓腹罐（壶）饰有瘤状耳，纹饰绝大多数为压印纹，其中以压印之字纹和席纹最多。

第Ⅳ段，器形主要有侈口罐，亦有直口罐、小平沿罐、壶，还见有彩陶。纹饰

---

❶ 许玉林、金石柱：《辽宁丹东地区鸭绿江右岸及其支流的新石器时代遗存》，《考古》1986年10期，第865～872页。

❷ 丹东市文化局文物普查队：《丹东市东沟县新石器时代遗址调查和试掘》，《考古》1984年1期，第21～36页。

❸ 许玉林、金石柱：《辽宁丹东地区鸭绿江右岸及其支流的新石器时代遗存》，《考古》1986年10期，第865～872页。

❹ 王嗣洲、金志伟：《大连北部新石器文化遗址调查简报》，《辽海文物学刊》1997年1期，第1～5页。

❺ 许玉林、金石柱：《辽宁丹东地区鸭绿江右岸及其支流的新石器时代遗存》，《考古》1986年10期，第865～872页。

❻ 吉林省文物管理委员会：《吉林通化市江口村和东江村考古发掘简报》，《考古》1960年7期，第23～26页。

以刻划横线纹和刻划三角纹居多，刻划纹的线条都比较长，还有一定数量的刻划斜线纹及点纹。彩陶只有红地黑彩的双钩涡纹和白地粉红圆逗点赭石斜线纹两种。

第Ⅴ至Ⅷ段，器形主要为筒形罐，亦有壶、鼎、鬶、盉及彩陶。纹饰主要为刻划斜短线组成的平行线及三角纹，有的与乳丁共同使用组成复合纹饰。

第Ⅸ至Ⅺ段，器形以附加堆纹敛口罐和壶为主，亦有碗、钵、三足器等。纹饰非常有特色，一般在罐口沿下和壶的肩颈结合处饰一周附加堆纹，其下饰竖条堆纹或刻划几何纹。

第Ⅻ、ⅩⅢ段，器形以折、卷沿罐为主，有一定数量的附加堆纹罐、壶、细柄豆、鼎、三环足器等。按照器形及其组合的差异可进一步区分出两大器物群，一种是以郭家村四组为代表，器形以折、卷沿罐和附加堆纹罐为主，多为素面；一种是以北沟西山一、二组为代表，器形以折、卷沿罐和壶为主，罐的折沿处及腹部一般饰一周附加堆纹，腹上施各种刻划纹，腹下部不施纹，壶一般在肩颈结合处及腹部饰一周附加堆纹，然后在颈及腹上部施梳齿纹或刻划几何纹，腹下部为素面。

（五）考古学文化的划分与分期

1. 小珠山下层文化

属于该文化的遗存为第Ⅰ至Ⅲ段遗存，包含小珠山一、二、三组，北吴屯一、二组，后洼一、二、三组，上马石一组，另外大岗、东山、东水口、西沟、阴屯半拉山、王驼子、赵佗子、阎驼子、石灰窑、臭梨崴子、清化宫、沙泡子村、李强子村、南玉村、北沟贝墙里等遗址也有发现，具有一定的分布范围，陶器以压印之字纹和压印席纹筒形罐为主要器形，特点鲜明。

考虑到该文化的所有遗址中，小珠山遗址的发掘时间较早，遗存较为丰富，而且最先提出了文化命名，因此以小珠山下层文化作为该文化的名称。（本文的小珠山下层文化与以往命名的小珠山下层文化指代内容有所差别，为区别起见，以往命名的小珠山下层文化在行文过程中加引号，本文所指的小珠山下层文化不加引号，下同。本文其他文化或类型也采用同样的区别方法，以后不再说明。）

小珠山下层文化包含的第Ⅰ、Ⅱ、Ⅲ段可作为该文化的早、中、晚三期。

早期，以小珠山一组、北吴屯一组、后洼一组为代表，另外在大岗、东山、东水口、西沟、阴屯半拉山、王驼子、赵佗子、阎驼子、石灰窑、臭梨崴子、清化宫等遗址也有发现。陶器特点为筒形罐口径与底径相差不大、腹壁较直、筒腹较深，纹饰压印整齐工整。

中期，以小珠山二组、北吴屯二组、后洼二组、上马石一组为代表，在大岗、东山、东水口、西沟、阴屯半拉山、王驼子、赵佗子、阎驼子、石灰窑、臭梨崴子、清化宫等遗址也有发现。陶器纹饰与第I段基本相同，但是器形发生了变化，筒形罐大口小底、腹壁微曲，而且出现了侈口罐、鼓腹罐（壶）、筒形器等器类。

晚期，以小珠山三组、后洼三组为代表，另外在沙泡子村、李强子村、南玉村、北沟贝墙里等遗址也有发现。陶器器形除第II段的筒腹较深的弧腹筒形罐继续使用外，出现了筒腹较浅的弧腹筒形罐；纹饰变得潦草，甚至凌乱，压印之字纹有的只压印出两端，中间没有连接线，整体形态不明。

小珠山下层文化早、中、晚三期代表性陶器可参见图三五。

实际上对小珠山下层文化性质及内涵的认识，学术界有着不同的看法，可以总结为以下三种意见。

第一种。小珠山一、二、三组遗存发掘之后，发掘者认为这代表着一个新的考古学文化，并提出了"小珠山下层文化类型"的命名❶；后洼一、二、三组遗存发掘之后，发掘者认为这是有别于"小珠山下层文化类型"的一种新的考古学文化，并提出了"后洼下层类型"的命名❷。此后多数学者接受了这种观点，甚至直接将"小珠山下层文化类型"称为"小珠山下层文化"，将"后洼下层类型"直接称为"后洼下层文化类型"或"后洼下层文化"❸。可以看出，持此种意见的学者认为小珠山下层文化可以分为"小珠山下层文化"和"后洼下层文化"两支考古学文化。

---

❶ 辽宁省博物馆、旅顺博物馆、长海县文化馆：《长海县广鹿岛大长山岛贝丘遗址》，《考古学报》1981年1期，第63～109页。

❷ 许玉林、傅仁义、王传普：《辽宁东沟县后洼遗址发掘概要》，《文物》1989年12期，第1～22页。

❸ a）许玉林：《后洼遗址考古新发现与研究》，《中国考古学会第六次年会论文集》，文物出版社，1987年，第13～23页；b）许玉林：《东北地区新石器时代文化概述》，《辽海文物学刊》1989年1期，第56～87页；c）许玉林：《辽东半岛新石器时代文化初探》，《考古学文化论集（二）》，文物出版社，1989年，第96～112页；d）《试论辽东半岛黄海沿岸新石器文化》，《博物馆研究》1992年2期，第78～87，55页；e）赵宾福：《东北石器时代考古》，吉林大学出版社，2003年，第289～290，303～313页。

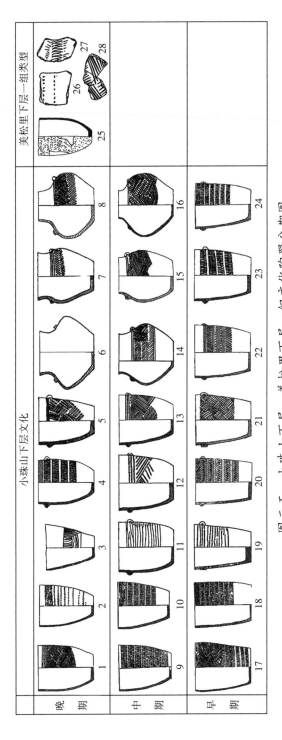

图三五　小珠山下层－美松里下层一组文化陶器分期图

1、15. 后洼III T18④：46、45　2、17. 小珠山 T3⑤：24、23　3. 小珠山 T4⑤：54　4、5、12、13、16. 后洼 T1：2、4、8、3、12　6. 后洼 VT22④：46　7. 后洼III T9④：21　8. 后洼IV T1④：27　9、18、21. 小珠山 T4④：27　9、18、21. 北吴屯 T2③B：1、47　19、20. 大岗 T2：2、1　22. 北吴屯 F4：82　23. 后洼 VT23④：28　24. 北吴屯 T6③：26　25. 细竹里　26、27、28. 美松里遗址下层

　　第二种。朱延平认为"小珠山下层文化（或类型）"和"后洼下层文化（或类型）"属于同一考古学文化，并采用了"小珠山下层文化"的名称，而且进一步将包含"后洼下层文化（或类型）"的"小珠山下层文化"分为"北吴屯下层类型"和"后洼类型"❶。

　　第三种。王嗣洲则提出了一个内涵更加丰富的概念，即"小珠山文化"，他认为"小珠山下层文化（或类型）"和"后洼下层文化（或类型）"可与"小珠山中层文化"、"小珠山上层文化"❷ 一起统称为"小珠山文化"❸。

　　通过本文的研究可知，第 I 至 III 段遗存文化特征相同，属于同一考古学文化，他们之间的差别是同一文化不同发展阶段的反映，而不是不同文化性质之间的差别。该文化以压印之字纹或席纹筒形罐为主体，"小珠山中层文化"以刻划纹筒形罐为主体，"小珠山上层文化"以素面的折、卷沿罐、附加堆纹罐为主体，三者之间无论器形还是纹饰差别都十分显著，文化面貌各异，尤其是"小珠山上层文化"的器形与前两者迥异，很难让人相信他们是同一支考古学文化。

　　以往也有学者对小珠山下层文化遗存做过分期研究，虽然缺乏系统性，有的只是个别遗址或个别器物的分期，但对于该文化的深入研究还是有相当的借鉴意义。下面将以往有代表性的分期研究按照提出时间的先后顺序简述如下，并与本文的分期稍作比较。

　　许永杰认为小珠山 T3⑤、T1⑤，后洼 T1，大岗 T1，上马石 III T1④、F1 早，小珠山 T2⑤、T4⑤、T5⑤和大岗 T2 晚❹。本文对这些单位出土陶器的年代做了更细致的分析，详见前文小珠山、后洼、上马石遗址材料的分组研究及大岗遗址材料所属段别的判定。

---

❶　朱延平：《小珠山下层文化试析》，《考古求知集》，中国社会科学出版社，1997 年 4 月，第 186～193 页。

❷　他所指的小珠山中层是以小珠山遗址第③、④层为代表的遗存，上层是以小珠山第①、②层为代表的遗存。本文对小珠山遗址第④层的文化性质有不同的看法，详见后文。

❸　a）王嗣洲：《辽东半岛新石器时代考古学文化谱系研究》，《史前研究》，三秦出版社，2000 年，第 52～62 页；b）王嗣洲：《小珠山下层文化类型与后洼下层文化类型的比较》，《博物馆研究》1990 年 3 期，第 64～68 页。

❹　许永杰：《东北境内新石器时代筒形罐的谱系研究》，《北方文物》1989 年 2 期，第 19～29、71 页。

王嗣洲认为"后洼下层文化类型"属于"小珠山下层文化类型"的晚期阶段❶，其在《辽东半岛新石器时代考古学文化谱系研究》❷中进一步指出，柳条沟东山的年代最早，其次为北吴屯下层和小珠山下层，后洼下层和上马石Ⅲ区最晚。通过本文的研究可知，不能简单地说"后洼下层文化类型"与"小珠山下层文化类型"孰早孰晚。柳条沟东山的纹饰符合小珠山下层文化早、中期的纹饰特点，但是由于早、中期的区别不在纹饰而在器形，其又缺乏完整器形，所以很难说其就一定能早到该文化的早期。

冯恩学把压印纹筒形罐分为大口大底、大口小底两型，即A型和B型，并将A型分为直壁和直壁近底急收两个亚型，即Aa型和Ab，又进一步将Aa型分为底折角圆缓和底折角分明两式，即AaⅠ式和AaⅡ式；将B型分为深腹和浅腹两个亚型，即Ba型和Bb。他认为AaⅠ式早，AaⅡ式、Ab型、B型筒形罐晚，从而将压印纹筒形罐分为具有早晚关系的Ⅰ、Ⅱ段，并认为刻划横线纹筒形罐的年代属于Ⅱ段❸。本文认为冯恩学所分Aa型筒形罐都是最早的。Ab型筒形罐底径相对口径较小，上壁直、下腹弧收，整个腹壁形成弧腹，且筒腹较深，当与Ba型属于同一型别。按照纹饰从工整到凌乱的变化规律，将Ba型分为两期，Bb型与Ba型的较晚的一期同时，从而将压印纹筒形罐分为三期。而刻划纹多口罐晚于所有的压印纹筒形罐。

栾丰实将小珠山遗址下层的无耳筒形罐分为Ⅰ、Ⅱ、Ⅲ式❹，三式之间具有年代上的早晚意义。他划分的Ⅰ式无耳筒形罐属于本文的早期，Ⅱ、Ⅲ式属于本文的晚期。

赵宾福和王月前将后洼、北吴屯为代表的压印纹遗存分为早、晚两段，早段以腹壁笔直的大口大底筒形罐为代表，晚段以腹壁弧曲的大口小底筒形罐为代表，还包括鼓腹罐（壶）❺。其早段大致相当于本文的早期，晚段大致相当于本文的中期。

---

❶ 王嗣洲：《小珠山下层文化类型与后洼下层文化类型的比较》，《博物馆研究》1990年3期，第64～68页。

❷ 王嗣洲：《辽东半岛新石器时代考古学文化谱系研究》，《史前研究2000》，三秦出版社，2000年，第52～62页。

❸ 冯恩学：《东北平底筒形罐区系研究》，《北方文物》1991年4期，第28～41页。

❹ 栾丰实：《辽东半岛南部地区的原始文化》，《海岱地区考古研究》，山东大学出版社，1997年6月，第375～407页。

❺ a）赵宾福：《东北石器时代考古》，吉林大学出版社，2003年12月，第303～313页；b）王月前：《鸭绿江右岸地区新石器遗存研究》，《中国历史博物馆考古部纪念文集》，科学出版社，2000年，第107～126页。

2. 后洼上层文化

属于该文化的遗存为第Ⅳ段遗存，包括小珠山四组、后洼四组、上马石二组、郭家村一组、吴家村一组，另外臭梨崴子、北沟贝墙里、柞木山、石固山等遗址也有发现，具有一定的分布范围，其陶器以刻划长线纹侈口罐为主要器形，陶器面貌迥然。以往把属于该文化的后洼四组遗存称为"后洼上层文化"，于是本文把该文化统称为后洼上层文化。

后洼上层文化代表性陶器可参见图三六。

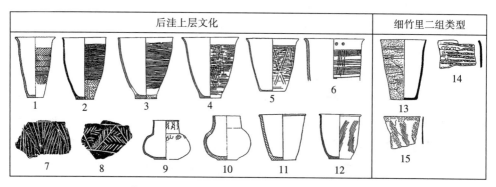

图三六　后洼上层－细竹里二组文化陶器

1. 小珠山 T4③：59　2. Ⅰ T2②：33　3. Ⅰ T8②：88　4、6. 小珠山 T1⑤：27、28　5. 上马石Ⅲ T1④：11　7、8. 小珠山 T4④　9、10、11. 后洼Ⅱ T1②：24、39、45　12. Ⅱ T2②：1
13. 新岩里
14、15. 细竹里

比较本文的研究与以往的研究可知，以往把属于该文化的小珠山四组、吴家村一组及郭家村一组归入到"小珠山中层文化"，将上马石二组归入"小珠山下层文化"。本文认为以上四组遗存与后洼四组一样皆属于后洼上层文化范畴，同时也把其他一些遗址出土的该文化遗存识别出来。当然郭家村一组可见器形只有直口罐不见侈口罐，小珠山四组、后洼四组、上马石二组可见器形只有侈口罐不见直口罐，郭家村一组只见刻划长线三角纹不见刻划横线纹，后洼四组以刻划长线纹为主，仅有少量刻划长线三角纹，这种差别是因考古工作的偶然性造成的，还是预示着该文化可划分不同的类型还很难说，只能待日后材料进一步丰富之后才能明确。

3. 小珠山中层文化

属于该文化遗存的为第V至Ⅷ段遗存，包括小珠山五组、小珠山六组、北吴屯三组、郭家村二组、郭家村三组、吴家村二组，另外赵坨子、阎坨子、蜊蚁驼子、王家屯、文家屯、大潘家村等遗址也有发现，具有一定的分布范围，以刻划短线纹筒形罐为主要器形，陶器特点鲜明。以往把属于该文化的小珠山五组、吴家村二组、郭家村二组、郭家村三组等遗存称为"小珠山中层文化"，本文遂把该文化称为小珠山中层文化。

小珠山中层文化包含的第Ⅴ、Ⅵ、Ⅶ、Ⅷ四段遗存，可作为该文化的一、二、三、四期。

一期，以北吴屯三组为代表，另外赵坨子、阎坨子、蜊蚁驼子遗址也有发现。器形以刻划纹直口筒形罐为主，见有少量侈口罐、壶等。刻划纹筒形罐一般筒腹较深，流行方唇或圆唇，纹饰以刻划斜短线组成的平行线纹带或几何三角纹为主，还见有刻划席纹及少量的压印之字纹和席纹，压印的之字纹、席纹罐器形都比较低矮，纹饰较为凌乱，应为早期文化遗存的孑遗。侈口罐所饰纹饰也以刻划平行斜短线组成的平行线纹或几何纹，个别见有雷纹。该期陶器纹饰只饰于上腹部，下腹部为素面。

二期，以小珠山五组、郭家村二组、吴家村二组为代表，另外阎驼子、王家屯、文家屯遗址也有发现。依然以刻划纹直口筒形罐为主，筒形罐筒腹相对早期变浅，纹饰以刻划短线与乳丁组合纹为主要纹饰，而且多饰于口沿下方，腹部及以下不施纹。

三期，以郭家村三组为代表，在大潘家村遗址也有发现。器形仍以直口筒形罐为主，口径相对于底径变大，出现了瘤状耳的装饰，刻划纹一般饰于口沿下方，有较多的素面罐。

四期，以小珠山六组为代表。筒形罐与前三期相比主要为折、卷沿，纹饰主要饰于口沿下方，亦有较多的素面罐。

小珠山中层文化一至四期代表性陶器可参见图三七。

本文的小珠山中层文化与以往的"小珠山中层文化"内涵上有一定区别。以往的"小珠山中层文化"包含了小珠山四组中的小珠山遗址第④层遗存、小珠山五组，吴家村一、二组，郭家村一、二组、三组，北吴屯三组。有的学者把

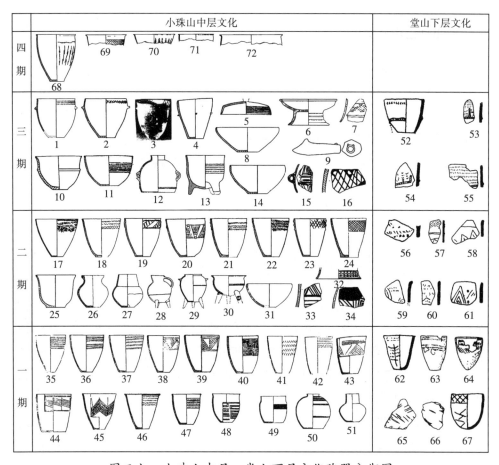

图三七　小珠山中层－堂山下层文化陶器分期图

1. 郭Ⅱ T2③：17　2、11. 郭73T1③：240、242　3. 郭Ⅱ T9③：17　4. 郭Ⅱ T6③：27　5. 郭73T2③：39　6. 郭Ⅰ T6③：11　7. 郭Ⅱ T3③：24　8、15. 郭Ⅱ T7③：23、24　9. 郭Ⅱ T8③：35　10. 郭Ⅰ T8③：19　12. 郭Ⅱ T5F2：1　13. 郭Ⅱ T5③：24　14. 郭Ⅰ T9③：18　16. 郭Ⅱ T8③：37　17. 郭Ⅰ T1F2：1）　18、21、24、26（吴Ⅱ F1：25、29、45、7　19、22、25. 郭Ⅰ T3④：21、16、17　20. 吴Ⅰ T1②：49　23. 郭Ⅱ T2⑤：16　27. 吴Ⅱ G1②：43　28. 郭Ⅱ T1H18：19　29. 郭Ⅱ T8④：31　30. 吴1973年采集　31. 郭Ⅱ T2④：24　32. 郭Ⅰ T2④：26　33. 郭Ⅰ T4④：20　34. 郭Ⅱ T7④：26　35. 北F7：3　36、37、38、48、49. 北F2：7、10、9、25、8　39. 北T3②B：69　40. 北T5②：60　41、45、46. 北T6②C：30、27、32　42. 北T14②A：30　43、51. 北F1：33、25　44. 北T4②A：33　47. 北T13②A：1　50. 北T4②：35　52～67. 堂山遗址下层　68. 小F1：1　69～72. 小08T1512⑦B：2、1、4、3

注："郭"指郭家村，"吴"指吴家村，"北"指北吴屯，"小"指小珠山

小珠山四组中的刻划横线纹侈口罐纳入到"小珠山中层文化",而把北吴屯三组从中剥离开纳入到"后洼上层文化"范畴。有的学者把后洼四组纳入到"小珠山中层文化"范畴。本文则把小珠山四组中的小珠山遗址第④层遗存、吴家村一组、郭家村一组从"小珠山中层文化"剥离开纳入到后洼上层文化范畴,并同意北吴屯三组属于"小珠山中层文化",并把小珠山六组纳入到"小珠山中层文化"范畴,从而形成了包含北吴屯三组、小珠山五组、小珠山六组、郭家村二、三组、吴家村二组的小珠山中层文化,当然还把其他遗址的一些相关遗存纳入到该文化范畴。

回顾以往对小珠山中层文化的分期研究,孙祖初的结论比较具有代表性,下面将之与本文进行比较。他的"小珠山中层文化"包含本文所说后洼遗址的①、②层及小珠山遗址④层,并将之分为三期四段,小珠山遗址④层和后洼遗址①、②层为第Ⅰ段,小珠山遗址③层和郭家村⑤层为第Ⅱ段,郭家村遗址④层与吴家村遗址为第Ⅲ段,郭家村③层为第Ⅳ段,Ⅰ、Ⅱ段为第一期,Ⅲ段为第二期,Ⅳ段为第三期。首先本文的小珠山中层文化内涵上就与孙祖初的"小珠山中层文化"不同,本文的小珠山中层文化不包括后洼遗址①、②层和小珠山遗址④层,以及小珠山遗址③层的 T4③：59 罐,同时认为郭家村遗址⑤层只有 T2⑤：16罐,吴家村遗址只有②层和Ⅱ F1 才属于小珠山中层文化范畴,另外把北吴屯遗址上层也纳入到该文化范畴。从而认为北吴屯上层为该文化的一期,小珠山 78第③层（T4③：59 罐除外）、吴家村②层和Ⅱ F1、郭家村遗址④层及 T2⑤：16罐为该文化的二期,郭家村遗址③层为该文化的三期。

冯恩学认为Ⅱ T2⑤：16 式筒形罐（图七,50）早于Ⅱ T6③：27 式筒形罐（图七,37）,Ⅰ T1F2：1 式筒形罐（图八,26）早于 73T1③：240 式筒形罐（图八,6）,Ⅱ T2⑤：16 式筒形罐与Ⅰ T1F2：1 式筒形罐同时,Ⅱ T6③：27 式筒形罐与 73T1③：240 式筒形罐同时。这点与本文及孙祖初的观点是一样的。

4. 三堂一期文化

属于该文化的遗存为第Ⅸ、Ⅹ、Ⅺ段遗存,包含有三堂村一组、三堂村二组、小珠山七组,另外哈皮地、文家屯、石灰窑村、鱼山、小业屯、石佛山等遗址也有发现,具有一定的分布范围,以附加堆纹口沿的竖条堆纹罐为主要器形,陶器风格独特。在该文化的众多遗址中以三堂村遗址出土的遗存最为丰富,发掘报告将该遗址出土的该文化遗存称为"三堂一期文化"，本文遂将该文化称为三堂一期文化。

三堂一期文化包含的第Ⅸ、Ⅹ、Ⅺ段遗存，可作为该文化的早、中、晚三期。

早期，以三堂村一组为代表，另外哈皮地、文家屯、石灰窑村等遗址也有发现。该期的陶器只见罐类，不见其他器形，而且罐口沿外侧的附加堆纹与口沿有一段距离。

中期，以三堂村二组为代表，另外哈皮地、文家屯、石灰窑村、小业屯等遗址也有发现。该期的陶器除罐外，还见有壶、钵、碗以及三足器等，而且罐口沿外侧的附加堆纹上移，与唇沿连为一体。

晚期，以小珠山六组为代表，另外在石佛山遗址也有发现。该期陶器除罐外，还有钵、豆等。

三堂一期文化早、中、晚三期代表性陶器可参见图三八。

5. 小珠山上层文化与北沟文化

通过前文分析已经知道，第Ⅻ、ⅩⅢ段存在两类不同的遗存。

第一类遗存，器形以折、卷沿罐和附加堆纹罐为主，且多为素面。此类遗存包括小珠山六组、上马石三组、郭家村四组、三堂村三组，另外在文家屯、哈皮地、石灰窑村、蛎碴岗、南窑遗址也有发现，具有一定的分布范围，将之称为小珠山上层文化。

小珠山上层文化代表性陶器可参见图三九。

第二类遗存，以附加堆纹、竖条堆纹、刻划纹的折、卷沿罐和壶为主要器形，此类遗存以北沟西山一、二组为代表，另外在北沟贝墙里、柞木山、小业屯、石佛山、西泉眼、石固山、歪头山、窑南、蚊子山等遗址均有发现，具有一定的分布范围，将之称为北沟文化。以北沟西山遗址的分组为标准可将北沟文化分为早晚两期，早期以北沟西山一组为代表，晚期以北沟西山二组为代表。

北沟文化早、晚两期代表性陶器可参见图四〇。

小珠山上层文化与北沟文化基本上是同时并存的，只是北沟文化的年代上限可能要偏早些。小珠山上层文化在南，多分布在沿海岛屿及近海地带；北沟文化在北，相对于小珠山上层文化的近海性比，遗址一般多分布在内陆地带。

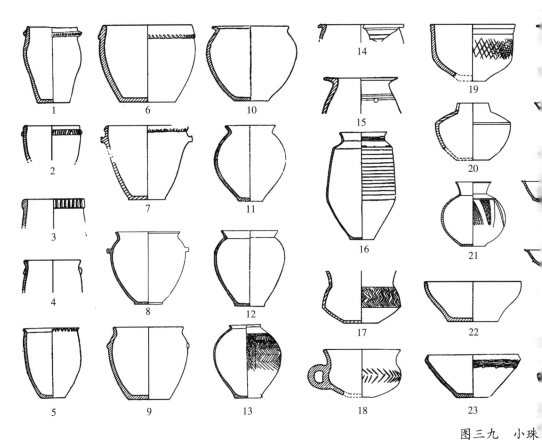

1. 小珠山 T4②：90　2. 郭家村Ⅰ T5②：9　3、56. 郭家村ⅡT1②：26、33　4、43. 郭家村Ⅰ T3②：
44. 郭家村 73T1F1：212、12　8、42. 郭家村 73T1②：30、248　9. 郭家村Ⅰ T9②：21　10、32、47
家村Ⅰ T1H4：27　15. 郭家村ⅡT2H4：26　16、46. 南窑 F1：11、9　17、18、45. 郭家村ⅡT3②：3
58. 郭家村ⅡT6②：39、35、33、38　27、30. 郭家村ⅡT7②：31、21　28. 郭家村ⅡT4H2：41
36. 三堂村Ⅰ T205④A：12　38. 小珠山 T3②：26　39. 郭家村Ⅰ T8②：22　41. 郭家村ⅡT8②：42
53. 郭家村Ⅰ T2②：30　54. 郭家村Ⅰ T1H6：31　55. 郭家村Ⅰ T1②：30　59. 郭家村ⅡT7①：30　60.

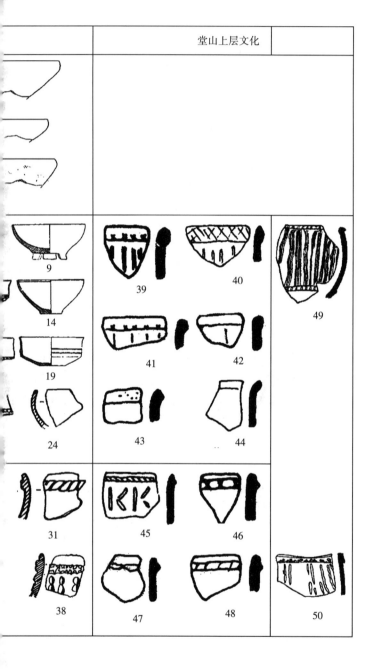

图三八 三堂一期－堂山上层文化陶器分期图

1、3、5、10、18. 三堂村Ⅱ F3 上：19、14、12、13、18 2、9. 三堂村Ⅱ T202⑤：7、12 4、8、15、19、20、24. 三堂村Ⅱ T104⑤：16、15、12、11、9、13 6、11、17、28、29、30、31、32、35、36、37. 哈皮地采：41、31、40、28、32、37、36、30、27、33、38 7. 小业屯采集 12、21、34. 石灰窑村采：7、5、4 13. 三堂村Ⅱ T102⑤：9 14、16、22. 三堂村Ⅱ T302⑤：10、12、11 23. 三堂村Ⅱ T203⑤：1 25. 三堂村Ⅱ F3 下：23 26、27. 三堂村Ⅱ F3 下：22、20 33、38. 文家屯采：36、43 39～48. 堂山上层 49、50. 双鹤里采集

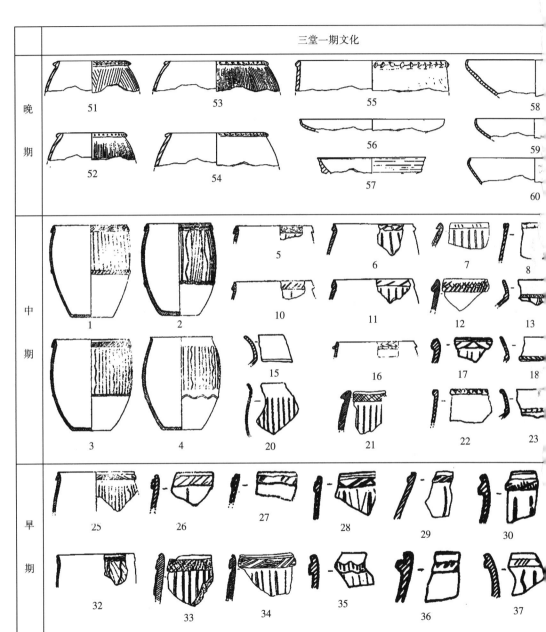

三堂一期文化

晚期　51　52　53　54　55　56　57　58　59　60

中期　1　2　3　4　5　6　7　8　10　11　12　13　15　16　17　18　20　21　22　23

早期　25　26　27　28　29　30　32　33　34　35　36　37

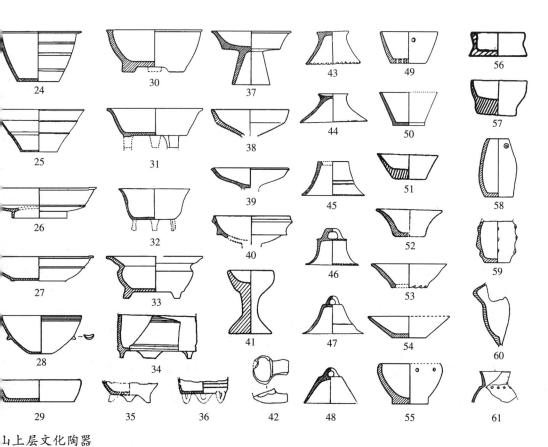

山上层文化陶器

22、23　5．蛎碴岗 T2③：14　6、19、21、24、25、37．郭家村Ⅱ T5F1：5、13、14、11、12、10　7、
、蛎碴岗 T5②：48、45、14　11．三堂村Ⅰ G1：4　12．三堂村Ⅱ H8：1　13．蛎碴岗 T5③：54　14．郭
、28、29　20、22、29．郭家村Ⅱ T9②：25、24、23　23．三堂村Ⅰ T204④A：2　26、40、49、
31．郭家村Ⅱ T4②：38　33．郭家村Ⅱ T2②：23　34．蛎碴岗 T2②：15　35．三堂村Ⅲ T202③：1
48．三堂村Ⅰ T206④A：7　50．郭家村Ⅰ T10H2：13　51、57．乔东 F1：18、17　52．三堂村Ⅰ T106③：1
郭家村Ⅱ T5②：28　61．蛎碴岗 T6②：19

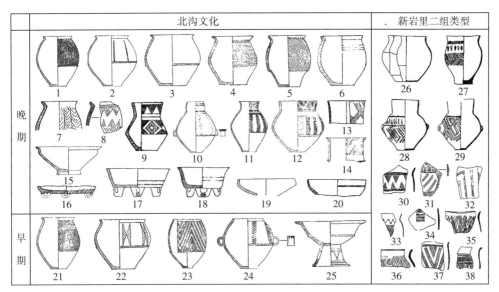

图四〇　北沟－新岩里二组文化陶器分期图

1、3、4、6、17. 北沟西山 T1②：81、79、44、72、48　2、15、18. 北沟西山 T3②：64、54、56
5、13、16、20. 西泉眼遗址第③层　7. 石佛山 T1：23　8. 石固山遗址采集　9、12. 北沟西山
T2②：22、36　10、11、19. 北沟西山 G1②：27、26、23　14. 北沟西山 G2②：103　21、23、
25. 北沟西山 T3③：61、77、79　22. 北沟西山 T1④：1　24. 北沟西山 T1③：6　26～38. 新
岩里

三、朝鲜境内各遗址材料的分析与考古学文化的划分

（一）典型遗址材料的分组

1. 美松里遗址

美松里遗址❶位于平安北道义州郡义州邑，是一处洞穴遗址。1959 年 3 月，

---

❶　a) 과학원고고학및민속학연구소 :＜미송리동굴유적＞，〈北韩文化遗迹发掘概报〉，文化
财管理局文化财研究所，1991 年，第 274～278 页．【科学院考古学及民族学研究
所：《美松里洞穴遗址》，《北韩文化遗迹发掘概报》，文化财管理局文化财研究所，1991
年，第 274～278 页】。

　　b) 김용간 .＜미송리 동굴유적 발굴보고 >,< 고고학자료집 >1963 년 3 집 .【金勇扞：《美
松里洞穴遗址发掘报告》，《考古学资料集》1963 年 3 辑】

朝鲜科学院考古学及民族学研究所调查时发现，并进行了发掘。通过发掘得知，该遗址包含有新石器时代和青铜时代两个时期的文化遗存，下层属于新石器时代，上层属于青铜时代。由于本文研究的时间范围是新石器时代，所以仅就下层遗存进行分析。

美松里下层发表的陶器不见完整器形，只见残片，所以对其研究只能从纹饰入手。下层遗存纹饰可分两种，一种是压印之字纹、席纹遗存，可称之为下层一组（图四一，4~6）；另一种是刻划人字纹、平行线纹遗存，可称之为下层二组（图四一，1~3）。

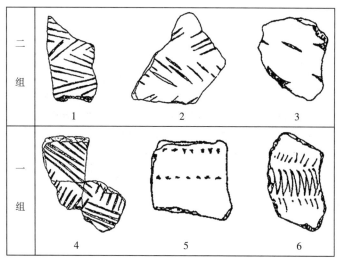

图四一　美松里遗址下层出土的两组新石器时代陶器
（原报告均未标明具体出土单位）

据报告叙述，两组遗存均属于"下文化层"。但是，仔细观察两组遗存的纹饰形态及施纹方法，可发现两者风格迥异，截然不同，很难将他们看作是同一时期的文化遗存。通过北吴屯遗址的分组研究，可以确切得知压印之字纹及席纹遗存早于刻划人字纹、平行线纹遗存，美松里下层遗存的纹饰变化也应该符合这一规律，因而可判定美松里下层一组早于下层二组。

美松里下层出土的两组陶器可参见图四一。

2. 堂山遗址

堂山遗址位于平安北道定州郡大山里。该遗址早年（具体时间不详）进行过调查，1958 年首次发掘[1]，1991 年又进行了调查和发掘[2]。

据《堂山贝丘遗址发掘报告》[3]，堂山遗址以沙层（间歇层）为界，分为下文化层和上文化层。下文化层为沙层下的贝壳层和红黏土层，陶器以刻划纹筒形罐为主；上文化层为沙层之上的灰与贝壳混合土层，陶器主要是附加堆纹敛口罐。上、下层陶器差别明显，笔者认为报告的分期方案基本上是合理的。但同时认为，下文化层包含两个文化层，遗存内部也存在一定差异，能够进一步细分。上文化层遗存也是如此，而且零星混有下文化层遗存，还有青铜时代遗存，需要仔细辨别分析。

下文化层陶器的完整器形皆为筒形罐，分为平底和圜底，其余皆为残片。观察完整的平底筒形罐，一种深腹，口沿到腹部皆施纹（图四二，22），将该遗址出土的、以此件筒形罐为代表的遗存称为堂山下层一组；一种浅腹，只在口沿部位施纹（图四二，12），将该遗址出土的、以此件筒形罐为代表的遗存称为堂山下层三组。堂山下层一组筒形罐与北吴屯三组筒形罐（图二，7、8）相似，年代相当；堂山下层三组筒形罐与郭家村三组筒形罐（图七，35；图八、6）相似，年代相当。通过前文分析，已知北吴屯三组早于郭家村三组，所以堂山下层一组早于堂山下层三组。

刻划纹圜底筒形罐（图四二，23、24），从其纹饰及施纹部位看，年代应与堂山下层一组相当。

附加堆纹与刻划斜短线纹的组合纹陶片（图四二，13、14、15），其纹饰特点与堂山下层三组的浅腹平底筒形罐纹饰（图四二，12）相似，可并入该组。

---

[1]　都宥浩：《朝鲜原始考古学》，平壤，1960 年。

[2]　a 차달만 .< 당산조개무지유적발굴보고 >,< 조선고고연구 >1992 년 4 호 【车达晚：《堂山贝丘遗址发掘报告》，《朝鲜考古研究》1992 年 4 号】。

b 차달만 :< 당산유적 웃문화충 질그릇갖춤새의 특징에 대하여 >,< 조선고고연구 >,1993 년 4 호 .【车达晚：《关于堂山遗址上文化层陶器特点》，《朝鲜考古研究》1993 年 4 号】

[3]　车达晚著、郑仙华译：《堂山贝丘遗址发掘报告》，《东北亚历史与考古信息》1995 年 1 期，第 12~18 页。

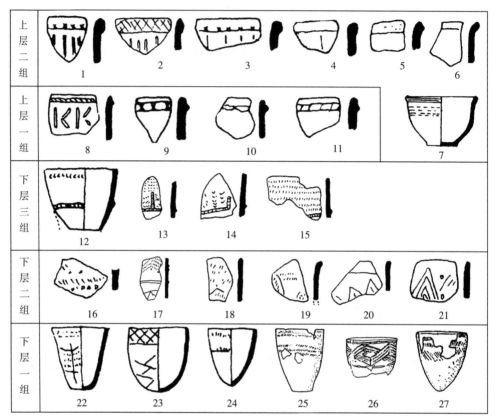

图四二　堂山遗址出土的五组新石器时代陶器
（原报告均未标明具体出土单位）

　　下层文化还有一部分刻划短线纹与乳丁纹组合的陶片（图四二，16～21），将之称为堂山下层二组。堂山下层二组陶器与郭家村二组及吴家村二组筒形罐纹饰（图七，58；图四，1、3、14、15、18）相似，年代相当。通过前文研究可知郭家村三组及吴家村二组晚于北吴屯三组，早于郭家村三组，所以堂山下层二组晚于堂山下层一组，早于堂山下层三组。

　　下文化层发表的其他陶器残片缺乏分期依据，无法分组。

　　上文化层陶器以附加堆纹口沿的附加堆纹敛口罐为主，他们共同特征是口沿下饰一周附加堆纹，其下饰竖条堆纹，有的竖条堆纹用刻划垂直线代替，个别的为素面。按照附加堆纹与唇沿的距离可分两种，一种是附加堆纹与唇沿有一段距离（图四二，8~11），将之称为堂山上层一组，另一种是附加堆纹上移与唇沿持平形成叠唇（图四二，1~6），将之称为堂山上层二组。堂山上层一组器形见于三堂村一组（图一二，49~51），年代与之相当，堂山上层二组器形见于三堂村二组（图一二，26~29、32、34~36），年代与之相当，三堂村一组早于三堂村二组，可证堂山上层一组早于堂山上层二组。

上文化层的刻划纹台底碗（图四二，7），由于没有与之可比较的器物，为稳妥起见暂将之纳入堂山上层二组。刻划纹直口筒形罐口沿残片与下文化层遗物特征更接近，很可能是下文化层扰动上来的遗物，即非如此也是早期遗存的孑遗。素面短颈壶❶见于双房文化❷，属于青铜时代遗物。带羊角耳的陶片及一些器底❸，由于缺乏完整器形，无法对其年代作出判断，暂不研究。

《朝鲜原始考古学》发表的刻划纹平底筒形罐和圜底筒形罐（图四二，25~27），深腹，纹饰只见刻划短线纹，不见乳钉纹，其器形及纹饰与下层一组器形及纹饰相似，可并入该组。

这样可将堂山遗址出土陶器自早至晚分为五组，依次为堂山下层一组、堂山下层二组、堂山下层三组、堂山上层一组、堂山上层二组。

堂山遗址出土的五组陶器可参见图四二。

3. 新岩里遗址

平安北道龙川郡新岩里一带遗迹分布广泛，1958 年调查了信仓部落地点❹，

❶ 车达晚著、郑仙华译：《堂山贝丘遗址发掘报告》，图三，15，《东北亚历史与考古信息》1995 年 1 期，第 12~18 页。

❷ 赵宾福：《中国东北地区夏至战国时期的考古学文化研究》，图五十九，8，吉林大学博士学位论文，2005 年，第 277 页。

❸ 车达晚著、郑仙华译：《堂山贝丘遗址发掘报告》，图三，11、17~20，《东北亚历史与考古信息》1995 年 1 期，第 12~18 页。

❹ 김례환：< 룡천군 신암리 신창부락에서 원시유적 발견 >,< 문화유산 >1959 년 1 호 ,88-89 쩍 ,과학원출판사 【金礼焕：《龙川郡新岩里信仓部落原始遗迹的发现》，《文化遗产》1959 年 1 号，科学出版社，第 88~89 页。】

1961 年调查了立岩地点❶，1964 年发掘了青岗地点（第一地点）及沙山地点（第二地点）的一部分❷，1965 年对沙山地点剩余部分及丑萨地点（第三地点）进行了发掘❸，1966 年继续发掘丑萨地点❹，1974 年发掘了第四地点❺。其中青岗、沙山及立岩地点发现有新石器时代遗存。

1964 年发掘的青岗和沙山地点从早至晚可分为 4 个文化层：第 1 文化层为青岗层，第 2 文化层为美松里型陶器层，第 3 文化层为变形花盆形器皿层，第 4 文化层为高句丽层。其中只有青岗层属于新石器时代，从美松里型陶器层开始就已经进入青铜时代。

1965 年发掘的沙山地点剩余部分，分为 2 个文化层，第 1 文化层属于青岗层，第 2 文化层属于美松里型陶器层。

这里将青岗及沙山地点第 1 文化层皆称为青岗层。

青岗层出土陶器以折沿罐、卷沿罐、壶为主，还见有碗、豆等。大多器表施纹，个别有素面者。纹饰有刻划纹、附加堆纹。刻划纹主要为雷纹、三角纹等几何纹，附加堆纹多饰于罐、壶的颈部或腹部，其往往与刻划纹共同使用（图四三，1 ~ 31）。

立岩地点的刻划三角纹、雷纹等几何纹（图四三，32 ~ 35）与青岗层器物纹饰相同。立岩遗址还出有与青岗层遗物截然不同的施刻划横线纹的侈口筒形罐（图四三，36），其器形及纹饰与后洼四组ⅠT8②：88 罐（图三，2）酷似，跟上

❶ 리병선.<평안부도 룡천군 염주군 일대의 유적 답사 보고>,<문화유산>1962 년 1 호,50–52 쪽.【李秉宪：《平安北道龙川郡、岩州郡一带遗迹踏查报告》，《文化遗产》1962 年 1 号，50 ~ 52 页。】

❷ 리순진.<신암리 유적 발굴 중간 보고>,<고고민속>1965 년 3 호,40–49 쪽.【李顺真：《新岩里遗址发掘中间报告》，《考古民俗》1965 年 3 号，40 ~ 49 页。】

❸ 김용간 리순진.<1965 년도 신암리 유적 발굴 보고>,<고고민속>1966 년 3 호,20–31 쪽.【金勇玕、李顺真：《1965 年度新岩里遗址发掘报告》，《考古民俗》1966 年 3 号，20 ~ 31 页。】

❹ 신의주력사박물관.<1966 년도 신암리유적 발굴 간략보고>,<고고민속>1967 년 2 호,42–44 쪽.【新义州历史博物馆：《1966 年度新岩里遗址发掘简报》，《考古民俗》1967 年 2 号，42 ~ 44 页。】

❺ 강중광.<신암리 원시유적 제 4 지점에 대하여>,<력사과학>1979 년 2 호,38–42 쪽.【江中光：《关于新岩里原始遗址第 4 地点》，《历史科学》1979 年 2 号，38 ~ 42 页。】

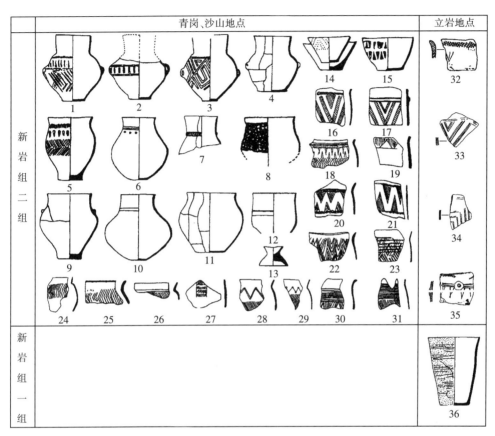

图四三　新岩里遗址出土的两组新石器时代陶器
（原报告均未标明具体出土单位）

马石Ⅲ T1④∶11罐（图一一，15）则更为相似，年代与之相同。青岗层遗物则与北沟一、二组遗物较为相似（详见后文），年代相当。通过前文研究已知，后洼四组及上马石二组早于北沟西山一、二组，那么立岩地点的刻划横线纹侈口罐早于青岗层遗物。

将立岩地点的刻划横线纹侈口罐遗存称为新岩里一组，青岗层遗存称为新岩里二组，可知新岩里一组早于新岩里二组。

新岩里遗址的两组新石器时代陶器可参见图四三。

4. 细竹里遗址

细竹里遗址位于平安南道宁边郡，1962～1963年进行调查和发掘❶。该遗址从早至晚可分为3个文化层，其中只有第1文化层属于新石器时代。

第1文化层陶器只发表了一件完整器和5片陶片。完整器为压印纹平底筒形罐（图四四，3），直口、曲壁、平底，周身施压印纹，将该遗址此类陶器称为细竹里一组。还有2块刻划横线纹及刻划斜线纹组成的纵向纹带陶片（图四四，1、2），这两种纹饰共见于后洼四组，应属同时，将之称为细竹里二组。另外3块陶片纹饰模糊，很难辨认，无法定组。

通过后洼遗址的分组研究，可知压印纹早于刻划横线纹，所以细竹里一组早于细竹里二组。

细竹里遗址出土的两组新石器时代陶器可参见图四四。

（二）典型遗址材料的分段

通过朝鲜境内新石器时代诸典型遗址材料的分组研究，将美松里下层遗存分为两组，堂山遗址分为五组，新岩里遗址青岗、沙山、立岩地点遗存分为两组，细竹里第1文化层遗存分为两组。下面探讨一下诸典型遗址各组之间的年代关系。

美松里下层二组纹饰主要为刻划短线组成的平行线纹、人字纹，不见与乳丁

---

❶　a 김정문 김영우 .< 세죽리 유적 발굴 중간 보고 (1)>,< 고고민속 > 1964 년 3 호 , 44–54 쪽 . 【金正文、金永祐：《细竹里遗址发掘中间报告（1）》，《考古民俗》1964 年 3 号，44～54 页。】

b 김정문 김영우 .< 세죽리 유적 발굴 중간 보고 (2)>,< 고고민석 > 1964 년 4 호 , 40–50 쪽 . 【金正文、金永祐：《细竹里遗址发掘中间报告（2）》，《考古民俗》1964 年 4 号，40～50 页。】

c 김정문 김영우 .< 녕변국 세죽리 유적 발굴 >,< 문화유사 >1962 년 6 호 ,68–69 쪽 . 【金正文、金永祐：《宁边郡细竹里遗址发掘》，《文化遗产》1962 年 6 号，68～69 页。】

d 안병찬 .< 펵안북도 박천군 녕변군의 유적 조사 보고 >,< 문화유산 >1962 년 5 호 ,66–72 쪽 . 【安炳燦：《平安北道博川郡、宁边郡的遗迹调查报告》，《文化遗产》1962 年 5 号，66～72 页。】

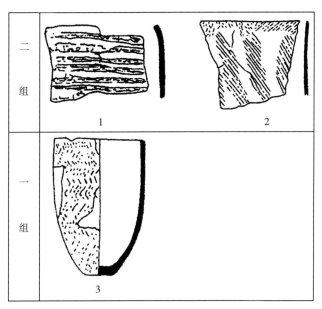

图四四　细竹里遗址出土的两组新石器时代陶器
（原报告均未标明具体出土单位）

纹组合纹，与堂山下层一组纹饰相似，年代接近，所以美松里下层二组与堂山下层一组年代相当。美松里下层一组早于下层二组，堂山下层一组是堂山诸组最早者，所以美松里下层一组也早于堂山诸组。

美松里下层一组主要为压印之字纹和席纹，压印之字纹只压印出两端，席纹不甚规整，年代与小珠山三组及后洼三组接近，新岩里一组为刻划横线纹侈口罐，其器形及纹饰与小珠山四组及后洼四组接近，年代相当。小珠山四组、后洼四组晚于小珠山三组、后洼三组，所以新岩里一组晚于美松里一组。堂山下层一组主要为刻划短线纹筒形罐，纹饰从口沿施纹直到腹部，与北吴屯三组纹饰风格相似，年代相当。通过前文分析已知小珠山四组、后洼四组早于北吴屯三组，所以新岩里一组早于堂山下层二组。

新岩里二组器形以罐、壶为主，罐和壶的颈部或腹中往往饰一周附加堆纹，流行三角纹、雷纹等几何纹，与北沟西山一、二组器形及纹饰风格相似，年代相当。堂山上层二组口部附加堆纹上移至唇沿形成叠唇，其下施竖条堆纹，与三堂村二组纹饰相似，年代相当。通过前文分析，知三堂村二组早于北沟西山一、二组，所以堂山上层二组早于新岩里二组。

　　细竹里一组的压印纹较为凌乱，整体风格与美松里下层一组压印纹相似，年代相当。细竹里二组刻划横线纹见于新岩里一组，两者年代相当。

　　综上，可将鸭绿江流域及辽东半岛沿海地区朝鲜境内4个典型遗址材料从早至晚分为八段，具体情况为：

　　Ⅰ段：美松里下层一组、细竹里一组；

　　Ⅱ段：细竹里二组、新岩里一组；

　　Ⅲ段：堂山下层一组、美松里下层二组；

　　Ⅳ段：堂山下层二组；

　　Ⅴ段：堂山下层三组；

　　Ⅵ段：堂山上层一组；

　　Ⅶ段：堂山上层二组；

　　Ⅷ段：新岩里二组。

　　以上4个典型遗址材料的分段情况可参见表二。

表二　鸭绿江流域及辽东半岛黄海沿岸地区朝鲜境内诸遗址材料分组、分段表

期址 \ 分遗址		美松里下层一组类型	细竹里二组类型	堂山下层类型			堂山上层类型		新岩里二组类型
				早期	中期	晚期	早期	晚期	
		Ⅰ段	Ⅱ段	Ⅲ段	Ⅳ段	Ⅴ段	Ⅵ段	Ⅶ段	Ⅷ段
典型遗址	美松里	下层一组		下层二组					
	堂山			下层一组	下层二组	下层三组	上层一组	上层二组	
	新岩里		一组						二组
	细竹里	一组	二组						
一般遗址	双鹤里						√	√	
	龙渊里								√
	道峰里								√
	土城里								√
	长城里								√

（三）一般遗址材料所属段别的确定

通过对鸭绿江流域及辽东半岛黄海沿岸地区朝鲜境内的新石器时代典型遗址材料的研究，已将该地区的典型遗址材料分为八段，下面将一般遗址材料与典型遗址材料进行比较，从而判定一般遗址材料所属段别。

1. 双鹤里遗址

双鹤里遗址位于平安北道龙川郡。该遗址采集有带竖条堆纹的罐腹片（图四五，2、3）❶，将此类陶器为代表的遗存称为双鹤里一组，该组陶器纹饰特征与堂山上层出土陶器纹饰相似，年代相当，但是由于缺乏完整器及口沿部分，无法进一步分组，暂笼统地认为属于Ⅵ、Ⅶ段。该遗址还出有附加堆纹与刻划纹配合使用的陶片（图四五，1）❷，将此类陶器为代表的遗存称为双鹤里二组，该组陶器纹饰与新岩里二组陶器纹饰相同，年代相当，属于Ⅷ段。

2. 龙渊里遗址

龙渊里遗址位于平安北道龙川郡，1972 年发掘❸。器形主要为罐、壶，一般器身施有雷纹、三角纹等刻划几何纹，有的与附加堆纹配合使用（图四六，1～4）。与新岩里二组器形及纹饰相近，年代相当，属于Ⅷ段。

---

❶　a 고고학연구소 :＜조선고고학개요＞,1977 년 .【考古学研究所：《朝鲜考古学概要》，1977 年。】

　　b 李云铎译：《朝鲜考古学概要》，黑龙江文物出版编辑室。

　　c 강중광 :＜룡연리유덕 발굴보고＞,＜고고학자료집＞1974 년 4 호 .【江中光：《龙渊里遗址发掘报告》，《考古学资料集》1974 年 4 号。】

❷　리병선 .＜평안북도 룡천군 염주군 일대의 유적답사 보고＞,＜문화유산＞1962 년 1 호 ,55 쪽 .【李秉宪：《平安北道龙川郡、岩州郡一带遗迹踏查报告》，《文化遗产》1962 年 1 号，55 页。】

❸　a 강중광 .＜룡연리 유적 발굴 보고＞,＜고고학자료집＞1974 년 4 집 ,64–73 쪽 .【江中光：《龙渊里遗址发掘报告》，《考古学资料集》1974 年 4 集，64～73 页。】

　　b 리병선 .＜평안북도 룡천군 일대의 유적 답사 보고＞,＜문화유산＞1962 년 1 호 ,52–54 쪽 .【李秉宪：《平安北道龙川郡、岩州郡一带遗迹踏查报告》，《文化遗产》1962 年 1 号，52～54 页。】

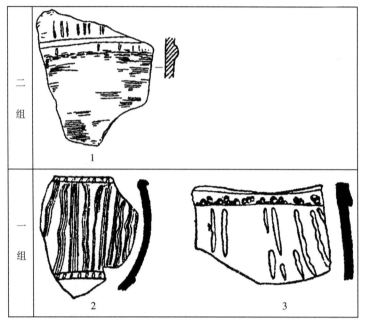

图四五　双鹤里遗址的两组新石器时代陶器（均为采集品）

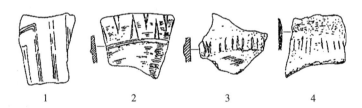

图四六　龙渊里遗址出土的新石器时代陶器
（原报告均未标明出土单位）

3. 道峰里遗址

道峰里遗址位于平安北道盐州郡，1961 年进行过调查❶。采集有雷纹、附加堆纹与刻划纹组合纹陶片（图四七，1～4），与新岩里二组遗存陶器纹饰相同，年代相当，属于Ⅷ段。

---

❶ 리병선 .< 평안북도 룡천군 염주군 일대의 유적답사 보고 >,< 문화유산 >1962 년 1 호 ,55 쪽 .
【李秉宪：《平安北道龙川郡、岩州郡一带遗迹踏查报告》，《文化遗产》1962 年 1 号，55 页。】

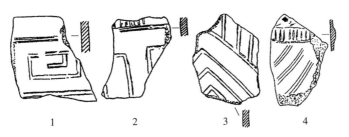

图四七　道峰里遗址的新石器时代陶器（均为采集品）

4. 土城里遗址

土城里遗址❶位于慈江道中江郡，1960～1961 年进行了发掘。

该遗址位于鸭绿江上游一带，其新石器时代陶器，一部分与鸭绿江流域及黄海沿岸地区的陶器特点相同，另一部分与图们江流域的陶器特点相同，具有两区交汇的特性，具体分析如下。

依据纹饰的不同，可将该遗址陶器分为 A、B、C、D、E、F 五类。

其中 A 类为附加堆纹加刻划纹陶器（图四八，1、2），与新岩里二组陶器相似。

B 类陶器为雷纹陶片（图四八，3），这类陶片在新岩里二组和西潜项四组都有发现。

C 类为刻划席纹筒形罐，D 类为刻划竖条纹筒形罐，E 类为篦点竖条纹筒形罐。C 类筒形罐（图四八，4、5）与 D 类筒形罐（图四八，6）器形相似，当属同时。D 类陶器与 E 类陶器有共存关系（图四八，6、9、11），可知 D 类与 E 类陶器年代相同，从而可知 C、D、E 类陶器年代相同。F 类陶器为刻划人字纹陶器，从其口沿特点看与 D、E 类陶器器形相似，年代相当，近而可知 C、D、E、F 四类陶器年代相同。这四类陶器的筒形罐侈口的特点与西潜项四组筒形罐多侈口的特点相同，碗（图四八，20、21）与西潜项四组碗（图五九，15）器形及纹饰相似，因而可以说土城里 C、D、E、F 类陶器面貌与西潜项四组陶器面貌相同，年代相当。

❶　a）리병선,<중강준 토성리 원시 및 고대유적 발굴중간보고 >,< 문화유산 >1962년 5 호 .
【李秉宪：《中江郡土城里原始和古代遗址发掘中间报告》，《文化遗产》1962 年 5 号。】
　　b）弓虽译润武校：《朝鲜土城里新石器时代遗存》，《北方文物》1995 年 3 期，第 139～144 页。

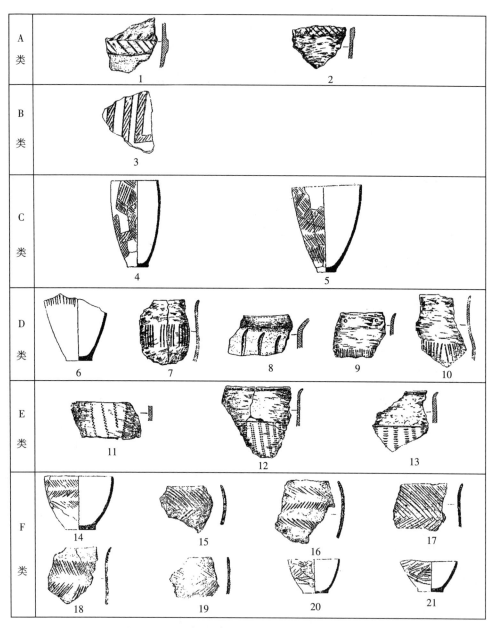

图四八　土城里遗址出土的六类新石器时代陶器

6、9、11. 出自 F2　14. 出自 F8　21. 出自 Y5　其余出土单位不详

5. 长城里遗址

长城里遗址❶位于慈江道中江郡长城里，1960 年发掘。其与土城里遗址地域相邻，陶器纹饰相同。A 类陶器纹饰（图四九，1、2）与土城里 A 类陶器相似，与鸭绿江流域及辽东半岛黄海沿岸地区朝鲜境内的新岩里二组陶器相似。B、C、D 类陶器纹饰（图四九，3~6）分别与土城里 C、D、F 类陶器纹饰相似，与图们江流域朝鲜境内西潜项四组相同。

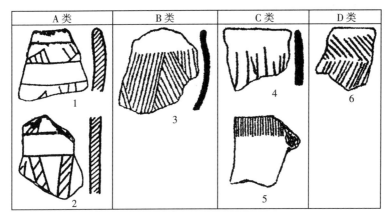

图四九　长城里遗址出土的四类新石器时代陶器
（原报告均未标明具体出土单位）

以上一般遗址材料所属段别情况可参见表二。

（四）诸遗址材料的分段

通过典型遗址材料的分组与分段，以及一般遗址材料与典型遗址材料的比较分析，将鸭绿江流域及辽东半岛黄海沿岸地区朝鲜境内的所有新石器时代遗存分为八段，具体情况见表二。

八段遗存之间的亲疏关系有所差别，分析如下。

第 I 段，为压印之字纹、席纹筒形罐遗存。

❶　김종혁 ,＜ 중강군 장성리 유적조사보고 ＞,＜ 문화유산 ＞1962 년 6 호 .【金钟赫：《中江郡长城里遗址调查报告》，《文化遗产》1962 年 6 号。】

第Ⅱ段，为刻划横线纹、刻划斜线纹组成的纵向纹侈口罐遗存。

第Ⅲ至Ⅴ段，为刻划短线纹筒形罐遗存。

第Ⅵ、Ⅶ段，竖条堆纹的附加堆纹口沿罐遗存。

第Ⅷ段，器形以折沿罐、卷沿罐、壶为主，纹饰主要是刻划几何纹，且多与附加堆纹组成复合纹饰。

（五）考古学文化的划分与分期

1. 美松里下层一组类型

属于该类型的遗存为第Ⅰ段遗存，目前仅见有美松里下层一组和细竹里一组，以压印之字纹和席纹筒形罐为主要特征。由于美松里下层一组最先发现，暂称为美松里下层一组类型。

美松里下层一组类型代表性陶器可参见图三五。

2. 细竹里二组类型

属于该类型的遗存为第Ⅱ段遗存，目前仅发现有细竹里二组和新岩里一组，为刻划横线纹侈口罐和刻划斜线纹组成的纵向纹侈口罐遗存，陶器特点鲜明。该文化遗存中以细竹里二组遗存较具代表性，暂称为细竹里二组类型。

细竹里二组类型代表性陶器可参见图三六。

3. 堂山下层类型

属于该类型的遗存为第Ⅲ至Ⅴ段遗存，包括美松里下层二组和堂山下层一、二、三组，以平底筒形罐为主要器形，也有一定数量的圜底罐，纹饰以刻划斜短线纹为主，陶器风格独特。该文化类型以堂山下层一、二、三组遗存最具代表性，可称为堂山下层类型。

堂山下层类型包含的第Ⅲ、Ⅳ、Ⅴ段遗存，可作为该类型的早、中、晚三期。

早期，包括堂山下层一组和美松里下层二组。器形相对瘦高，筒腹较深，从口沿到腹部均有施纹，纹饰主要为刻划斜短线纹，但不见刻划纹与乳丁纹组合纹。

中期，以堂山下层二组为代表。未见完整器形，从纹饰看，与早期相比同样施纹面积较大，但是大量使用刻划纹与乳丁纹组成的复合纹饰。

晚期，以堂山下层三组为代表。只见平底器不见圜底器，器身变得矮胖，施纹面积减小，只在口沿部位施纹。

堂山下层类型代表性陶器可参见图三七。

4. 堂山上层类型

属于该类型的遗存为第Ⅵ、Ⅶ段遗存，包括堂山上层一、二组，另外在双鹤里也有发现。其以竖条堆纹的附加堆纹口沿罐为主要特征，陶器面貌迥异。该文化中以堂山上层发现的遗存最具代表性，可称之为堂山上层类型。

堂山上层类型包含的第Ⅵ、Ⅶ段遗存，可作为该类型的早、晚两期。早期，以堂山上层一组为代表，罐口沿外侧的附加堆纹与唇沿有一段距离；晚期，以堂山上层二组为代表，罐口沿外侧的附加堆纹上移，与唇沿连为一体，形成叠唇。

堂山上层类型代表性陶器可参见图三八。

5. 新岩里二组类型

属于该类型的遗存为第Ⅷ段遗存，以新岩里二组为代表，另外在双鹤里、龙渊里、道峰里、土城里、长城里等遗址也有发现。器形以折沿罐、卷沿罐、壶为主，纹饰主要为刻划纹，其中刻划几何纹数量最多。器物腹部还往往围一周附加堆纹，其上施各种刻划纹，其下为素面。该类型遗存以新岩里二组遗存最为丰富，最具代表性，故可称之为新岩里二组类型。

新岩里二组类型代表性陶器可参见图四〇。

四、中朝两国境内相同新石器文化的整合

（一）小珠山下层－美松里下层一组文化

美松里下层一组类型以压印之字纹、席纹陶器为特点，其压印纹的压印端皆呈火柴头状或三角形，与小珠山下层文化陶器纹饰特点相同，而且两者地域相邻，因此推断朝鲜境内的美松里下层一组类型和中国境内的小珠山下层文化属于同一考古学文化，可统称为小珠山下层－美松里下层一组文化。

美松里下层一组类型的压印之字纹间距不一，有的只压印出两端，整体形态不明；压印席纹间距不一、长短不一。可以看出其压印纹稍显潦草，这与小珠山

下层文化的晚期纹饰特点相同。从而，以小珠山下层文化的分期为标准，可将小珠山下层－美松里下层一组文化分为早、中、晚三期，即：

　　早期，以小珠山下层文化早期为代表，

　　中期，以小珠山下层文化中期为代表，

　　晚期，以小珠山下层文化晚期、美松里下层一组类型为代表。

　　小珠山下层－美松里下层一组文化的分期情况可总结成表三，各期代表性陶器可参见图三五。

表三　小珠山下层－美松里下层一组文化分期对照表

		中国境内	朝鲜境内
小珠山下层－美松里下层一组文化	晚期	小珠山下层文化晚期	美松里下层一组类型
	中期	小珠山下层文化中期	
	早期	小珠山下层文化早期	

（二）后洼上层－细竹里二组文化

　　细竹里二组类型的主要纹饰为刻划横线纹及刻划斜线纹组成的纵向纹（图四四，1、2），与后洼上层文化常见纹饰（图三，1、3）相同，而且两者地域相邻，据此推断他们属于同一考古学文化。为研究方便，可将之统称为后洼上层－细竹里二组文化。

　　后洼上层－细竹里二组文化代表性陶器可参见图三六，

（三）小珠山中层－堂山下层文化

　　堂山下层类型陶器器形以筒形罐为主，纹饰主要是刻划斜短线纹，与小珠山中层文化器形及纹饰相似，二者地域相邻，当属同一考古学文化。为研究方便，可统称为小珠山中层－堂山下层文化。至于见于堂山下层类型的圜底形陶器，应该是弓山文化向北传播的结果。

　　堂山下层类型分为早、中、晚三期。早期器形相对瘦高，筒腹较深，从口沿到腹部均有施纹，而且不见刻划纹与乳丁纹配合使用，与小珠山中层文化一期器形及纹饰相似，年代相当。中期，大量使用刻划纹与乳丁纹组成的复合纹饰，与小珠山中层文化二期纹饰特点相同，年代相当。晚期，器身变得矮胖，施纹面积减小，只在口沿部位施纹，与小珠山中层文化三期器形及纹饰相似，年代相当。

可见，堂山下层类型的早、中、晚三期与小珠山中层文化一、二、三期的年代相对应，从而小珠山中层–堂山下层文化亦可分为一、二、三、四期，即：

一期，包括小珠山中层文化一期、堂山下层类型早期，

二期，包括小珠山中层文化二期、堂山下层类型中期，

三期，包括小珠山中层文化三期、堂山下层类型晚期，

四期，包括小珠山中层文化四期。

小珠山中层–堂山下层文化分期情况可总结成表四，各期代表性陶器可参见图三七。

表四　小珠山中层–堂山下层文化分期对照表

		中国境内	朝鲜境内
小珠山中层–堂山下层文化	四期	小珠山中层文化四期	
	三期	小珠山中层文化三期	堂山下层类型晚期
	二期	小珠山中层文化二期	堂山下层类型中期
	一期	小珠山中层文化一期	堂山下层类型早期

（四）三堂一期–堂山上层文化

堂山上层类型以饰竖条堆纹的附加堆纹口沿罐为主要器形，此种器类也是三堂一期文化的典型性器物，而且两者地域相邻，当属同一考古学文化，可统称为三堂一期–堂山上层文化。

堂山上层类型分为早、晚两期，三堂一期文化分为早、中、晚两期。堂山上层类型的早期至晚期的变化为口沿外侧的附加堆纹由距口沿较远，上移与唇沿连为一体。早、晚两期的特征符合三堂一期文化早、中期特征，所以堂山上层类型的早期相当于三堂一期文化的早期，堂山上层类型的晚期相当于三堂一期文化的中期。

从而三堂一期–堂山上层文化亦可以分为早、中、晚两期，即：

早期，包括三堂一期文化早期、堂山上层类型早期，

中期，包括三堂一期文化中期、堂山上层类型晚期，

晚期，包括三堂一期文化晚期。

三堂一期－堂山上层文化的分期情况可总结成表五，各期代表性陶器可参见图三八。

表五　三堂一期－堂山上层文化分期对照表

		中国境内	朝鲜境内
三堂一期－堂山上层文化	晚期	三堂一期文化晚期	
	中期	三堂一期文化中期	堂山上层类型晚期
	早期	三堂一期文化早期	堂山上层类型早期

（五）小珠山上层文化

小珠山上层文化仅分布于中国境内，朝鲜境内没有发现与之对应的文化遗存。

（六）北沟－新岩里二组文化

新岩里二组类型以罐、壶为主要器形，纹饰特征一般都是腹中施一周附加堆纹，附加堆纹之上施各种刻划纹，而且以几何纹居多。这些特征完全符合北沟文化的陶器特征，而且两者地域相邻，所以说他们属于同一种考古学文化，可统称为北沟－新岩里二组文化。以北沟文化的分期为标准，北沟－新岩里二组文化也可以分为早、晚两期。

北沟－新岩里二组文化代表性陶器可参见图四〇。

通过中、朝境内考古学文化的划分，以及中、朝境内相同文化的整合研究，可将鸭绿江流域及辽东半岛沿岸地区的新石器时代遗存划分为 6 支考古学文化，分别为小珠山下层－美松里下层一组文化、后洼上层－细竹里二组文化、小珠山中层－堂山下层文化、三堂一期－堂山上层文化、小珠山上层文化、北沟－新岩里二组文化。

鸭绿江流域及辽东半岛黄海沿岸地区中、朝境内新石器文化对比及整合情况可参见表六。

表六　鸭绿江流域及辽东半岛黄海沿岸地区中、朝境内新石器文化整合情况表

	新石器文化	中国境内	朝鲜境内
一	小珠山下层－美松里下层一组文化	小珠山下层文化	美松里下层一组类型
二	后洼上层－细竹里二组文化	后洼上层文化	细竹里二组类型
三	小珠山中层－堂山下层文化	小珠山中层文化	堂山下层类型
四	三堂一期－堂山上层文化	三堂一期文化	堂山上层类型
五	小珠山上层文化	小珠山上层文化	
六	北沟－新岩里二组文化	北沟文化	新岩里二组类型

五、鸭绿江流域及辽东半岛黄海沿岸地区新石器文化的编年

（一）鸭绿江流域及辽东半岛黄海沿岸地区新石器文化的年代

1. 小珠山下层－美松里下层一组文化的年代

截至目前，关于或涉及小珠山下层－美松里下层一组文化的年代研究主要有四种意见，按照意见提出的先后顺序总结如下：

（一）许明纲认为小珠山下层遗存年代与新乐文化年代相当，约为 BP6000～7000 年[1]。

（二）许玉林认为"小珠山下层文化"年代应在 BP6500～7000 年左右，"后洼下层文化"稍晚于"小珠山下层文化"，年代约在 BP6000 年以上[2]。

（三）王嗣洲认为柳条沟东山遗存年代约为 BP7000 年，小珠山下层（T1⑤层除外）、北吴屯下层遗存约 BP6500 年，后洼下层、上马石Ⅲ区遗存约 BP6000 年[3]。

（四）赵宾福、王月前认为"小珠山下层文化"的年代约为 BC5000～4500

---

[1]　许明纲：《试论大连地区新石器和青铜文化》，《中国考古学第六次年会论文集》，第 50～66 页，1987 年。

[2]　许玉林：《辽东半岛新石器时代文化初探》，《考古学文化论集（二）》，文物出版社，1989 年 9 月，第 96～112 页。

[3]　王嗣洲：《辽东半岛新石器时代考古学文化谱系研究》，《史前研究 2000》，三秦出版社。

年，"后洼下层文化"的年代约为 BC4500~4000 年❶。

通过以上可以看出，已往研究认为小珠山下层－美松里下层一组文化的年代范畴在 BC5000~4000 之间。

目前属于小珠山下层－美松里下层一组文化的碳十四数据有 6 个，其中北吴屯 1 个，后洼 5 个，具体情况如表七所示。

表七　小珠山下层－美松里下层一组文化碳十四数据表

遗址名称	测定单位及材料	测定结果	树轮校正值
北吴屯	下层		BP6470±185
后洼	ⅣT1④下木炭	BP5560±180（BC3610） BP5400±180（BC3450）	BC4457~4003
	ⅡT9④下木炭	BP5600±110（BC3650） BP5440±110（BC3490）	BC4370~4159
	ⅡT18④下木炭	BP5525±120（BC3575） BP5370±120（BC3420）	BC4350~4040
	ⅢT4④下木炭	BP5515±90（BC3565） BP5360±90（BC3410）	BC4341~4042
	ⅡT17④下木炭	BP5410±150（BC3460） BP5260±150（BC3310）	BC4331~3828

这些碳十四数据反映出的小珠山下层－美松里下层一组文化的年代跨度在 BC4500~4000 年之间，与以往的研究结果相比有一点出入，以往的研究结果认为该文化的年代上限可早到 BC5000 年。通过笔者对该文化的分期，发现该文化三期之间联系比较紧密，并未有较大的年代缺环。既没有分期方面的支持，碳十四数据方面又没有反映，勉强将该文化上限从 BC4500 提至 BC5000 年，似乎很难令人信服，所以笔者认为该文化的碳十四数据反映的年代当为该文化的年代，即 BC4500~4000 年。

❶ a）赵宾福：《东北石器时代考古》，吉林大学出版社，2003 年 12 月，第 290、312 页；b）王月前：《鸭绿江右岸地区新石器遗存研究》，《中国历史博物馆考古部纪念文集》，科学出版社，2000 年，第 107~126 页。

2. 后洼上层 – 细竹里二组文化的年代

属于后洼上层 – 细竹里二组文化的碳十四数据目前有 6 个，其中小珠山 5 个，后洼 1 个，具体情况如表八所示。

小珠山遗址的数据年代跨度在 BC4800 ~ 3700 年之间，而后洼遗址的数据则与之偏差比较大，即 BC3000 左右。

后洼上层 – 细竹里二组文化年代晚于小珠山下层 – 美松里下层一组文化，早于小珠山中层 – 堂山下层文化。经前文分析，小珠山下层 – 美松里下层一组文化的年代范畴在 BC4500 ~ 4000，小珠山中层文化的年代范畴为 BC3500 ~ 3000 之间（详见下文），所以后洼上层 – 细竹里二组文化年代范畴应该在 BC4000 ~ 3500 年之间。

表八　后洼上层 – 细竹里二组文化碳十四数据表

遗址名称	测定单位及材料	测定结果	树轮校正值
小珠山	T4④房址下	BP5890 ± 150（BC3940） BP5720 ± 150（BC3770）	BC4780 ~ 4370
	T2④木炭	BP5810 ± 100（BC3860） BP5650 ± 100（BC3700）	BC4665 ~ 4360
	T2④木炭	BP5620 ± 110（BC3670） BP5460 ± 110（BC3510）	BC4454 ~ 4167
	T4④F 内	BP5270 ± 100（BC3320） BP5120 ± 100（BC3170）	BC4034 ~ 3788
	T1 西南 F 内木炭	BP5410 ± 300（BC3460） BP5260 ± 300（BC3310）	BC4452 ~ 3710
后洼	Ⅲ T9②木炭	BP4465 ± 90（BC2515） BP4340 ± 90（BC2390）	BC3091 ~ 2897

3. 小珠山中层 – 堂山下层文化的年代

以往有学者对 "小珠山中层文化" 的年代进行过探讨，许明纲认为其年代约为 BC4000 ~ 3000 年[1]，许玉林认为其年代约在 BC3000

---

[1]　许明纲：《试论大连地区新石器和青铜文化》，《中国考古学第六次年会论文集》，1987 年，第 50 ~ 66 页。

年❶或 BC3500 年左右❷，赵宾福认为其年代约为 BC4000 ~ 2500 年❸。

　　属于小珠山中层 – 堂山下层文化的碳十四数据目前有 3 个，分别来自于北吴屯、吴家村、郭家村遗址，详见表九。

　　这三个测定单位是小珠山中层 – 堂山下层文化早、中期单位，其测定的数据反映的应是该文化早、中的年代。在这三个数据中北吴屯上层和吴家村ⅡG1F1 的数据比较接近，而郭家村 T1 下 F2 木炭的测定数据偏差比较大，所以北吴屯上层和吴家村ⅡG1F1 的数据才应该代表该文化早、中期的年代，即 BC3500 ~ 3300 年之间。小珠山中层 – 堂山下层文化晚期器形及纹饰与中期的差别都不大，两者之间并没有太大的年代缺环，因而推测小珠山中层 – 堂山下层文化晚期的下限不会晚于 BC3000 年。从而推断整个小珠山中层 – 堂山下层文化的年代范畴应在 BC3500 ~ 3000 年之间。

　　笔者的研究结果完全落在以往研究结果的范围内，只是上限比以往的上限偏晚，下限比以往的下限偏早。上限比以往上限偏晚这并不奇怪，因为以往的"小珠山中层文化"包含着比本文的小珠山中层 – 堂山下层文化任何单位都早的珠山遗址第④层，所以小珠山中层 – 堂山下层文化的年代上限也必然相对偏晚。关于下限的年代不会晚过 BC3000 年前文已经做过说明，这里不再赘述。

表九　小珠山中层 – 堂山下层文化碳十四数据表

遗址名称	测定单位及材料	测定结果	树轮校正值
北吴屯	上层		BP5140 ± 120
吴家村	ⅡG1F1 木炭	BP4830 ± 100（BC2880） BP4690 ± 100（BC2740）	BC3627 ~ 3350
郭家村	T1 下 F2 木炭	BP4230 ± 100（BC2280） BP4110 ± 100（BC2160）	BC2883 ~ 2502

---

❶　许玉林：《论辽东半岛黄海沿岸新石器文化》，《博物馆研究》1992 年 2 期，第 78 ~ 87、55 页。

❷　许玉林：《辽东半岛新石器时代文化初探》，《考古学文化论集（二）》，文物出版社，1989 年 9 月，第 96 ~ 112 页。

❸　赵宾福：《东北石器时代考古》，吉林大学出版社，2003 年 12 月，第 286 ~ 327 页。

4. 三堂一期－堂山上层文化的年代

三堂一期－堂山上层文化的年代晚于小珠山中层－堂山下层文化，早于小珠山上层文化。三堂一期－堂山上层文化本身没有碳十四测定年代，但已知小珠山中层－堂山下层文化的年代约为 BC3500～3000，小珠山上层文化的年代约为 BC2500～2000 年（详见后文），因而推测三堂一期－堂山上层文化的年代不应超出 BC3000～2500 年的范围。

三堂一期－堂山上层文化与偏堡子文化面貌相似，年代应该较为接近。偏堡子文化的形成年代约为 BC3000 前后，并向后延续发展❶，三堂一期－堂山上层文化的年代也应当大致在这个年代范畴内，与本文认定的 BC3000～2500 基本吻合。

5. 小珠山上层文化的年代

以往研究也认为小珠山上层文化的年代在 BC2500～2000 年之间❷。

目前属于小珠山上层文化的碳十四数据有 7 个，其中南窑 1 个，上马石 2 个，郭家村 4 个，具体情况如表一〇所示。

综合这些数据，同时考虑到小珠山上层文化出有山东龙山文化遗物，与其年代接近，因而推测该文化的年代范畴应该在 BC2500～2000 年之间，与以往的研究结果也是吻合的。

表一〇　小珠山上层文化碳十四数据表

遗址名称	测定单位及材料	测定结果	树轮校正值
南窑	F 内②木炭	BP4220 ±300BC（2270） BP4100 ±300BC（2510）	BC3030～2209
上马石	Ⅰ T5④贝壳	BP4400 ±110（BC2450） BP4280 ±110（BC2330）	BC3032～2703
	Ⅰ T5④贝壳	BP4045 ±100（BC2095） BP3930 ±100（BC1980）	BC2577～2300

---

❶　赵宾福：《东北石器时代考古》，吉林大学出版社，2003 年 12 月，第 286～327 页。

❷　赵宾福：《东北石器时代考古》，吉林大学出版社，2003 年 12 月，第 286～327 页。

续表

遗址名称	测定单位及材料	测定结果	树轮校正值
郭家村	ⅡT5 上 F1	BP4180 ± 90（BC2230） BP4060 ± 90（BC2110）	BC2867 ~ 2481
	ⅡT9②碳化谷物	BP4110 ± 90（BC2160） BP3990 ± 90（BC2040）	BC2851 ~ 2457
	ⅡT9②木炭	BP4080 ± 70（BC2130） BP3960 ± 70（BC2010）	BC2577 ~ 2404
	T1②木炭	BP4020 ± 90（BC2070） BP3910 ± 90（BC1960）	BC2564 ~ 2288

6. 北沟 – 新岩里二组文化的年代

目前属于北沟 – 新岩里二组文化的碳十四年代数据有三个，均来自北沟西山遗址，即 BP4650 ± 100 年、BP4390 ± 150 年、BP4210 ± 110 年，另外考虑到其与小珠山上层文化基本上是同时并存的，所以推测其年代应该在 BC2500 ~ 2000 年之间。

（二）鸭绿江流域及辽东半岛黄海沿岸地区新石器文化的编年

通过以上 6 支考古学文化年代的确定，可初步建立鸭绿江流域及辽东半岛黄海沿岸地区新石器时代考古学文化的编年序列，总结为 6 个阶段：

第一阶段：以小珠山下层 – 美松里下层一组文化为代表，年代 BC4500 ~ 4000 年。

第二阶段：以后洼上层 – 细竹里二组文化为代表，年代 BC4000 ~ 3500 年。

第三阶段：以小珠山中层 – 堂山下层文化早、中期为代表，年代 BC3500 ~ 3300 年。

第四阶段：以小珠山中层 – 堂山下层文化晚期为代表，年代 BC3300 ~ 3300 年。

第五阶段：以三堂一期 – 堂山上层文化为代表，年代 BC3000 ~ 2500 年。

第六阶段：以小珠山上层文化、北沟 – 新岩里二组文化为代表，年代 BC2500 ~ 2000 年。

第三章　图们江流域及大彼得湾沿岸地区的新石器文化研究

一、地理范围与研究概况

(一) 地理范围

图们江❶位于中、朝、俄三国交界处，中上游是我国与朝鲜的界河段，下游是朝鲜与俄罗斯的界河段。其发源于长白山东麓的小白山，北依长白山脉，南临咸镜山脉，蜿蜒曲折，穿行于群山峻岭之间，最后注入日本海。主要支流从上游至下游依次为红旗河、西头水（朝）、延面水（朝）、城川水（朝）、会宁川（朝）、海兰河、布尔哈通河、嘎呀河、珲春河、五龙川（朝）等。整个水系覆盖了我国延边朝鲜族自治州的东南部，朝鲜两江道、咸镜北道的东北部，以及俄罗斯的大彼得湾（一译彼得大帝湾）地区。行政区划包括我国的和龙、龙井、图们、珲春四市，朝鲜的三池渊、白岩、延社、茂山、会宁、稳城、庆源、庆兴、雄基九郡，以及俄罗斯滨海南部的哈桑区、纳杰日金斯科耶区。

(二) 研究概况

图们江位于中、朝、俄三国临境的特殊地理位置，使得该地区的考古工作被分割成三个部分，即中国境内、朝鲜境内和俄罗斯境内。三国境内的考古工作基本上是独立进行。有鉴于此，在介绍该区的研究概况时，对这三部分分别加以介绍。

---

❶ 长白山天池旧称"图们泊"，满语"图们色禽"，图们，万也；色禽，河源也，意为天池是万水之源，图们江藉此得名。朝鲜称之为豆满江。

1. 中国境内

中国境内的考古工作始于 20 世纪 50 年代，当时发现了一批石器和陶器遗存，且几乎将所有这些遗存都归入了新石器时代范畴❶。以现在的视角看这些遗存❷，石器方面无法判定其是否属于新石器时代，陶器均为素面，不见任何纹饰，似乎属于青铜时代或更晚阶段的陶器。

从现有材料看，能够确认的、最早发现的新石器时代遗存，应该是 1972 年南团山遗址发掘出土的有纹陶片❸，这标志着当地新石器时代考古工作的开端。1979 年 7 月，金谷水库筑坝时发现了金谷新石器时代遗址，延边博物馆等于同年对其进行了抢救性清理❹，这是该地区中国境内新石器时代考古的第一次正式发掘。同年，延边文物普查时发现了兴城遗址❺。1983 ~ 1985 年，延边朝鲜族自治州进行了全州的文物普查，在复查已经明确了的新石器遗址基础上，又发现了一批新石器时代遗址❻。1986 年 8 月延边朝鲜族自治州博物馆对兴城遗址进行了抢救性清理和发掘，次年，吉林省文物考古研究所与延边朝鲜族自治州博物馆组成了联合考古发掘队对该遗址进行了大规模的考古发掘❼，清晰的层位关系、丰富的遗存都是该地区其他遗址无法比拟的，显示出了该遗址在该地区新石器时代考古的重要地位，可以说兴城遗址的发掘是当地新石器时代考古的一个里程碑。

---

❶　佟柱臣：《吉林省新石器文化的三种类型》，《考古》1957 年 3 期。

❷　白瑢基：《吉林延吉县龙井镇附近发现新石器时代遗址》，《考古通讯》1957 年 1 期，第 52 页；金万锡：《延边汪清县西崴子发现新石器时代遗址》，《考古通讯》1958 年 5 期，第 32 ~ 33 页。

❸　李云铎：《吉林珲春南团山、一松亭遗址调查》，《文物》1973 年 8 期，第 69 ~ 72、35 页。

❹　延边博物馆：《吉林省龙井县金谷新石器时代遗址清理简报》，《北方文物》1991 年 1 期，第 3 ~ 9、16 页。

❺　吉林省文物考古研究所：《和龙兴城遗址发掘》，《博物馆研究》1988 年 2 期，第 63、81 页。

❻　成果见于延边各县（市）文物志。

❼　a 吉林省文物考古研究所：《和龙兴城遗址发掘》，《博物馆研究》1988 年 2 期，第 63、81 页。
　　b 吉林省文物考古研究所、延边朝鲜族自治州博物馆：《和龙兴城——新石器时代及青铜时代遗址发掘报告》，文物出版社，2001 年 12 月。

1988 年在发掘珲春迎花南山遗址时发现了一个新石器时代灰坑❶。自此以后，再没有发现或发掘任何新的新石器时代遗址，新石器时代考古工作基本停滞。

截至目前，中国境内发现的新石器时代遗址主要有南团山、金谷早期、兴城、复兴参场、琵岩山、大苏二队、邮电局、西岗子、小孤山子、岐新六队、砖瓦厂、大墩台、长东、河龙村、东风、迎花南山等。主要遗址的分布见图一（78～93），发现与发掘情况可参见附表二。

中国境内的新石器时代遗存，只有南团山、金谷早期、兴城及迎花南山遗址经过发掘，其他遗址均未进行发掘且无详细报道，给本地的新石器研究带来了相当程度的困难。虽然如此，经过学者的不懈努力，还是取得了一定的成就，识别出来了兴城类型（包含兴城一、二期遗存）❷ 和金谷文化❸，但也存在一定的分歧。赵宾福认为兴城二期遗存与金谷遗存相同，二者属于同一考古学文化，即金谷文化❹；兴城一期遗存的文化面貌与金谷文化有所区别，其年代早于金谷文化，是图们江流域年代较早的另外一种新石器文化，将之称为兴城一期文化❺。吉林大学边疆考古研究中心硕士研究生贾珊亦提出与赵宾福相同的文化命名，不同的是她认为兴城二期遗存晚于金谷遗存，从而将金谷文化分为以金谷遗存为代表的早期和以兴城二期遗存为代表的晚期两个阶段❻。

2. 朝鲜境内

朝鲜境内的新石器考古工作开展的较早，1916 年日本学者就对罗津遗址

---

❶ 吉林省图珲铁路考古发掘队：《吉林珲春市迎花南山遗址、墓葬发掘》，《考古》1993 年 8 期，第 701～708 页。

❷ 吉林省文物考古研究所、延边朝鲜族自治州博物馆：《和龙兴城——新石器时代及青铜时代遗址发掘报告》，文物出版社，2001 年 12 月。

❸ 延边博物馆：《吉林省龙井县金谷新石器时代遗址清理简报》，《北方文物》1991 年 1 期，第 3～9、16 页。

❹ 赵宾福：《东北石器时代考古》，第 3845 页，吉林大学出版社，2003 年 12 月。

❺ 赵宾福：《中朝临境地区的古代文化——石器时代与青铜时代》，待刊。

❻ 贾珊：《图们江流域汉代以前的几种考古学文化及相关问题的研究》，吉林大学硕士毕业论文，2005 年。

进行过考古调查❶。20 世纪 30 年代日本学者对农浦里和元帅台遗址进行了调查和发掘❷。进入 50 年代，除农浦里遗址❸再次发掘之外，在图们江流域右岸和朝鲜东海岸一带进行了考古调查，又发现有包括新石器时代遗址在内的一批遗址，基本弄清了该区域的遗址分布情况，对日后的考古工作起到了方向性和指导性的作用❹。50 年代末 60 年代初，发掘茂山虎谷洞遗址时，在一期层中发现有新石器时代的遗存❺。60 年代发掘了西浦项遗址❻，该遗址遗存丰富，层位清晰，在当地的新石器时代文化研究乃至整个区域文化研究中起着至关重要的作用。

截至目前，朝鲜境内发现的新石器时代遗址有罗津、西浦项、龙坪里、农浦里、元帅台、黑狗峰、凤仪面、间坪、雄基邑、虎谷洞、松坪洞等。主要遗址的分布情况可见图一（69~77），发现与发掘情况参见附表二。

3. 俄罗斯境内

俄罗斯境内的新石器考古工作始于 1953 年 А. П. 奥克拉德尼科夫（А. П. Окладников）在格拉德卡亚河河口发现的扎伊桑诺夫卡－1 遗址（又称格拉德卡亚－1）。1954、1956 年 Т. И. 安德烈耶夫（Т. И. Андреев）对其进行了发掘❼，为扎伊桑诺夫卡文化的确立提供了最基本的材料。1955 年发现并发掘

---

❶　a 八木奘三郎：《朝鲜咸镜北道石器考》，东京，1938 年。
　　b 有光教一：《朝鲜栉目纹土器研究》，京都，1962 年，收录于《有光教一著作集》，1990年。

❷　横山将三郎：《关于油坂贝冢》，《小田先生颂寿纪念朝鲜论集》，1934 年，汉城。

❸　a 고고학연구실：《청진 농푸리 원시유적발굴》，《문화유산》1957-4.【考古学研究室：《清津农浦里原始遗址发掘》，《文化遗产》1957 年 4 号】

　　b 横山将三郎：《关于油坂贝冢》，《小田先生颂寿纪念朝鲜论集》，1934 年，汉城。

❹　화지딕：《두만강류역과 동해안일대의 유적조사》，《문화유산》1957-6.【黄基德：《豆满江流域和东海岸一带遗迹调查》，《文化遗产》1957 年 6 号】

❺　黄基德：《茂山虎谷洞原始遗址中间发掘报告》，《文化遗产》1960 年 1 期。
　　黄基德：《茂山虎谷洞遗址发掘报告》，《考古民俗论文集》6 辑，1975 年。

❻　金用玕、徐国泰：《西浦项原史遗迹发掘报告》，《考古民俗论文集》4 辑，1972 年。

❼　Т. И. 安德烈耶夫著　孟陶译：《在大彼得湾沿岸及其岛屿上发现的公元前第二至第一千年的遗迹》，《考古学报》1958 年 4 期，第 27~41 页。

了基罗夫斯基遗址。1959、1962 年又先后进行了两次发掘，除发现了与扎伊桑诺夫卡－1 遗址相类似的陶器外，还发现有附加堆纹口沿与刻划纹组合的陶器残片，据此有学者提出基罗夫斯基遗址早于扎伊桑诺夫卡－1 遗址。1959 年发现并发掘了奥列尼遗址，1960 年再次对其进行了发掘，不但发现了大批新石器时代遗存，更为重要的是发现了扎伊桑诺夫卡－1 遗址式陶器与基罗夫斯基遗址发现的附加堆纹口沿与刻划纹组合陶器的叠压关系，为两种遗存相对年代的判定提供了层位学方面的依据。之后，别列瓦尔遗址也发现了这两类遗存，椵下遗址则发现了比较单纯的附加堆纹口沿与刻划纹组合的陶器遗存。

进入 90 年代，博伊斯曼－2 遗址被发现，1991～1997 年进行了三次发掘，获得了一批与之前发现的、完全不同的新遗存，研究者将之命名为博伊斯曼文化。2000 年在格拉德卡亚－4、格沃兹杰沃－3 的发掘中也发现有该文化遗存。实际上博伊斯曼文化遗存早年在哈桑地区就有所发现，当时就有学者提出这是与扎伊桑诺夫卡文化不同的一种新的文化遗存，但是由于当时材料较少，而且缺乏系统性，所以并未提出文化的命名。

1997、1998 年扎伊桑诺夫卡－7 遗址的发掘，以及 2000 年格沃兹杰沃－4 和扎伊桑诺夫卡－7 的再次发掘，都在不断充实此前发现的文化遗存。

截至目前，俄罗斯境内笔者搜集到的新石器时代遗址有扎伊桑诺夫卡Ⅰ、基罗夫斯基、奥列尼、别列瓦尔、椵下、博伊斯曼－2、扎伊桑诺夫卡－7、格拉德卡亚－4、格沃兹杰沃－3、格沃兹杰沃－4、扎列奇耶－1、瓦连京地峡等。主要遗址的分布见图一（94～106），发现与发掘情况参见附表二。

二、中国境内各遗址材料的分析与考古学文化的划分

（一）典型遗址材料的分组

1. 迎花南山遗址

迎花南山遗址❶位于吉林省延边朝鲜族自治州珲春市凉水乡迎花村东南的山

---

❶ 吉林省图珲铁路考古发掘队：《吉林珲春市迎花南山遗址、墓葬发掘》，《考古》1993 年 8 期，第 701～708 页。

坳中。1988 年吉林省文物考古研究所、延边朝鲜族自治州博物馆、珲春市文管所组成的图珲铁路考古发掘队对该遗址和墓葬进行了抢救性发掘。发掘面积 380平方米，发现 4 座房址（F1～4），1 个灰坑（H1），3 个墓葬（M1～3）。其中只有 H1 属于新石器时代，其他遗存均属于青铜时代。

　　H1 出土的陶器有夹砂黄褐陶和灰褐陶两种，手制，火候较高。纹饰不见刻划纹，均为戳印纹，有小长方格纹、三角纹、枣核形纹及平行线纹（图五〇，1～4），往往是两种纹饰共同使用，组成复合的戳印纹。H1 出土的陶器纹饰风格一致，属于一个整体。

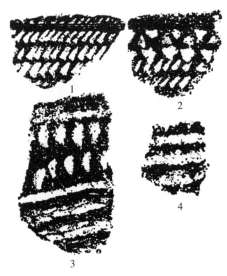

图五〇　迎花南山 H1 出土的陶器纹饰

2. 兴城遗址

　　兴城遗址位于吉林省延边朝鲜族自治州和龙县东城乡兴城村。1979 年延边文物普查时发现，1986 年延边博物馆进行了复查，并对破坏严重的部分实施抢救性清理❶，1987 年吉林省文物考古研究所、延边博物馆及和龙县文管所对其进

---

❶　《吉林省文物志》编委会：《和龙县文物志》，1984 年，第 11、12 页。

行了大规模的发掘❶。1986 年的清理开探方 5 个，发掘面积 100 平方米。1987 年的发掘分为 A、B 两个相邻的发掘区，A 区开探方 23 个，发掘面积 700 平方米；B 区开探方 16 个，发掘面积 500 平方米。

通过发掘得知，兴城遗址层位清晰，遗存丰富，含有新石器时代和青铜时代两个不同时期的遗存。由于本文研究时间范围的限定，仅就新石器时代遗存进行分析。

据《和龙兴城——新石器及青铜时代遗址发掘报告》得知，属于新石器时代的遗存有 87AF1、87AF3、87AF11、87AF14、87AF16、87AF17、87BF6、87BF7 等 8 座房址及遗址的第③层（仅存在 A 区的北半部）。以上诸单位之间有叠压或打破关系的单位可分为如下三组：

87AF11→87A 区第③层→87AF1

87AF17→87AF16

87BF6→87BF7

《和龙兴城——新石器及青铜时代遗址发掘报告》以层位关系，并结合各单位的陶、石器特征，将该遗址的新石器时代遗存分为早、晚两期，即兴城一期遗存和兴城二期遗存，其中兴城一期遗存又细分为早、晚两段。具体的期、段划分结果如下：

兴城一期早段：87AF1、87AF3

兴城一期晚段：87AF11、87BF7、87A 区第③层

兴城二期：87AF14、87AF16、87AF17、87BF6

观察报告兴城一、二两期及早、晚两段遗存，从他们发表的器物看，器形均以筒形罐为主，而且比较近似，纹饰均以椭圆形、长椭圆形纹为主（图五一，10～15、19～21、23～26），实可归入一个期别。

如果说这些新石器时代遗存之间年代上有所差别的话，主要表现在刻划人字纹（图五一，1、2）、菱形纹（图五一，3）、红陶钵（图五一，4）、刻划三角纹（图五一，5）、雷纹、涡纹（图五一，6、9）、双线内填篦点纹（图五一，7、

---

❶ a）吉林省文物考古研究所：《和龙兴城遗址发掘》，《博物馆研究》1988 年 2 期，第 63、81 页；b）吉林省文物考古研究所、延边朝鲜族自治州博物馆：《和龙兴城——新石器时代及青铜时代遗址发掘报告》，文物出版社，2001 年 12 月。

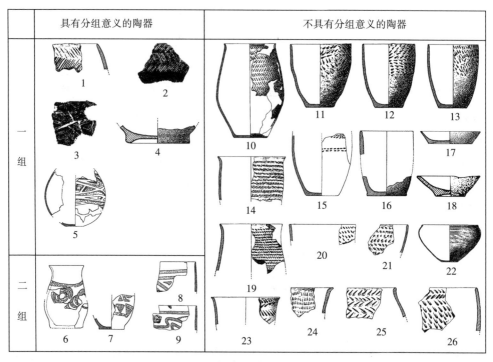

图五一 兴城遗址出土的两组陶器

1、2、4、24.87AF14 标：3、87AF14 标：1、87AF14 标：4、87AF14 标：12 3.87AF3 标：1
5.87BF7：6 6、7.87AF11：5、87AF11：10 8.87AF3 标：2 9.87AF11 堆标：3
10.87BF6：1 11.87AF14：2 12、13、18、20.87AF16：1、87AF16：8、87AF16：6、
87AF16 标：4 14.87AF16 堆标：1 15、16、21、22、25.87AF11：3、87AF11：11、
87AF11 标：1、87AF11：9、87AF11 标：4 17.87AF1：3 19.87AT2③ 标：1 23、
26.87AF1 堆标：1、87AF1 堆标：2

8）。据西浦项遗址的分组研究，可知刻划长线人字纹、菱形纹、刻划三角纹、雷纹的年代晚于涡纹、双线内填篦点纹的年代（详见后文）。以此为依据，可将该遗址具有年代差别的遗存分为一、二两组，一组以刻划长线人字纹、菱形纹、刻划三角纹、雷纹为代表（图五一，1~3、5），二组以涡纹、双线内填篦点纹为代表（图五一，6~9），一组早于二组。红陶钵的年代一般认为比较晚，暂将之归入二组。

兴城遗址出土的具有分组意义的一、二两组陶器及不具有分组意义的陶器可参见图五一。

3. 金谷早期遗址

金谷新石器时代遗址位于吉林省延边朝鲜族自治州龙井市（旧称龙井县）金谷水库西山上，在新石器遗址附近还发现有青铜时期的遗址和墓地❶，以及渤海时期的山城和墓葬❷等，为了便于区分，《吉林省龙井县金谷新石器时代遗址清理简报》将金谷新石器时代遗址称金谷早期遗址❸。

金谷早期遗址是在 1979 年 7 月修建金谷水库时发现的，同年和次年延边博物馆、延边文管会办公室及龙井县图书馆联合对该遗址进行了发掘❹。通过发掘得知，遗址地层堆积共分三层，第①和②层为扰土层和表土层，第③层为黑褐色黏土层。发现的遗迹有 6 座房址，皆开口于③层下，房址之间未见任何叠压或打破现象，只是 F5 南部偏西有一通道与 F6 相连。

F2：14 钵（图五二，9）与 F5：58 钵（图五二，13）均敛口，上腹略鼓下腹弧收，较为相似；F2：24 纺轮（图五二，18）与 F5：59 纺轮（图五二，19）截面均呈梯形，形态相似；所以说 F2 与 F5 陶器面貌相近。F3：4 罐（图五二，1）与 F5：51 罐（图五二，6）皆直口筒腹平底，点线纹下施刻划纹，面貌相近。F1：46 罐（图五二，7）器形及纹饰与 F5：51 罐（图五二，6）相似。F4：29 罐（图五二，2）的纹饰见于 F3：24 盆（图五二，8），可见 F1~F5 五座房址的陶器面貌相近。他们的平面形状皆呈圆角方形，形制相似。他们分布在面积不到 600 平方米的范围内，间距之小，而未见有任何的叠压或打破关系。综上所述可以推断 F1~F5 属于一个整体。F6 虽未发现陶器，无法与其他房址进行比较，但是 F5 南部偏西有一通道与 F6 相连，可知二者年代相当，从而可知 F1~F6 皆属于一个整体。另外该遗址的三个碳十四数据也十分接近，某种程度上也支持这种推断。所以笔者赞同报告所说的 6 座房址文化内涵相同、属于同一时期的说法。

---

❶ 延边博物馆：《金谷水库南山遗址试掘简报》，《博物馆研究》1985 年 3 期。

❷ 延边博物馆：《延吉德新金谷古墓葬清理简报》，《东北考古与历史》1982 年 1 期。

❸ 延边博物馆：《吉林省龙井县金谷新石器时代遗址清理简报》，《北方文物》1991 年 1 期，第 3~9、16 页。

❹ a)《吉林省文物志》编委会：《龙井县文物志》，1984 年，第 14~17 页；b) 延边博物馆：《吉林省龙井县金谷新石器时代遗址清理简报》，《北方文物》1991 年 1 期，第 3~9、16 页。

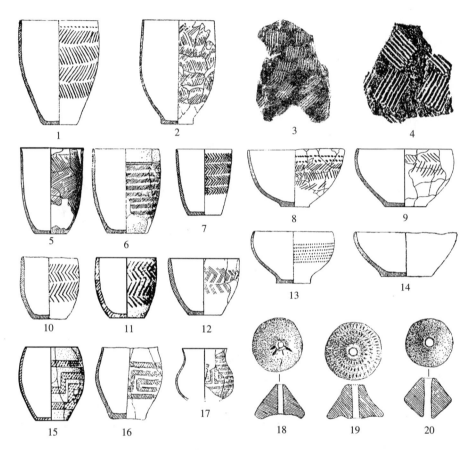

图五二　金谷遗址出土的陶器

1、8、10、14、16. F3：4、24、55、7、32　2. F4：29　3、4、5、11、15、17. 单位不详
6、13、19. F5：51、58、59　7、12. F1：46、30　9、18. F2：14、24　20. F6：3
注：从形态及纹饰分析，第 10 号器物与第 11 号器物很可能是一件器物，第 15 号器物与
第 16 号器物很可能是一件器物。他们来自不同的文章，一并收集。

　　还有一些陶器并未说明出土单位，如图五二，5 罐其与 F5：51 罐（图五二，
6）相似；图五二，17 罐上饰雷纹见于 F3：32 罐（图五二，16）；图五二，3、4
拓片纹饰见于 F1：30 碗（图五二，12）。他们与 F1～F6 出土陶器面貌相同，年
代也应相当。

　　综上所述，金谷早期遗址的全部遗存都属于一个时期。

　　金谷遗址陶器几乎都是夹砂陶，以褐陶为主，黑灰陶少见。除小型器物用手捏
制之外，多用泥圈叠筑法制成。器物种类有罐、盆、钵、碗、杯等。纹饰以刻划纹

为主，还见有刺点纹。刻划纹中以人字纹居多，其次是斜线纹，还见有雷纹。刺点纹一般呈线状分布。施纹部位均为腹中上部，口沿下及腹下近底处皆为素面。

4. 东风遗址

东风遗址❶位于吉林省延边朝鲜族自治州延吉市长白河乡东风村南的台地上。遗址东西长约 500 米，南北宽约 200 米。采集有纹饰陶片，纹饰有刻划平行斜线纹、短线纹、交叉弧线纹等（图五三，1~4）。

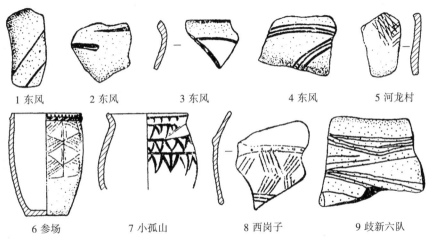

　1 东风　　2 东风　　3 东风　　　　4 东风　　　　5 河龙村

　6 参场　　　　7 小孤山　　　　8 西岗子　　　9 歧新六队

图五三　东风类型各遗址陶器（均为采集品）

（二）典型遗址材料的分段

以上探讨了诸典型遗址内部的陶器特征及分组情况，接下来讨论一下诸典型遗址之间或其诸组之间的年代关系，即典型遗址的分段问题。

通过兴城遗址新石器时代遗存的分组已经知道兴城一组早于兴城二组。

迎花南山 H1 陶器以小长方格纹、椭圆坑点纹为主，还有三角纹等，一般是几种戳印纹共施一器，组成复合纹饰，纹饰繁缛。其纹饰特点与博伊斯曼－2 二组陶器纹饰相似，年代相当。据博伊斯曼－2 遗址陶器分组（详见后文）可知，

---

❶ 侯莉闽：《吉林省延边新石器时代文化及初步研究》，《博物馆研究》1988 年 2 期，第 51~64 页。

在图们江流域长线人字形刻划纹陶的年代晚于繁缛的戳印纹年代，从而可以判断迎花南山 H1 的年代早于兴城二组。这样一来兴城一组与迎花南山 H1 都早于兴城二组，那兴城一组与迎花南山 H1 之间的年代关系又如何呢？观察兴城一组的陶器纹饰可知，其主要纹饰枣核形纹以及长枣核形纹，这种纹饰在兴城二组中也大量存在，说明兴城一、二组遗存是一脉相承的，彼此连接紧密，二者年代差距不大。而迎花南山 H1 的纹饰与兴城二组纹饰的差异则十分明显，显然二者之间有较大的年代缺环。据此推断迎花南山 H1 的年代要早于兴城一组。

金谷早期遗址常见纹饰是刻划细长线人字纹以及枣核形纹均见于兴城二组，据兴城遗址的发掘报告描述，在兴城二组时期含有一定数量的雷纹，雷纹在金谷遗址中也有发现，所以说金谷早期遗址的年代与兴城二组年代相当。

东风遗址陶器较少，而且缺乏完整器物，其同类陶器见于牡丹江流域的石灰厂下层❶和振兴遗址 H161❷。赵宾福把以石灰厂下层和振兴遗址 H161 为代表的遗存命名为石灰厂下层文化❸。石灰厂下层文化陶器均侈口，多数口沿外侧施一周附加堆纹，附加堆纹呈锯齿花边状，器身流行刻划平行线纹及其组成的几何图案，平行线往往成组分布，且呈弧线形。这种罐的口沿形态与本地青铜时代花边口沿罐较为相似，应该是青铜时代花边口沿罐的前身，是新石器时代向青铜时代过度的一种文化遗存，属于新石器时代的最晚阶段。东风遗址出土陶器纹饰与石灰厂下层文化的陶器纹饰极为相似，年代接近，也应是新石器时代最晚阶段的遗存。

通过典型遗址及诸组之间的比较，可以将图们江流域中国境内的新石器时代典型遗址出土材料大致划分为四个发展阶段，即：

第 I 段：迎花南山 H1；

第 II 段：兴城一组；

第 III 段：兴城二组和金谷早期遗址；

第 IV 段：东风遗址。

以上 4 个典型遗址的分段情况可参见表一一。

---

❶ 牡丹江市文物管理站：《黑龙江省宁安县石灰厂遗址》，《北方文物》1990 年 2 期，第 3～10 页。

❷ 黑龙江省文物考古研究所：《河口与振兴——牡丹江流域莲花水库发掘报告（一）》，科学出版社，2001 年。

❸ 赵宾福：《东北石器时代考古》，吉林大学出版社，2003 年 12 月。

表一一　图们江流域中国境内诸遗址材料分组、分段表

遗址＼分期	迎花南山 H1 类型	金谷文化		东风类型
		兴城一期	金谷期	
	Ⅰ 段	Ⅱ 段	Ⅲ 段	Ⅳ 段
典型遗址 迎花南山	迎花南山 H1			
兴城		兴城一组	兴城二组	
金谷			金谷	
东风				东风
一般遗址 大墩台		√	√	
砖瓦厂		√	√	
长东		√	√	
琵岩山		√	√	
歧新六队		√	√	√
河龙村		√	√	√
大苏二队			√	
邮电局			√	
南团山			√	
参场				√
小孤山				√
西岗子				√

各段特征总结如下：

第Ⅰ段，未见完整陶器，只见残片。纹饰不见刻划纹，只见戳印纹。有戳印的小长方格纹、椭圆形纹（枣核形纹）、三角纹等，纹饰紧密工整，这几种纹饰往往配合使用组成复合纹饰。

第Ⅱ段，以筒形罐为主，亦见有一定数量的鼓腹罐。纹饰以戳印的椭圆形纹（枣核形纹）及戳划的长枣核形纹为主，有的长枣核形纹组成人字纹形，纹饰线条较粗，还有一定数量的涡旋纹、刻划双线三角纹和菱形纹，双线内填斜线篦点。

第Ⅲ段，器形仍然以筒形罐为主，当然也有鼓腹罐，出现了大量的碗。纹饰

除了第 Ⅱ 段的枣核形纹、长枣核形纹继续使用外，出现了大量的细长线形人字形刻划纹，涡旋纹消失，雷纹开始流行。

第Ⅳ段：器形以附加堆纹口沿罐为主，纹饰主要为刻划长线组成的几何纹，有平行线、交叉线、弧线等，线条往往成组分布。

（三）一般遗址材料所属段别的确定

1. 大敦台遗址

大敦台遗址❶位于吉林省延边朝鲜族自治州延吉市兴安乡东。遗址东西长约 400 米，南北宽约 200 米。包含新石器时代和铁器时代两个不同时期的遗存。

该遗址暴露出一座半地穴式房址，居住面上出土的纹饰陶片均为夹砂红褐陶，手制，火候较低。纹饰有篦点人字形纹、点线纹及涡纹。

其中涡纹（图五四，15）见于兴城一组，所以大墩台遗址涡纹的年代应与兴城一组年代相当，所属段别与之相同。篦点人字纹（图五四，4）与刻划人字纹共见于莺歌岭下层❷，可知篦点人字纹的年代与刻划人字纹的年代接近，而刻划人字纹是金谷遗址常见纹饰，亦见于兴城二组，所以大墩台遗址出土的篦点人字纹的年代应与金谷遗址和兴城二组年代接近，所属段别与之相同。点线纹（图五四，16）在兴城一组及兴城二组都有发现，所以很难进一步判定其所属段别。

2. 砖瓦厂遗址

砖瓦厂遗址❸位于吉林省延边朝鲜族自治州延吉市的延边建筑材料厂西北的山丘上，山丘顶部有一个砖瓦厂专用水塔，遗址因而得名。

---

❶ 《吉林省文物志》编委会：《延吉市文物志》，1985 年，第 22、23 页；侯莉闽：《吉林省延边新石器时代文化及初步研究》，《博物馆研究》1988 年 2 期，第 51～64 页。

❷ 黑龙江省文物考古工作队：《黑龙江宁安县莺歌岭遗址》，《考古》1981 年 6 期，第 481～491 页。

❸ 《吉林省文物志》编委会：《延吉市文物志》，1985 年，第 16～22 页；侯莉闽：《吉林省延边新石器时代文化及初步研究》，《博物馆研究》1988 年 2 期，第 51～64 页。

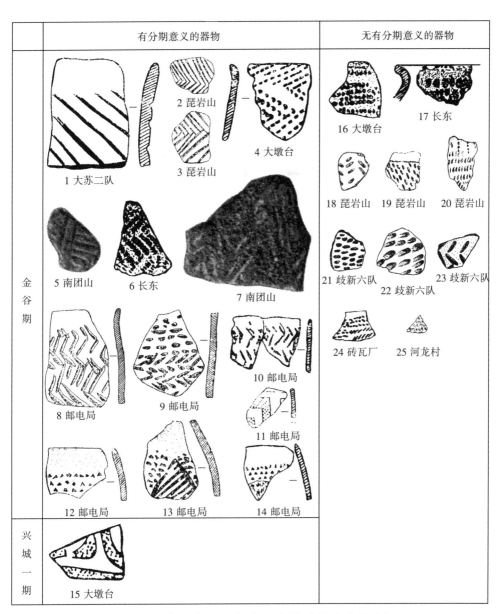

图五四　金谷文化一般遗址陶器（均为采集品）

　　水塔附近发现有黑曜石石片和纹饰陶片，纹饰陶片呈红褐色，手制。纹饰为枣核纹和长枣核形纹（图五四，24），这种纹饰在兴城一、二组都有发现，所以无法进一步判定其所属段别。

3. 长东遗址

长东遗址❶位于吉林省延边朝鲜族自治州延吉市长白乡长东村东山屯南山丘的西坡。采集的纹饰陶片上饰有点线纹和点线人字纹。通过大墩台遗址陶器分析已经知道，点线人字纹（图五四，6）的年代与金谷遗址年代相当，所属段别相同，点线纹（图五四，17）在兴城一、二组都有发现，无法进一步判定其所属段别。

4. 琵岩山遗址

琵岩山遗址❷位于吉林省延边朝鲜族自治州龙井市光新乡琵岩山顶峰西侧坡地上。遗址南北长约 35 米，东西宽约 25 米。由于遗址坡度较大，水土流失严重，使得遗址遭受到严重破坏，较多遗物裸露在地表上。采集的有纹陶片，上施刻划人字纹、椭圆形窝纹等。

刻划人字纹刻划线细长（图五四，2、3），与金谷遗址陶器纹饰相似，年代相当，与之段别相同。椭圆形纹或长椭圆形纹（图五四，18、19、20）在兴城一、二组都有发现，无法进一步判定其所属段别。

5. 岐新六队遗址

岐新六队遗址❸位于吉林省延边朝鲜族自治州图们市月晴乡岐新六队西南的小山坡上。南北长约 150 米，东西宽约 100 米。

采集的有纹陶片上饰枣核形坑点纹、长枣核形人字纹、刻划长线交叉纹等。其中枣核形坑点纹、长枣核人字纹（图五四，21～23）在兴城一、二组遗存都有发现，无法进一步判定其所属段别。刻划长线交叉纹（图五三，9）与东风遗址陶器纹饰风格相似，年代接近，所属段别相同。

---

❶ 《吉林省文物志》编委会：《延吉市文物志》，1985 年，第 23、24 页；侯莉闽：《吉林省延边新石器时代文化及初步研究》，《博物馆研究》1988 年 2 期，第 51～64 页。

❷ 《吉林省文物志》编委会：《龙井县文物志》，1984 年，第 17 页；侯莉闽：《吉林省延边新石器时代文化及初步研究》，《博物馆研究》1988 年 2 期，第 51～64 页。

❸ 《吉林省文物志》编委会：《图们市文物志》，1985 年，第 14～16 页；侯莉闽：《吉林省延边新石器时代文化及初步研究》，《博物馆研究》1988 年 2 期，第 51～64 页。

6. 河龙村遗址

河龙村遗址❶位于吉林省延边朝鲜族自治州延吉市长白河乡河龙村七队东南的山坡耕地中。遗址东西长约 150 米，南北宽约 50 米。采集到的纹饰陶片施刻划网格纹和戳印的椭圆形坑点纹。椭圆形坑点纹（图五四，25）在兴城一、二组均有发现，无法进一步判定其所属段别。刻划长线网格纹（图五三，5）与东风遗址纹饰风格相似，年代接近，所属段别也应与之相同。

7. 大苏二队遗址

大苏二队遗址❷位于吉林省延边朝鲜族自治州龙井市富裕乡大苏村小学校西北 100 米处。已遭到严重破坏，现存面积约为 60 平方米。采集到的有纹陶片，上施刻划斜线纹（图五四，1）。其刻纹细长，与金谷遗址陶器纹饰相似，年代相当，与之段别相同。

8. 邮电局遗址

邮电局遗址❸位于吉林省延边朝鲜族自治州龙井市三合乡邮电局西南山岗的东坡上。遗址南北长约 50 米，东西宽约 10 米。

依据遗址断面可以看出，该遗址地层堆积分为两层，第①层表土，第②层黑褐土，第②层下即为生土。

第②层见有夹砂纹饰陶片和黑曜石石器。纹饰有枣核形纹、长枣核组成的人字纹、三角纹、三角形内填平行斜线纹、指甲纹、雷纹等（图五四，8~14），纹饰多施于腹部，口沿及近底处往往有一段素面。这些纹饰均见于同一层位，当属同时。

该遗址的雷纹（图五四，11）见于金谷遗址和兴城二组，所以邮电局遗址

---

❶ 《吉林省文物志》编委会：《延吉市文物志》，1985 年，第 28、29 页；侯莉闽：《吉林省延边新石器时代文化及初步研究》，《博物馆研究》1988 年 2 期，第 51~64 页。

❷ 《吉林省文物志》编委会：《龙井县文物志》，1984 年，第 18 页；侯莉闽：《吉林省延边新石器时代文化及初步研究》，《博物馆研究》1988 年 2 期，第 51~64 页。

❸ 《吉林省文物志》编委会：《龙井县文物志》，1984 年，第 18~20 页；侯莉闽：《吉林省延边新石器时代文化及初步研究》，《博物馆研究》1988 年 2 期，第 51~64 页。

陶器的年代应与金谷遗址和兴城二组相当，所属段别也应与之相同。

9. 南团山遗址

南团山遗址❶（又称团山子遗址、大六道沟遗址）位于吉林省延边延边朝鲜族自治州珲春市大六道沟屯东南的南团山上。1972 年试掘，1973 年进行了正式发掘。据现有材料可知，该遗址包含新石器时代和青铜时代两种不同时期的文化遗存，即以 72T4 内的居住面为代表的新石器时代文化遗存和以 1973 年发掘的 6 座房址为代表的青铜时代遗存。

72T4 居住面上出土的陶器残片上饰刻划人字纹、叶脉纹、坑点纹。刻划人字纹（图五四，7）与金谷遗址陶器纹饰相似，年代相当，所以南团山 72T4 居址年代所属段别与金谷遗址相同。

10. 参场遗址

参场遗址❷位于吉林省延边朝鲜族自治州汪清县复兴镇西北的复兴参场。见有一件完整筒形罐，为夹砂黑褐陶，手制，口微侈，尖唇，平底。口沿外侧施一周附加堆纹，其上施一圈篦点纹，其下至腹中部饰有成组对称的三角形，三角纹之间用竖直线隔开，三角形内填篦点平行斜线纹（图五三，6），从其口沿施附加堆纹与腹部施刻划集合纹的组合特征看，与东风遗址类型的陶器相似，年代相当，所属段别也应相同。

11. 小孤山遗址

小孤山遗址❸位于吉林省延边朝鲜族自治州图们市凉水乡东南的小孤山上。

---

❶ a) 李云铎：《吉林珲春南团山、一松亭遗迹调查》，《文物》1973 年 8 期；b)《吉林省文物志》编委会：《珲春县文物志》，1984 年，第 15 ~ 17 页；c) 侯莉闽：《吉林省延边新石器时代文化及初步研究》，《博物馆研究》1988 年 2 期，第 51 ~ 64 页。

❷ a)《吉林省文物志》编委会：《汪清县文物志》，1983 年，第 13 ~ 14 页；b) 延边朝鲜族自治州博物馆：《吉林汪清考古调查》，《北方文物》1985 年 4 期，第 2 ~ 11 页；c) 侯莉闽：《吉林省延边新石器时代文化及初步研究》，《博物馆研究》1988 年 2 期，第 51 ~ 64 页。

❸ a)《吉林省文物志》编委会：《珲春县文物志》，1984 年，第 22、23 页；b) 侯莉闽：《吉林省延边新石器时代文化及初步研究》，《博物馆研究》1988 年 2 期，第 51 ~ 64 页。

采集有一件鼓腹罐，腹部饰几何纹（图五三，7），其纹饰风格与东风遗址纹饰风格相似，年代接近，所属段别也应与之相同。

12. 西岗子遗址

西岗子遗址❶位于吉林省延边朝鲜族自治州图们市密江乡西南的台地上。采集到一件陶器腹片，上部施附加堆纹，其上施圆圈纹，下部刻划三条弦纹，附加堆纹和弦纹之间刻划五条一组的人字形几何纹（图五三，8）。在当地这种附加堆纹与刻划几何纹共同使用的风格仅见于东风类型的陶器遗存，年代应该较为接近，所属段别相同。

一般遗址所属段别情况可参见表一一。

（三）诸遗址材料的分段

通过对图们江流域中国境内的新石器时代典型遗址分组与分段，以及一般遗址所属段别的判定，将当地所出新石器时代文化遗存划分为四段，具体情况见表一一。

观察四段陶器器形及纹饰，发现他们之间亲疏有别，具体情况如下。

第Ⅰ段，虽然未见完整器形，但其纹饰特点鲜明，只有戳印纹，不见刻划纹，纹饰主要是戳印的小长方格纹、椭圆形纹、三角纹等，戳印密集，整齐工整，而且很少单独使用，往往是几种纹饰共施一器组成复合纹饰，这种类型的纹饰及纹饰组合在其他各段不见。

第Ⅱ、Ⅲ段，他们共性特征十分明显，器形都以筒形罐为主，都有一定数量的鼓腹罐，纹饰都以椭圆形纹、长椭圆形纹以及长椭圆形构成的人字纹为主。可见两段之间衔接紧密，并无大的年代缺环。两段稍显不同的是第Ⅱ段还有涡旋纹、双线内填斜线篦点，而第Ⅲ段涡旋纹消失，雷纹、刻划双线三角纹和菱形纹开始流行。

第Ⅳ段，器形以侈口罐为主，口沿外侧饰一周附加堆纹，器身刻划长线构成的各种几何纹。可以看出，该段无论器形还是纹饰都与第Ⅱ、Ⅲ段遗存

---

❶　a)《吉林省文物志》编委会：《珲春县文物志》，1984年，第23、24页；b) 侯莉闽：《吉林省延边新石器时代文化及初步研究》，《博物馆研究》1988年2期，第51~64页。

有着明显差别。

（四）考古学文化的划分与分期

1. 迎花南山 H1 类型

属于该类型的遗存为第 I 段遗存，目前仅发现有迎花南山 H1。在本地的新石器时代遗存中，其陶器纹饰独特，是目前发现的最早的新石器时代文化遗存。但是由于其发现数量较少，整个文化面貌还不是非常清楚，尚不宜以文化冠名，暂将之称为迎花南山 H1 类型。

迎花南山 H1 类型代表性陶器可参见图五五。

2. 金谷文化

属于该文化的遗存为第 II、III 段遗存，以兴城一组、兴城二组和金谷早期遗址出土的遗存为代表，另外大墩台、砖瓦场、长东、琵岩山、歧新六队、河龙村、大苏二队、邮电局、南团山等遗址也有发现，具有一定的分布范围。陶器以椭圆形、长椭圆形、长椭圆人字纹、细线人字纹筒形罐为主要器形，还有一定数量的涡纹、雷纹鼓腹罐等，陶器特征鲜明，是本地新石器遗存中发现遗址最多、文化面貌最完整的遗存。

关于该文化名称问题。金谷遗址发现最早，而且提出了金谷文化的命名，后来发现的遗存更为丰富的兴城一、二组遗存是对金谷文化的丰富，其最大贡献是找到了该文化早期阶段的遗存，为该文化的分期作出了贡献。依据考古学文化命名的原则，笔者赞同将该文化称为金谷文化。

金谷文化包含的第 II、III 两段遗存可作为该文化的早、晚两期。早期，以兴城一组为代表，另外在大墩台、砖瓦场、长东、琵岩山、歧新六队、河龙村等遗址也有发现。晚期，以兴城二组、金谷早期遗址为代表，另外在大墩台、砖瓦场、长东、琵岩山、歧新六队、河龙村、大苏二队、邮电局、南团山等遗址也有发现。

金谷文化代表性陶器可参见图五六。

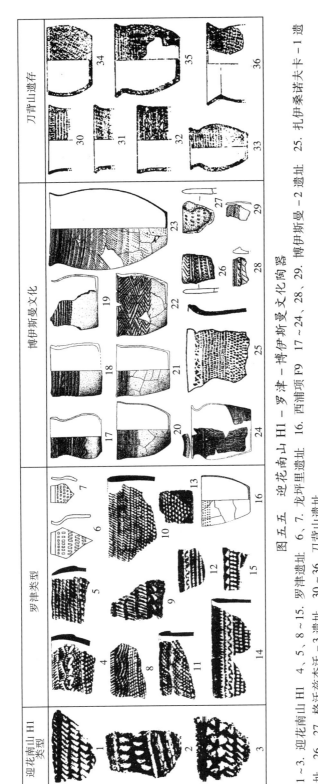

图五五 迎花南山 H1－罗津－博伊斯曼文化陶器

1～3. 迎花南山 H1　4、5、8～15. 罗津遗址　6、7. 龙坪里遗址　16. 西浦项 F9　17～24、28、29. 博伊斯曼－2 遗址　25. 扎伊桑诺夫卡－1 遗址　26、27. 格沃兹杰沃－3 遗址　30～36. 刀背山遗址

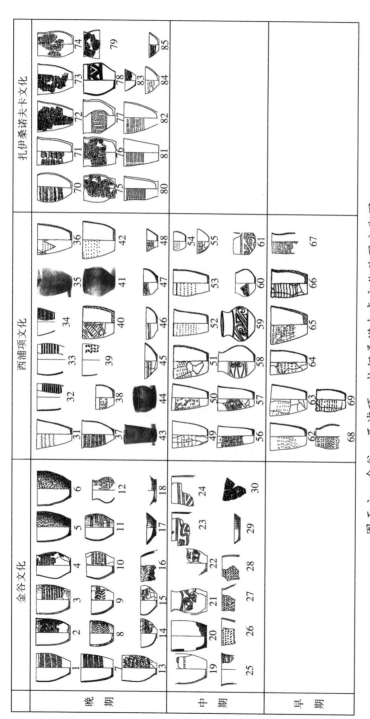

图五六　金谷－西浦项－扎伊桑诺夫卡文化陶器分期图

1、10、14. 金F3：4、32、24　2、8、11、12. 金单位不详　3. 金F5：51　4. 兴87BF6：1　5. 兴87AF16：1　6. 兴87AF14：2　7、9. 金F1：46、30　13. 金F2：14　16、18. 兴87AF16：6　19、20、21、22. 兴87AF11：3、11、5、10　23、30. 兴87AF11堆标：3、2　24. 兴87AF1标：2　25、28. 兴87AF1标：7、4　29. 兴87AF1：3　31、37、45、46. 西Ⅳ期层堆积层　32、33、34、39. 农　35、41、43、44. 元　36. 西F22　38. 西Ⅲ期层堆积层　40、47. 西F15　42、48. 西F11　49、51、55、58. 西F8　52、53、59. 西Ⅲ期层堆积层　54. F28　60、61. 西F27　62、63. 西F13　64、67、68、69. 西F19　70、71、77、78、80～85. 扎－1　72～76、79. 扎－7　65. 西Ⅱ期层堆积层　66. 西F17　注："金"指金谷，"兴"指兴城，"西"指西浦项，"农"指农浦里，"元"指元帅台，"扎"指扎伊桑诺夫卡

3. 东风类型

属于该类型的遗存为第Ⅳ段遗存，目前发现的遗址有东风、歧新六队、河龙村、参场、小孤山、西岗子，有一定的分布范围，以刻划几何纹的附加堆纹口沿侈口罐为主要器形，陶器风格迥异，但是由于发现的遗物很少，而且所有遗址均未进行过发掘，文化面貌还不是十分清楚，暂时不宜以文化冠名，暂称为东风类型。

东风类型代表性陶器可参见图五七。

三、朝鲜境内各遗址材料的分析与考古学文化的划分

（一）典型遗址材料的分组

1. 罗津遗址

罗津遗址位于朝鲜咸镜北道庆兴郡新安面罗津里，1916 年调查发现❶。陶器口沿有直、敛之分，有的口沿外侧经过加厚处理形成厚唇。纹饰有戳印的小长方格纹、椭圆形纹、篦点纹、短条线纹、鱼鳞纹、三角纹等，一件器物往往施有两种或两种以上的纹饰图案，排列紧密有序（图五八）。

目前罗津遗址所见的全部陶器纹饰风格相同、施纹方法一致，部分日本学者和赵宾福都认为罗津遗址的全部遗存属于一个整体❷，笔者赞同这种观点。

2. 西浦项遗址

西浦项遗址位于朝鲜咸镜北道雄基郡屈浦里，1947 年首次发现❸，1960 ~

---

❶ a）八木奘三郎：《朝鲜咸镜北道石器考》，东京，1938 年；b）有光教一：《朝鲜栉目纹土器研究》，京都，1962 年，收录于《有光教一著作集》，1990 年。

❷ a）佐藤达夫：《朝鲜有纹土器的变迁》，《考古学杂志》，1963 年第 48 卷 3 号；b）大贯静夫：《东北亚洲中的中国东北地区原始文化》，《庆祝苏秉琦考古五十五年论文集》，文物出版社，1989 年；c）赵宾福：《中朝临境地区的古代文化——石器时代与青铜时代》，待刊。

❸ 白宏基：《东北亚平底土器研究》，学研文化社，1994 年 7 月。

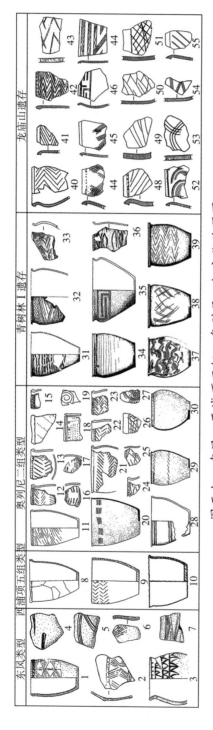

图五七　东风－西浦项五组－奥列尼二组文化陶器图

1. 参场　2. 西岗子　3. 小孤山　4、5. 东风　6. 河龙村　7. 东风　10. 西浦项 F16　11. 奥列尼 F11a　12. 奥列尼 F14a　13. 奥列尼 F96　14、18. 基罗夫斯基　15、16、17、25. 西浦项 F7　19、21、27. 极下房址内　20. 奥列尼 F10a　22、24、28. 奥列尼 F46　23. 奥列尼 F17　26. 瓦连京地峡　29、30. 奥列尼 F23　31～33、35、36. 列季霍夫卡　34、37～39. 青树林 I　40、41、47、50、54、55. 龙庙山　42. 沟里房　43、44、45、51、52. 二百户　46、49. 光明　48. 南山西　53. 参园

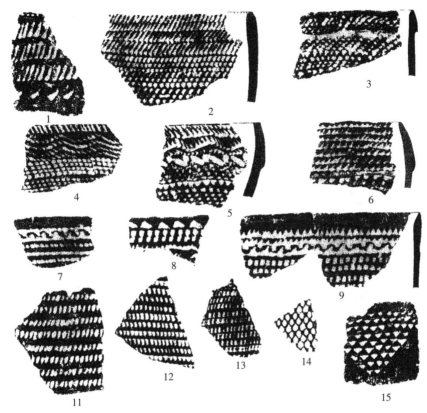

图五八　罗津遗址出土的新石器时代陶器（均未标明出土单位）

1964 年进行了调查和发掘❶，发掘面积共计 674.5 平方米，发现的遗迹有新石器时代房址 21 座，青铜时代房址 9 座，还有 2 处铁器时代古墓。遗址堆积较厚，层位清晰，遗存丰富，对朝鲜东北部乃至整个朝鲜半岛的考古学研究，尤其是新石器时代的考古学研究有着重要意义。

　　该遗址发现的 21 座新石器时代房址，有叠压或打破关系的为：F7→F18→F8→F17→F9。发掘者根据遗迹之间的层位关系，并结合器物形态的比较研究，认为 F3、F19、F23 应和 F17 属同一时期，F12、F13、F20、F26~30 应和 F8 属

❶　김용간 서국태 .< 서포항 원시유적 발굴보고 >,< 고고민속론문집 >1972 년 4 집 ,31–145 쪽 ,
　　사회과학출【金勇玕、徐国泰：《西浦项原始遗址发掘报告》，《考古民俗论文集》1972 年
　　4 集，社会科学出版社。】

同一时期，F11、F15、F21、F22 应和 F18 属同一时期，F16 应和 F7 属于同一时期。这样，连同 F9 在内，该遗址的新石器时代遗存自早至晚可分为五期：

一期：F9；

二期：F3、F17、F19、F23；

三期：F8、F12、F13、F20、F26~30；

四期：F11、F15、F18、F21、F22；

五期：F7、F16。

为行文方便，这里将一、二、三、四、五期分别称为一、二、三、四、五组。各组陶器特征可概括为：

一组，陶器均为夹砂陶，有的胎土中掺有贝壳粉，呈黑褐色。器类单一，只有罐一种，器身矮胖，平底，大致分两型，一型直口微弧腹，一型敛口微鼓腹。纹饰均为戳印的椭圆形纹和小长方格纹，施于口沿外侧或至器身上部，器身下半部分为素面。构图分单一纹饰和简单的复合纹两种，均呈条带状分布。

二组，陶器的质地和颜色与一组基本相同，但器类和纹饰却呈现出了多样性的特点。器类有直腹筒形罐、鼓腹罐，器形与一组相比，由矮胖变得瘦高。纹饰以戳印的椭圆形组成的点线纹为主，其次为长椭圆形人字纹，还见有极少量的菱形纹、短条纹。施纹面积扩大，单独口部施纹的器物几乎不见，多数器物施纹从口沿一直到器物腹部，甚至有些器物口沿不施纹，只在腹部施纹，器身下半部分仍为素面。

三组，陶器胎土依然以夹砂陶为主，但出现了泥质陶，或在胎土中掺细沙。器形主要是筒形罐、碗和鼓腹罐。特别需要提出的是螺旋纹装饰的短颈鼓腹罐，其质地异常坚硬，前所未见。纹饰方面除继承了二组原有纹饰外，刻划纹的数量剧增，已占据主导地位，刻划菱形纹及螺旋纹较有特点，部分器物口沿下出现了附加堆纹。器物口沿几乎不施纹，纹饰都集中于器物的中部，近底部为素面。

四组，陶器在胎质和颜色方面都与前几组相似，器形有直口筒形罐、碗、钵、杯等，筒形罐有的呈大弧腹、侈口状。刻划纹是这一时期的基本纹饰，其中三角纹、雷纹首次出现，还出现了红衣陶、附加堆纹陶和素面陶器。

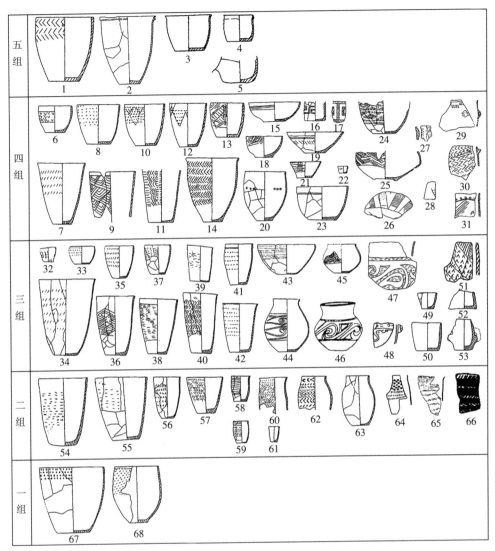

图五九　西潴项遗址出土的五组新石器时代陶器

1、2. F7　3～5. F16　6、20、24. F18　7、9、10、14、15、19、25、27、29、30、31. Ⅳ期层堆积层　8、16、17、21、28. F11　11、12、22、23. F22　13、18. F15　26. F21　32、41、42、46、51. Ⅲ期层堆积层　33. F28　34、35、37、43、44、50、53. F26　36、38、40、48、52. F8　39. F30　45、47. F27　49. F29　54、55. F13，很可能是 F3 或 F23。（报告图十七所有器物都应该是Ⅱ期层遗物，然而这两件器物则标记出自 F13，F13 应该属于Ⅲ期层，两者相矛盾，笔者猜测推测 F13 很可能是 F3 或者 F23 的笔误，理由如下。一是报告发表器物图都是按照各期层发表的互不混淆，不可能一张图里含有两个期层的遗物；二是图十七标记为Ⅱ期层的器物图，图十七内除这两件器物外其他的都可以确定属于Ⅱ期层，那么可以确定图十七发表的应该是Ⅱ期层遗物；三是Ⅱ期层里包含的单位有 F3 和 F23，F13 与 F3 及 F23 仅有一字之差，这样很有理由相信 F13 是 F3 或者 F23 笔误。）　56、59、60、62（F17）　57、64～66（Ⅱ期层堆积层）　58（F19）　61（F3）　63（F23）　67（F9）　68（Ⅰ期层堆积层）

五组，筒形罐衰落，口沿外侧施一周附加堆纹的侈口罐开始流行。随着筒形罐的衰落，陶器纹饰也呈现衰落的趋势，以素面为主，施纹者较少。

西浦项五组陶器可参见图五九。

3. 典型遗址材料的分段

上面分析了罗津和西浦项两个典型遗址材料的内部分组问题，接下来将两者进行比较，并统一进行分段。

曾经有学者指出罗津遗址陶器与西浦项一、二组遗存比较接近[1]，年代介于二者之间[2]，更有学者进一步指出罗津遗址陶器可划到西浦项一组之内[3]。西浦项一组纹饰为小长方格纹和椭圆形纹，西浦项二组纹饰主要是椭圆形或长椭圆形坑点纹，罗津遗址陶器纹饰主要为小长方格纹、椭圆形纹、鱼鳞纹、箆点纹、短条线纹等。可见纹饰方面罗津遗存与西浦项一组遗存较为接近，年代相同。

这样，图们江流域朝鲜境内的新石器时代典型遗址材料可并合为五段，即：

Ⅰ段：西浦项一组、罗津遗址出土的新石器遗存；

Ⅱ段：西浦项二组；

Ⅲ段：西浦项三组；

Ⅳ段：西浦项四组；

Ⅴ段：西浦项五组。

典型遗址的分段情况可参见表一二。

---

[1] a）八木奘三郎：《朝鲜咸镜北道石器考》，东京，1938 年。

b）有光教一：《朝鲜栉目纹土器研究》，京都，1962 年，收录于《有光教一著作集》，1990 年。

[2] a）Д. Л. Бродянский：Проблема периодизации и хронологии неолита Приморья. Древние культуры Сибири и Тихоокеанского бассейна. Новосибирск. 1979 年．【Д. Л. 布罗江斯基：《滨海新石器时代分期与年代问题》，《西伯利亚和太平洋地区的古老文化》，新西伯利亚，1979 年。】

b）大贯静夫：《东北亚洲中的中国东北地区原始文化》，《庆祝苏秉琦考古五十五年论文集》，文物出版社，1989 年。

[3] 宫本一夫：《朝鲜有文土器的编年和地域性》，《朝鲜学报》121 卷，1986 年。

表一二　图们江流域朝鲜境内诸遗址材料分组、分段表

分期 遗址		罗津类型	西浦项文化			西浦项五组类型
			早	中	晚	
		Ⅰ段	Ⅱ段	Ⅲ段	Ⅳ段	Ⅴ段
典型 遗址	罗津	√				
	西浦项	一组	二组	三组	四组	五组
一般遗址	龙坪里	√				
	黑狗峰			√	√	
	凤仪面	√		√	√	
	间坪			√	√	
	雄基邑			√	√	
	农浦里				√	
	元帅台				√	

（三）一般遗址材料所属段别的确定

1. 龙坪里遗址

龙坪里遗址❶位于咸镜北道鱼郎郡，是在水利施工的过程中发现的，表土下有 40~50 厘米厚的文化层。

陶器只见口沿残片和器底，未见完整器物。纹饰为口沿外侧戳印小长方格纹（图六〇，1~3）。

从其纹饰特点看与西浦项一组纹饰相似，年代相当，处于Ⅰ段。

2. 黑狗峰遗址

黑狗峰遗址❷位于咸镜北道游仙郡凤仪驿西，1950 年春天清津市历史博物馆

---

❶　렴주태 :< 함경북도에서 새로 알려진 유적과 유물 >,< 고고민속 > 1965 년 2 호 , 49–51 쪽 , 사회과학원출판 【廉洙泰：《咸镜北道新出现的遗迹和遗物》，《考古民俗》1965 年 2 号，49~51 页，社会科学院出版社。】

❷　황기덕 :< 두만강류역과 동해안일대의 유적조사 >,< 문화유산 >1957 년 6 호 ,57–60 쪽 , 과학원출판 【黄基德：《豆满江流域和东海岸一带遗迹调查》，《文化遗产》1957 年 6 号，57~60 页，科学院出版社。】

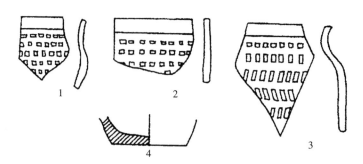

图六〇　龙坪里遗址新石器时代陶器（均为采集品）

调查发现，1954 年秋天发掘。

　　陶器只见残片，未见完整器。陶片饰有椭圆形和长椭圆形坑点纹（图六二，1~3）、刻划人字纹（图六二，4），还有螺旋纹和雷纹。椭圆形、长椭圆形坑点纹是图们江流域朝鲜境内常见纹饰，仅据纹饰残片难以确定其具体段别，不过螺旋纹见于西浦项三组，刻划人字纹、雷纹见于西浦项四组。根据该遗址出有螺旋纹和雷纹的特点，可以说该遗址包含西浦项三、四组两个时期的遗存，处于Ⅲ、Ⅳ段。

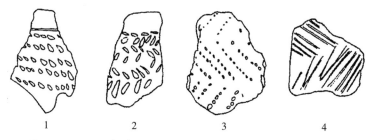

图六一　黑狗峰遗址出土的陶器（均未标明出土单位）

3. 凤仪面遗址

　　咸镜北道会宁郡地区采集有许多新石器时代陶器残片，其中较具代表性的是凤仪面❶，采集有椭圆形坑点纹、长枣核形人字纹、刻划人字纹、螺旋纹、雷

---

❶　有光教一：《朝鲜栉目纹土器研究》，京都，1962 年，收录于《有光教一著作集》，1990 年。

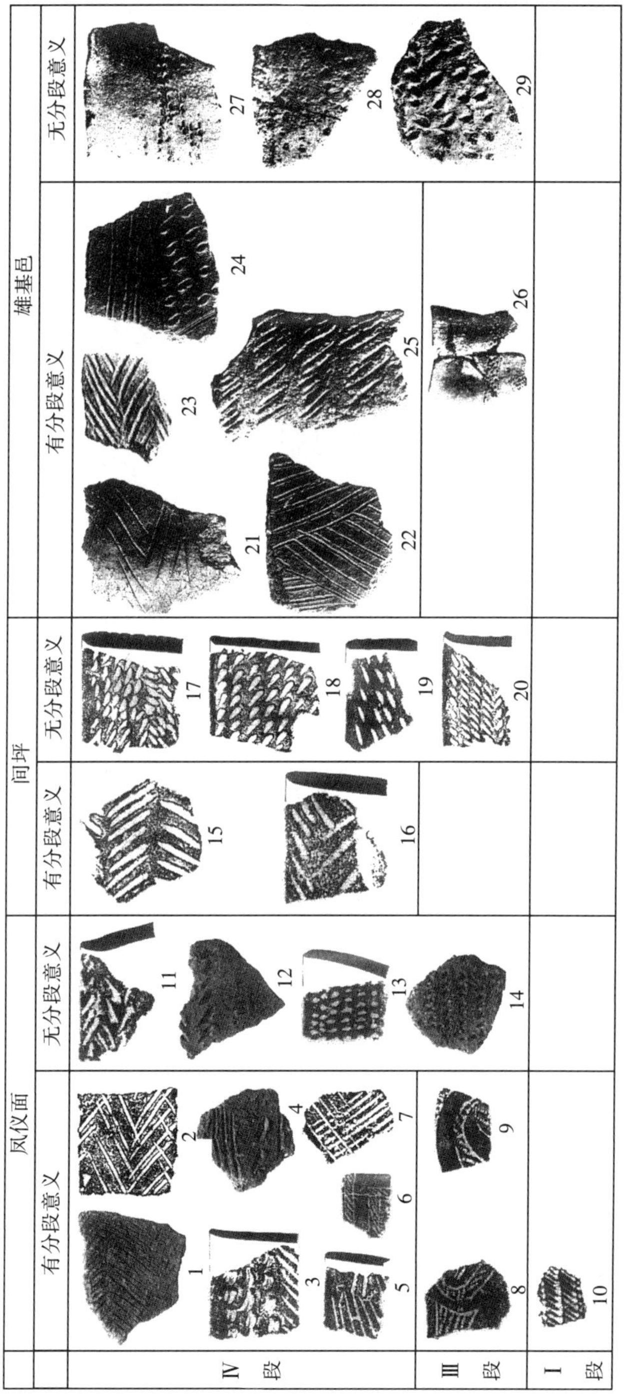

图六二　凤仪面、间坪、雄基邑新石器时代陶器（均为采集品）

纹、戳印短条线纹等。其中以椭圆形坑点纹、长椭圆形人字纹（图六二，11～14）数量最多，这是西浦项三、四组常见的纹饰，螺旋纹（图六二，8、9）见于西浦项三组，刻划人字纹、雷纹（图六二，6）见于西浦项四组，短条线纹（图六二，10）见于罗津遗址。

可以看出，凤仪面既有西浦项三组遗存，又有西浦项四组遗存，还有罗津遗址的遗存，包含着Ⅲ和Ⅳ段，以及Ⅰ段的陶器。

4. 间坪遗址

间坪遗址❶位于咸镜北道锺城郡南山面，采集的陶片纹饰，主要是椭圆形坑点，以及刻划人字纹。其中椭圆形坑点纹（图六二，17～20）见于西浦项三、四组，刻划人字纹（图六二，15、16）见于西浦项四组。

可知间坪遗址含有西浦项三、四组陶器纹饰，年代与之相同，处于Ⅲ、Ⅳ段。

5. 雄基邑遗址

咸镜北道雄基邑❷附近也采集有坑点纹、刻划人字纹、刻划平行斜线纹、刻划席纹、螺旋纹陶片。其中椭圆形坑点纹（图六二，27～29）在西浦项三、四组均有发现，螺旋纹（图六二，26）只见于西浦项三组，刻划人字纹、平行斜线纹、席纹见于西浦项四组。

可以看出，雄基邑遗址既有西浦项三组纹饰，又有西浦项四组纹饰，其整体年代与西浦项三、四组相当，处于Ⅲ、Ⅳ段。

6. 农浦里遗址

农浦里遗址位于朝鲜咸镜北道青津市镜城郡龙城面，早在 20 世纪 30 年代日本学者就对其进行过考古活动❸。1956 年朝鲜考古学研究室对农浦里遗址进行了

---

❶ 有光教一：《朝鲜栉目纹土器研究》，京都，1962 年，收录于《有光教一著作集》，1990 年。

❷ 有光教一：《朝鲜栉目纹土器研究》，京都，1962 年，收录于《有光教一著作集》，1990 年。

❸ 横山将三郎：《关于油坂贝冢》，《小田先生颂寿纪念朝鲜论集》，1934 年，汉城。

发掘❶，可是 1956 年发掘材料的发表侧重动物骨骼，陶器只是一带而过，而且没有配图，对该遗址的陶器研究不无遗憾。

据《关于油坂贝冢》介绍，农浦里目前发现 A、B 两个地点，二者相距不远。A 地点地层堆积简单，分上、下两层，上层为表土层，下层为文化层。B 地点由于现代开垦的缘故，地层已被搅乱，其发现物与 A 地点发现物完全相同。

出土的新石器时代陶器以黄褐陶、灰黑陶最多，灰白陶、红褐陶次之。手制，胎土中夹杂大量细砂，并含有少量云母片。器形有筒形罐、鼓腹罐、瓮、钵、碗，其中筒形罐的数量最多，次为鼓腹罐。筒形罐多直口，少数微侈口，有直腹、斜直腹、微鼓腹之分，器身纹饰以刻划人字纹（图六三，6、14）为主，其次为刻划平行斜线纹（图六三，1、2、10、11），还有梳齿刷划纹（图六三，7）、点线纹（图六三，3）等。鼓腹罐一般施雷纹，雷纹为平行线内填平行斜短线纹（图六三，4、8、12）。钵一般只见器身上半部，未见器底，直口或敛口，腹中部施点线纹带（图六三，9、16、17）。碗有两种形式，一种敛口、鼓腹，腹中部施雷纹（图六三，5）；一种直口、弧腹，腹饰括号纹（图六三，13）。瓮，只见口沿残片，卷沿，肩部施刻划人字纹和点线纹（图六三，15）。

该遗址只有上、下两层，上层为表土层，下层为文化层，可见这些器物出自同一层位，年代应该大体相当。

斜直腹筒形罐（图六三，10、14）器形与西浦项四组斜直腹筒形罐（图五九，9、11）器形相似，雷纹（图六三，4、5、8、12）见于西浦项四组，西浦项所有遗物年代相同，从而可知农浦里遗址新石器时代遗存与西浦项四组年代相当，可并入Ⅳ段。

7. 元帅台遗址

元帅台遗址位于咸镜北道镜城郡梧村面。20 世纪 30 年代由日本学者发现❷，1964 年春，朝鲜社会科学院考古学与民族学研究所进行了调查，1965 年清津市

---

❶ 고고학연구실：《청진 농포리 원시유적발굴》，《문화유산》1957 년 4 호，45–50 쪽，과학원출，과학원출판사．사．사．판【考古学研究室：《清津农浦里原始遗址发掘》，《文化遗产》1957 年 4 号，45～50 页，科学院出版社。】

❷ 横山将三郎：《关于油坂贝冢》，《小田先生颂寿纪念朝鲜论集》，1934 年，汉城。

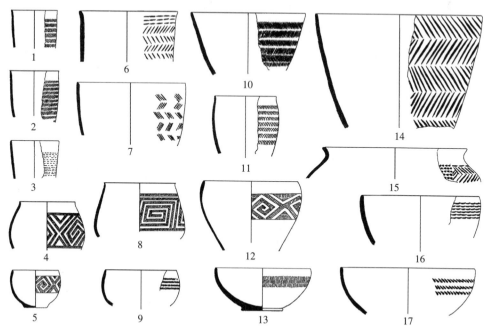

图六三　农浦里遗址出土的陶器（具体出土地点与单位不详）

博物馆进行了复查❶。

　　陶器器形有筒形罐、鼓腹罐、碗等。器身施刻划纹，有平行斜线纹、水平线纹、人字纹、刺点纹、波浪纹、交叉纹以及雷纹等。

　　从完整器形看，图六四－11罐与西浦项四组图五九－12罐相似，图六四－10罐与西浦项四组图五九－22罐相似，图六四－9小罐与西浦项四组图五九－6罐相似，图六四－8鼓腹罐上饰雷纹见于西浦项四组图五九－24，图六四－2纹饰见于西浦项四组图五九－10罐。

　　综上所述，可知该遗址陶器无论器形还是纹饰均见于西浦项四组，并与之相似，从而可以判定该遗址年代与西浦项四组年代相当，可并入Ⅳ段。

❶　a 렴주태 :< 함경북도에서 새로 알려진 유적과유물 >,< 고고민속 >1965 년 2 호 ,46–47 쪽，
　　사희과학원출【廉洙泰：《咸镜北道新出现的遗迹和遗物》，《考古民俗》1965 年 2 号，
　　46 ~ 47 页，社会科学出版社。】
　　b 특별전 : < 韓國의先·原史土器 >，国立中央博物館，1993 년 .【国立中央博物馆：
　　《韩国的先·原始土器》，1993 年。】

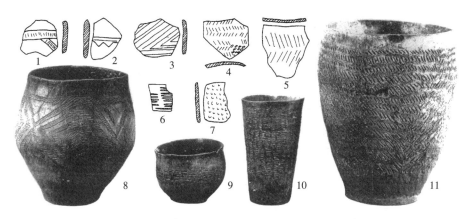

图六四　元帅台遗址的新石器时代陶器（均为采集品）

一般遗址材料所属段别情况可参见表一二。

（四）诸遗址材料的分段

通过典型遗址材料的分组与分段，以及一般遗址材料所属段别的判定，将图们江流域朝鲜境内的所有新石器时代材料分为五段，具体情况如表一二所示。

其实这五段遗存之间的亲疏关系是有差别的，具体分析如下。

第Ⅰ段，器类只见罐，整体形态较为矮胖，纹饰主要为戳印小长方格纹、鱼鳞纹、篦点纹、短条线纹、椭圆形纹、三角纹等，纹饰排列紧密工整。

第Ⅱ、Ⅲ、Ⅳ段，器类以筒形罐为主，还见有鼓腹罐、碗、钵等，筒形罐变得瘦高。纹饰以戳印的椭圆形纹、长椭圆形人字纹为主，还见有刻划人字纹、螺旋纹、雷纹等，纹饰排列较为稀疏。

第Ⅴ段，筒形罐衰落，开始流行附加堆纹口沿的侈口罐，纹饰也随筒形罐的衰落而呈现衰落的趋势，只见有少量刻划人字纹，大部分陶器为素面。

（五）考古学文化的划分与分期

1. 罗津类型

属于该类型的遗存为第Ⅰ段遗存，包括西浦项一组和罗津、龙坪里出土的遗存，风仪面遗址也有发现。陶器以筒形罐为主要器类，器形矮胖，纹饰有戳印的小长方格纹、鱼鳞纹、篦点纹、短条线纹、椭圆形纹等，戳印纹整齐工整，排列紧密，陶器纹饰风格独特。该文化目前发现的遗存数量不多，整体面貌还不十分清楚，暂时不宜以文化冠名，暂以发现遗存相对丰富的罗津遗址命名为罗津类型。

罗津类型代表性陶器可参见图五五。

2. 西浦项文化

属于该文化的遗存为第Ⅱ、Ⅲ、Ⅳ段遗存，包括西浦项二、三、四组，另外在黑狗峰、凤仪面、间坪、雄基邑、农浦里、元帅台等遗址也有发现，具有一定的地域范畴，器形以平底筒形罐为主，纹饰主要为戳印的椭圆形纹和长椭圆形人字纹，陶器特点鲜明。该文化所有遗存中，以西浦项遗址发现的遗存最为丰富，所以将之称为西浦项文化。

西浦项文化包含的第Ⅱ、Ⅲ、Ⅳ段遗存，可作为该文化的早、中、晚三期。

早期，仅发现有西浦项二组，器形只见罐类，纹饰以椭圆形纹和长椭圆形人字纹为主。

中期，以西浦项三组为代表，另外在黑狗峰、凤仪面、间坪、雄基邑等遗址也有发现。器形除筒形罐外，还见有鼓腹罐、钵、杯等；纹饰除早期纹饰继续使用外，增加了螺旋纹和刻划菱形纹。

晚期，以西浦项四组为代表，另外在黑狗峰、凤仪面、间坪、雄基邑、农浦里、元帅台等遗址均有发现。器类与中期器类基本相同，但是形式变得多样，筒形罐直口外，还见有大量的侈口形态，有的筒形罐腹部较直，形成斜直腹，碗、杯、钵等也变得形式多样。

西浦项文化代表性陶器可参见图五六。

3. 西浦项五组类型

属于该类型的遗存为第Ⅴ段遗存，目前只见有西浦项五组。其器形较为特别，筒形罐衰落，附加堆纹口沿的侈口罐开始流行，纹饰也随之衰落，大多数为素面。由于发现遗存较少，暂称之为西浦项五组类型。

西潽项五组类型代表性陶器可参见图五七。

四、俄罗斯境内各遗址材料的分析与考古学文化的划分

（一）典型遗址材料的分组

1. 博伊斯曼－2 遗址

目前笔者收集到的博伊斯曼－2 遗址材料来自于《滨海南部的博伊斯曼考古学文化（依据博伊斯曼－2 多层遗址材料）》❶、《博伊斯曼－2 遗址下层的尖底器》❷ 及《卢扎诺夫索普卡－2 遗址的博伊斯曼陶器》❸。

根据《滨海南部的博伊斯曼考古学文化（依据博伊斯曼－2 多层遗址材料）》的介绍可知，博伊斯曼－2 遗址位于滨海边疆区南部、大彼得湾中博伊斯曼湾岸边，地处梁赞诺夫卡平原与海岸小火山的结合部，距离海岸约 500 米，面积约为 600 平方米。

从 1991 年至该报告的发表，博伊斯曼－2 遗址进行过三次发掘，揭露面积 142 平方米，发现遗物 15000 余件。遗址的地层堆积为（以直线 6－6 隔梁剖面为例）：第①层为草地，第②层为黑褐色腐殖土的亚砂土，第③层为灰褐色含碎石的亚砂土，第④层为淹没的草地，第⑤层为贝壳层，第⑥层为含有海螺的褐色亚

---

❶ А. Н. Попов, Т. А. Чикишева, Е. Г. Шпакова. Бойсманская археологическая культура Южного Приморья (по материалам многослойного памятника Бойсмана －2). Издательство Института археологии и этнографии СО РАН. Новосибирск. 1997.【А. Н. 波波夫 Т. А. 奇基舍娃 Е. Г. 什帕科娃：《滨海南部的博伊斯曼考古学文化（依据博伊斯曼－2 多层遗址材料）》，俄罗斯科学院西伯利亚分院考古学与民族学研究所出版社，新西伯利亚，1997 年。】

❷ О. Л. Морева, А. Н. Попов. Остродонные сосуды из нижнего слоя памятника Бойсмана－2. Археология и культурная антропология Дальнего Востока. Владивостокю2002.【О. Л. 莫列娃 А. Н. 波波夫：《博伊斯曼－2 遗址下层的尖底器》，《远东的考古学和文化人类学》，符拉迪沃斯托克，2002 年。】

❸ О. Л. Морева. Бойсманская керамика на памятнике Лузанова Сопка－2. Археология и социокультурная антропология Дальнего Востока и сопредельных территорий. Издательство БГПУ. Благовещенск 2003.【О. Л. 莫列娃：《卢扎诺夫索普卡－2 遗址的博伊斯曼陶器》，《远东及比邻地区的考古学和社会文化人类学》，国立布拉戈维申斯克师范大学出版社，2003 年。】

砂土，第⑦层为夹杂贝壳的深褐色亚砂土，第⑧层为黑褐色砂质黏土，第⑨层为大陆（即为生土），岩屑成分的锐角碎石。

《滨海南部的博伊斯曼考古学文化（依据博伊斯曼－2 多层遗址材料）》将该遗址分为上、中、下三个文化层（上文化层即第②层，中文化层即第③层，其余的为下文化层），并认为上文化层是扬科夫斯基文化，中文化层属于扎伊桑诺夫卡文化、下文化层是博伊斯曼文化。中、下文化层属于新石器时代，上文化层属于早期铁器时代，不在笔者的研究范畴之内。

中文化层发现的陶器不多，平底，直口或微侈口，器身刻划人字纹或戳印点线纹（图六五，1、2）。

下文化层陶器可以分为两大类。一类为平底器，见有罐和瓮，以罐居多。罐，器形矮胖，口沿外侈，纹饰一般从口沿施至腹中，以戳印的三角纹、篦纹为主，还见有压印席纹、人字纹以及指甲纹等（图六五，3～9）。瓮，器形高大，口沿外侈，微束径，鼓腹，通体施纹，口沿及颈部用 5 齿工具刻出横线纹、波浪纹，其下戳印篦点纹（图六五，10）。

另一类器物为尖底器，当时报告将这类陶器称为括号口沿陶器，在 1997 年该报告发表之前，并未发现此类器物的完整器，只见上半部或口沿残片，直到《博伊斯曼－2 遗址下层的尖底器》❶ 发表了 2008 年发掘的此类器形的完整器形及大量尖底，才知道这类器物是尖底陶器。此类器形均为罐类，体形硕大，口沿内凹外鼓，剖面弧形，呈括号状，腹部略鼓，尖底。纹饰为戳印的椭圆形、三角形、长条形坑点纹，构图比较简单，只在口沿部位施纹，一般两周以上，呈条带状分布，其余部位不施纹（图六五，17～19）。

通过上述两类陶器器形及纹饰的介绍，明显看出两者之间存在着较大差异，但是他们之间的年代关系究竟如何还需要层位学方面的证据。发表的材料并未给出诸器物的出土单位，给他们之间年代关系的判定带来了很大的难度。好在《滨

---

❶ О. Л. Морева，А. Н. Попов. Остродонные сосуды из нижнего слоя памятника Бойсмана－2. Археология и культурная антропология Дальнего Востока. Владивостокю2002. 【О. Л. 莫列娃 А. Н. 波波夫：《博伊斯曼－2 遗址下层的尖底器》，《远东的考古学和文化人类学》，符拉迪沃斯托克，2002 年。】

海南部的博伊斯曼考古学文化（依据博伊斯曼－2多层遗址材料）》的图七❶和
《博伊斯曼－2遗址下层的尖底器》的字里行间为我们判断两者之间的年代关系
提供了一些层位方面的线索。

从《滨海南部的博伊斯曼考古学文化（依据博伊斯曼－2多层遗址材料）》
中M2和M4的地层剖面图中可以看到，在M2和M4之间的含有海螺的褐色亚砂
土中有一平底罐，即图六五－7罐。据《博伊斯曼－2遗址下层的尖底器》介
绍，尖底器出自含有贝壳堆积层的底部，而且更多的出自褐色砂质黏土中。根据
以上两点，我们可以说M2和M4之间的平底罐叠压在尖底器之上。又M2和M4
之间的平底罐与尖底器的器形及纹饰差别较大，所以其年代应晚于尖底陶器。

第一类陶器中的其他平底器，无论器形还是纹饰都与M2和M4之间的平底
罐相似，年代接近。

从而可将博伊斯曼－2遗址下文化层分为具有早、晚关系的一、二两组，第
一组为括号口沿的尖底器，第二组为以戳印纹矮体罐为代表的遗存，第一组早于
第二组。如果将中文化层遗存称为第三组，显然第三组晚于第一、二两组。

《卢扎诺夫索普卡－2遗址的博伊斯曼陶器》一文也发表有博伊斯曼－2遗
址陶器（图六五，11～16），其总体特征与二组遗存相似，也应将之归入该组。

综上所述，可将博伊斯曼－2遗址出土的全部新石器时代遗存自早至晚分为
三组：

第一组：以括号口沿尖底器为代表；

第二组：以戳印纹平底罐为代表；

第三组：以刻划纹平底罐为代表。

博伊斯曼－2遗址三组遗存陶器可参见图六五。

---

❶ А. Н. Попов，Т. А. Чикишева，Е. Г. Шпакова. Бойсманская археологическая культура
Южного Приморья（по материалам многослойного памятника Бойсмана－2），Рис 7，
Стратиграфический разрез погребений 2 и 4. Издательство Института археологии и
этнографии СО РАН. Новосибирск. 1997.【А. Н. 波波夫 Т. А. 奇基舍娃 Е. Г. 什帕科娃：
《滨海南部的博伊斯曼考古学文化（博伊斯曼－2多层遗址材料）》，"图七　M2和M4的
地层剖面图"，俄罗斯科学院西伯利亚分院考古学与民族学研究所出版社，新西伯利亚，
1997年。】

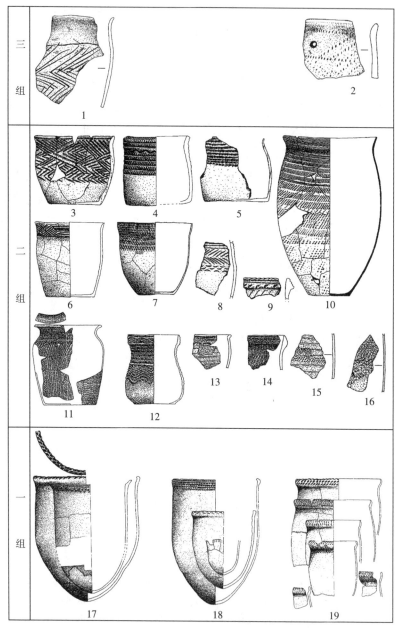

图六五　博伊斯曼－2遗址出土的三组陶器
（均未标明具体出土单位）

2. 奥列尼遗址

奥列尼遗址❶位于滨海边疆区俄罗斯国营农场附近，距阿尔乔莫夫卡河 200~300 米，有 А、Б、В（俄语字母）三个地点。

奥列尼 В 地点于 1959 年由 А. П. 奥克拉德尼科夫发现，1960、1966 年由他主持进行了发掘，发掘面积约为 100 平方米。地层堆积共分七层，第①层为现代耕土层，只在第②和④层发现有遗物，第③、⑤、⑥、⑦都没有发现遗物。第②层中发现有房址（俄罗斯考古学中往往把遗迹的出土位置说成处于某一层中，关于遗迹与遗址地层的层位关系很难确定），第④层中也发现有房址，在居住面上发现有陶器（图六六，48、49）。在生土表面发现一炭层和 78 个柱坑，柱坑的直径为 15~30 厘米，柱坑内发现有炭、石器及陶器，也应是一座房址。第④层的遗物大多出自房址的居住面上。

Д. Л. 布罗江斯基以 В 地点的层位关系为基础，把 В 地点出土遗存与 А、Б 地点出土遗存比较后，将奥列尼遗址分为三个时间段，由早及晚分别称为奥列尼 Ⅱ、Ⅲ、Ⅳ。

奥列尼 Ⅱ 包括奥列尼 В 地点第④层及第④层的房址内出土的遗存。其陶器可见图六六 –48 ~65。陶器烧制火候不均，温度在 500 度左右。胎土中含有石英。陶器外表面较为粗糙，分黄色、褐色、红色三种，内表面抹平，呈黑色。均平底，加厚，底缘外凸。多侈口，有尖唇、圆唇。器形有截锥形、花盆形、杯形等。除少部分陶器外，大多数陶器都饰有纹饰。施纹区域一般是器身的上三分之一、上半部或上三分之二处，近底处为素面。器底一般饰有叶脉纹和编织纹。施纹方法有刺点纹、梳齿纹、截线纹、指甲纹、篦点纹等，较厚的口沿外侧一般施以小长方格纹、指甲纹等。纹饰类型有刻划长线的叶脉纹（图六六，50、51）、垂线纹（图六六，49）、人字纹（图六六，54）、十字交叉线（图六六，48）、网

❶ a）В. И. Дьяков. Многослойное поселение Рудная пристань и периодизация неолитических культур приморья. Владивосток. Дальнаука. 1992. 【В. И. 季亚科夫：《鲁德纳亚码头多层遗址及滨海地区新石器时代文化的分期》，符拉迪沃斯托克，远东科学，1992 年】。

　 b）Д. Л. Бродянский. Введение В Дальневосточную археология. ИздательствоДальневосточнего университета. Владивосток. 1987. 【Д. Л. 布罗江斯基：《远东考古学概论》，远东国立大学出版社，符拉迪沃斯托克，1987 年】

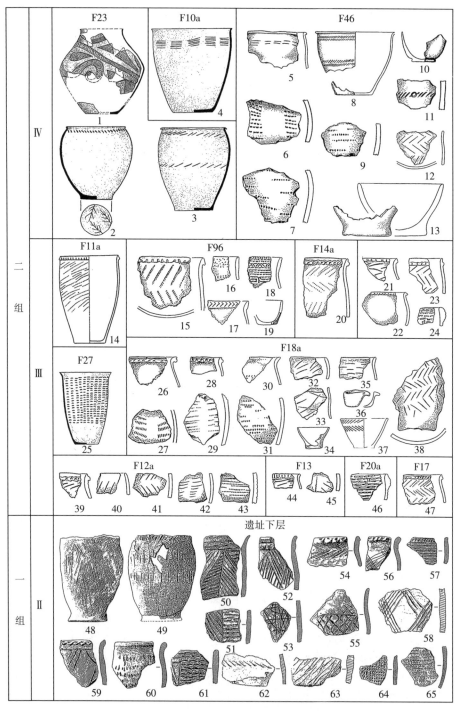

图六六　奥列尼遗址出土的两组陶器

格纹（图六六，55、56、58）、平行线（图六六，57）、不规则的划线纹（图六六，59）、成排的小长方格纹（图六六，64）、坑点纹（图六六，60）、指甲纹（图六六，51、61）等，另外还有螺旋纹和雷纹。

奥列尼Ⅲ包括奥列尼 B 地点的第②层及 A、Б 地点的一些房址，其陶器可见图五七–14～47。陶器多侈口、少数为直口和敛口，大多数口沿外侧有一周附加堆纹，其上戳印椭圆形坑点。器身施印坑点纹组成的斜线、平行线、人字纹（图六六，14、15、16、20、25、27、29、31、43、47），以及刻划的人字纹（图六六，21、23、37、38、40、41）、平行线（图六六，42）、不规则线条（图六六，33、44）等。

奥列尼Ⅳ包括奥列尼 A 地点的 F23、F10a、F26、F46、F76，其陶器可见图五七–1～13。器形以罐为主，还见有花盆形器、杯等。均侈口，个别口沿外侧有一周附加堆纹。纹饰有篦点直线纹（图六六，6、7、9）、刻划人字纹（图六六，12）、平行斜线（图六六，3、8）、刷划纹（图六六，4、5）、螺旋纹（图六六，1）等。

奥列尼Ⅳ器形侈口、口沿外侧施一周附加堆纹及篦点直线纹等特征均见于奥列尼Ⅲ，两者陶器的主要特征相同，年代接近，当属同一时期，可并为一组，称之为二组。

奥列尼Ⅱ陶器口沿不见附加堆纹，纹饰以叶脉纹和人字纹为主，与奥列尼Ⅲ、Ⅳ陶器不同，可单独作为一组，称之为一组。一组年代早于二组。

（二）典型遗址材料的分段

以上分析了博伊斯曼–2 遗址和奥列尼遗址材料的内部分组，下面探讨一下两典型遗址诸组之间的关系，进行典型遗址材料的分段。

博伊斯曼–2 三组陶器直口，口沿外侧无附加堆纹，腹部刻划人字或篦点纹，器形及纹饰与奥列尼一组陶器相似，陶器整体风格相同，年代相当。

从而可将博伊斯曼–2 和奥列尼遗址材料分为四段，即：

Ⅰ段：博伊斯曼–2 一组；

Ⅱ段：博伊斯曼–2 二组；

Ⅲ段：博伊斯曼–2 三组、奥列尼一组；

Ⅳ段：奥列尼二组。

典型遗址材料的分段情况可参见表一三。

表一三　图们江流域俄罗斯境内诸遗址材料的分组、分段表

		博伊斯曼一组类型	博伊斯曼文化	扎伊桑诺夫卡文化	奥列尼二组类型
		Ⅰ段	Ⅱ段	Ⅲ段	Ⅳ段
典型遗址	博伊斯曼－2	一组	二组	三组	
	奥列尼			一组	二组
一般遗址	扎伊桑诺夫卡－1		√	√	
	格拉德卡亚－4		√		
	格沃兹杰沃－3		√		
	扎列奇耶－1		√		
	格沃兹杰沃－4			√	
	扎伊桑诺夫卡－7			√	
	别列瓦尔			√	
	基罗夫斯基			√	√
	椴下				√
	瓦连京地峡				√

（三）一般遗址材料所属段别的确定

1. 扎伊桑诺夫卡－1 遗址

扎伊桑诺夫卡－1 遗址位于滨海边疆区克拉斯尼诺中心区以东 7 公里、格拉德卡亚河右岸的海角上。20 世纪 50 年代，以 А. П. 奥克拉德尼科夫为首的俄罗斯远东考古工作队在滨海考察贝冢时发现了该遗址，1954、1956 年，以 Т. И. 安德烈耶夫为首的俄罗斯远东考古队分队对其进行了发掘❶。

发掘面积 60 平方米，出土的遗物十分丰富，共获 16500 余片陶片，以及大

---

❶　Т. И. 安德烈耶夫著　孟陶译：《在大彼得湾沿岸及其岛屿上发现的公元前第二至第一千年的遗迹》，《考古学报》1958 年 4 期，第 27～41 页。

量的石头和黑曜石制造的工具，还有大量的黑曜石石片。陶器手制，器表经过打磨，陶色呈棕色、褐色或淡褐色。可复原陶器不多，器类主要有罐、碗、杯等，均平底（图六七，1～20）。陶器纹饰以刻划人字纹最多，占纹饰陶片总数的85.9％；其次是戳印的点线纹，占5％；再次是雷纹，占1.9％；再少是平行细条纹，占1.4％；还有三角形纹、带有彩色痕迹的陶片等。纹饰集中于器物的中上部，口沿及器身下半部为素面。这部分陶器风格与博伊斯曼－2三组及奥列尼一组陶器风格一致，年代接近，为研究方便将此类遗存称为二组，其所属段别相同，即Ⅲ段。

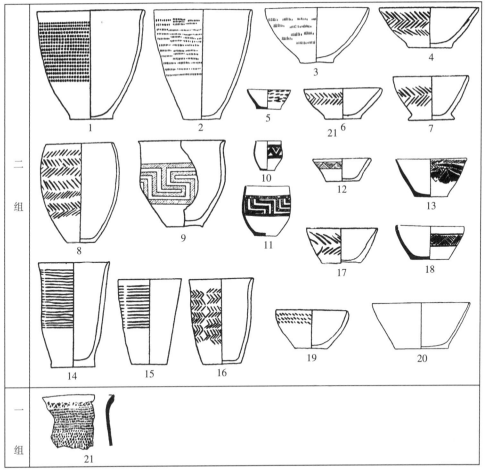

图六七　扎伊桑诺夫卡Ⅰ号居址出土的两组陶器（均未标明出土单位）

佐藤达夫和布罗江斯基都曾撰文指出扎伊桑诺夫卡 I 号居址也含有与滨海南部新石器时代早期相似的遗存且数量很丰富❶，从大贯静夫的研究文章里发表的线图看❷，此类遗存为戳印的篦点纹（图六七，21），为研究方便，将此类遗存称为一组，其与博伊斯曼－2 二组遗存相似，年代与之相同，所属段别亦相同，即 II 段。

2. 格拉德卡亚－4 遗址

格拉德卡亚－4 遗址❸位于克拉斯基诺东南 35 公里、格沃兹杰沃西北 4 公里的格拉德卡亚河谷右岸的岬角上，2000 年夏天发掘，揭露面积 40 平方米。

遗址堆积自上而下可分三层：第①层为草地，厚 10～12 厘米；第②层为褐色亚砂土，厚 10～45 厘米；第③层为掺有小碎石的质密火红色亚砂土，厚 5～20 厘米。第③层下为生土（俄罗斯学者称之为大陆），遗物出自褐色和火红色的亚砂土中，且仅限于这两层。

遗址陶器采用泥圈套接法制成，低温篝火焙烧，烧制火候较低。器壁表里经过精细磨光。器形为罐，根据有无颈部分为微颈和不带颈两种，直口或微敛口，底部没有凸缘和台底。纹饰有梳齿印纹、刺点纹、铲印纹、指甲纹等，呈条带状分布，而且只在器身上半部分施纹，近底部分不施纹。

---

❶ a) 佐藤达夫：《朝鲜有纹土器的变迁》，《考古学杂志》48 卷 3 号，1963 年。

　　b) Д. Л. Бродянский: Проблема периодизации и хронологии неолита Приморья. Древние культуры Сибири и Тихоокеанского бассейна. Новосибирск. 1979. 【Д. Л. 布罗江斯基：《滨海新石器时代的分期和年代问题》，《西伯利亚和太平洋地区的古老文化》，新西伯利亚，1979 年。】

　　c) Г. И. Андреев. Поселение заисановка－I в Приморъе. СА. 1957－2. 【Г. И. 安德烈耶夫：《滨海地区的扎伊桑诺夫卡文化－1 遗址》，СА，1957－2。】

❷ a) 大贯静夫：《东北亚洲中的中国东北地区原始文化》，《庆祝苏秉琦考古五十五年论文集》，第 38～64 页，文物出版社，1989 年.

　　b) Г. И. Андреев. Поселение заисановка－I в Приморъе. СА. 1957－2. 【Г. И. 安德烈耶夫：《滨海地区的扎伊桑诺夫卡文化－1 遗址》，СА，1957－2。】

❸ А. Н. Попов С. В. Батаршев. Археологие исследования в Хасанском районе Приморского края в 2000г. Археология и культурная антропология Дальнего Востока. ДВО РАН. Владивосток. 2002. 【А. Н. 波波夫、С. В. 巴塔尔舍夫：《滨海边疆区哈桑地区 2000 年的考古调查》，《远东考古学和文化人类学》，俄罗斯科学院远东分院，符拉迪沃斯托克，2002 年。】

A. H. 波波夫、T. A. 奇基舍娃、E. Г. 什帕科娃及 Ю. E. 沃斯特列佐夫认为，该遗址出土的全部遗存与博伊斯曼－2 遗址下层遗存相似。笔者同意这一观点，但据该遗址纹饰的文字描述，进一步认为其与博伊斯曼－2 遗址下层的平底陶器相似，即与笔者划分博伊斯曼－2 二组陶器相似，所属段别亦相同，即第 II 段。

3. 格沃兹杰沃－3 遗址

格沃兹杰沃－3 遗址❶位于扎伊桑诺夫卡东南 4 公里、格沃兹杰沃西 3 公里、波西耶特东北 7 公里、格拉德卡亚河左岸小山的岬角上。

遗址的地层堆积自上而下可分为三层：第①层为草地，厚 8～10 厘米；第②层为褐色亚砂土，厚 15～20 厘米；第③层为火红色亚砂土，厚 30～50 厘米。第③层下为生土（俄罗斯学者称之为大陆），考古材料发现于火红色亚砂土层。

出土陶器残片 50 多件，低温篝火焙烧，质地疏松，容易破碎，胎土中含有大颗粒的沙。陶器纹饰为水平成排的梳齿状戳印纹和刻纹（图六八，1～5）。印纹一般饰于陶器腹部，是主体纹饰，刻纹一般只施于口沿，是辅助纹饰（图六八，4）。另外还发现有器底残片（图六八，6）。

该遗址陶器出自同一层位，年代一致。

A. H. 波波夫、T. A. 奇基舍娃、E. Г. 什帕科娃及 Ю. E. 沃斯特列佐夫认为，格沃兹杰沃－3 遗址材料与博伊斯曼－1、博伊斯曼－2 下层及格拉德卡亚－4 遗址出土遗存相似，属于同一文化。笔者将该遗址材料与博伊斯曼－2 遗址出土的材料进行比较，发现其印纹及平底特点，与博伊斯曼－2 遗址下层的平底罐纹饰相似，即与笔者划分为博伊斯曼－2 二组遗存陶器纹饰相似，当与之同时，所属段别亦应相同，即第 II 段。

4. 扎列奇耶－1 遗址

扎列奇耶－1 遗址❷位于滨海边疆区哈桑地区。该遗址陶器未发表任何线图

---

❶ Археология и культурная антропология Дальнего Востока. ДВО РАН. Владивосток. 2002. 【A. H. 波波夫、C. B. 巴塔尔舍夫：《滨海边疆区哈桑地区 2000 年的考古调查》，《远东考古学和文化人类学》，俄罗斯科学院远东分院，符拉迪沃斯托克，2002 年。】

❷ A. И. 克鲁沙诺夫主编，成于众译，王德厚、侯玉成校：《苏联远东史——从远古到 17 世纪》，哈尔滨出版社，1993 年。

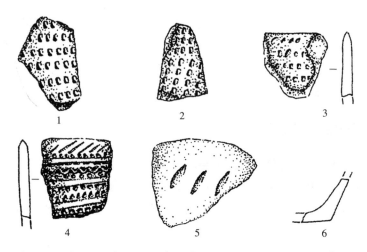

图六八　格沃兹杰沃－3 遗址出土的陶器（均出自第③层）

或图片，据《苏联远东史——从远古到 17 世纪》介绍，该遗址陶器与以鬼门洞穴为代表的文化遗存有别，器形除截锥形器外，还有钵、杯，纹饰基本是篦齿印纹。从其纹饰描述分析，很可能与博伊斯曼－2 遗址二组陶器纹饰相似，年代相当，所属段别亦相同，即第 Ⅱ 段。

5. 格沃兹杰沃－4 遗址

格沃兹杰沃－4 遗址❶位于扎伊桑诺夫卡东南 4 公里、格沃兹杰沃西 3 公里、波西耶特东北 7 公里、格沃兹杰沃－3 遗址西 100 米处的小山岗西段。

遗址的地层堆积自上而下可分为三层：第①层为草地，厚约 10 厘米；第②层为黑褐亚砂土，厚约 25 厘米；第③层为褐色亚砂土，厚约 40～50 厘米。第③层下为生土，遗物出自第③层。

出土陶器残片 100 多件。胎土中掺有一定数量碎石及少量沙子，采用泥圈套接法制成。根据现有材料可以断定该遗址出土的陶器普遍是简单无颈的平底器。纹饰主要是刻划纹、长枣核纹、个别有梳齿印纹（图六九）。施纹一般从口沿开始至器身躯干部，成排分布，近底部位不施纹，另外还发现有红衣陶器。

---

❶　Археология и культурная антропология Дальнего Востока. ДВО РАН. Владивосток. 2002.【А. Н. 波波夫、С. В. 巴塔尔舍夫：《滨海边疆区哈桑地区 2000 年的考古调查》，《远东考古学和文化人类学》，俄罗斯科学院远东分院，符拉迪沃斯托克，2002 年。】

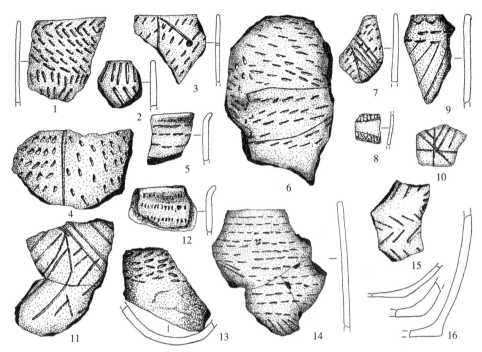

图六九 格沃兹杰沃－4遗址出土的陶器（均出自第③层）

格沃兹杰沃－4遗址陶器均出自同一层位，年代应该相同。

格沃兹杰沃－4遗址陶器器形一般直口，口沿外侧无附加堆纹，器身饰长枣核形纹、人字纹、篦点纹等。陶器整体风格与博伊斯曼－2三组、奥列尼一组相似，年代相当，所属段别亦相同，即第Ⅲ段。

6. 扎伊桑诺夫卡－7遗址

扎伊桑诺夫卡－7遗址❶位于滨海边疆区、格拉德卡亚河口东南15公里处，1997年 B. A. 拉科夫发现，1998年和2000年 Ю. E. 沃斯特列佐夫进行了发掘，

❶ Е. И. Гельман Т. В. Исакова Ю. Е. Вострецов. Керамический комплекс неолитического поселения Зайсановка－7. Археология и социокультурная антропология Дальнего Востока и сопредельных территорий. Издательство БГПУ. Благовещенск 2003.【E. И. 格尔玛尼、T. B. 伊萨科娃、Ю. E. 沃斯特列佐夫：《扎伊桑诺夫卡－7遗址陶器》，《远东及比邻地区的考古学和社会文化人类学》，国立布拉戈维申斯克师范大学出版社，2003年。】

发掘了贝壳堆的一部分和一个房址的大部分。通过发掘得知，该遗址文化堆积只有一层，而且延续时间较短，而后随着海岸线的下降而废弃。

　　遗址出土陶片 8000 多件，能够识别出器形的不少于 47 件，能够复原的有 5件。陶器以黏土为胎，胎中掺沙，采用泥条盘筑法制成。主要为褐陶和黄褐陶，但陶色不均，有的地方有黑色斑点。从复原的陶器看，器形均为罐，分无颈（图七〇，1～3、6、9、10）、微束颈（图七〇，8、11、12）、高颈（图七〇，13）三种。纹饰有刻划纹人字纹（俄罗斯学者称之为刻划曲折线纹）、衫叶纹、网格纹及平行线纹（俄罗斯学者认为这两种纹饰是梳齿戳印的）、戳印绳纹和点纹。其中以人字纹、衫叶纹最多，是该遗址的主体纹饰。网格纹、平行线纹、戳印绳纹和点纹等数量较少，而且一般只饰于陶器口沿下，与人字纹共同使用，组成复合纹饰。

图七〇　扎伊桑诺夫卡 -7 遗址出土的陶器（均未标明出土单位）

　　该遗址属于单层遗址，其出土的全部遗存当属同时。

　　从其器形及纹饰特点看，与博伊斯曼 -2 三组及奥列尼一组陶器相同，年代相当，所属段别亦相同，即第Ⅲ段。

7. 别列瓦尔遗址

别列瓦尔遗址❶位于纳霍德卡和荓拉基米罗－亚历山德罗夫斯科耶附近，1966 年由 A. П. 奥克拉德尼科夫发现，并于 1972 发掘了一座房址，1978 年发掘了三座房址。

出土一完整陶器，花瓶状，侈口，微鼓腹，台底，器身上三分之一部分，双线划纹中间刻划斜线三角形纹（图七一）。另外该遗址还发现有雷纹和螺旋纹。

图七一　别列瓦尔遗址出土的陶器（出自房址）

别列瓦尔遗址花瓶形器（图七一）与奥列尼侈口台底罐（图六六，49）相似，年代相当。另外该遗址出土的螺旋纹和雷纹在奥列尼一组也有发现，从而可知别列瓦尔遗址的年代与奥列尼一组年代相当，所属段别相同，即第Ⅲ段。

8. 基罗夫斯基遗址

基罗夫斯基遗址❷位于滨海边疆区奥列尼南、基罗夫斯基和阿尔乔母格雷斯

❶ В. И. Дьяков. Многослойное поселение Рудная пристань и периодизация неолитических культур приморья. Владивосток. Дальнаука. 1992. 【В. И. 季亚科夫：《鲁德纳亚码头多层遗址及滨海地区新石器时代文化的分期》，符拉迪沃斯托克，远东科学，1992 年。】

❷ В. И. Дьяков. Многослойное поселение Рудная пристань и периодизация неолитических культур приморья. Владивосток. Дальнаука. 1992. 【В. И. 季亚科夫：《鲁德纳亚码头多层遗址及滨海地区新石器时代文化的分期》，符拉迪沃斯托克，远东科学，1992 年。】

村附近。1955 年首次发掘，接着 1959 年和 1962 年又进行了发掘。经过发掘得知，该遗址可分为上、下两层，上层是青铜时代层，下层是新石器时代层。

材料中介绍了两座新石器时代房址，均出有陶器。F1 的台阶附近发现两个截锥形陶器，其中一件装饰刻划三角纹。F2 的台阶附近发现一个较大的陶器碎片，上刻划成组的水平线；在居住面上找到相同类型陶器的下半部分，装饰有刻划斜线组成的条带纹，也有刻划三角纹陶器。

材料还对该遗址出土的陶器在器形及纹饰等有一总体介绍。器形有奖杯形、花瓶形、罐形，直口或微侈口，有的口沿下施附加堆纹，平底，底部有饰叶脉纹的传统。纹饰有成组的垂直线纹、变体网格纹、圆形或椭圆形组成的平行斜线纹、斜置的椭圆形纹组成的水平条带纹、梳齿印纹、人字纹、水平线和垂线组成的纹饰带、细线刻划的扇形、波浪线纹，有的在口沿处戳印方格纹、指甲纹、圆圈纹，极少数为素面。

笔者收集到的该遗址陶器可参见图七二。

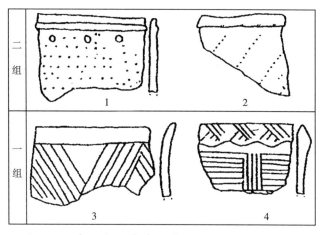

图七二　基罗夫斯基遗址出土的新石器时代陶器
（均未标明出土单位）

从陶器文字的描述分析并结合发表的陶器线图发现，基罗夫斯基遗址的有纹陶器可以分为一、二两组，一组是无附加堆纹的刻划纹陶器（图七二，3、4），二组是口沿下施附加堆纹的刻划纹陶器（图七二，1、2）。前者与奥列尼一组陶器相似，年代相当，属于第Ⅲ段。后者与奥列尼二组陶器相似，年代相当，属于第Ⅳ段。

9. 椴下遗址

椴下遗址❶位于弗拉基米罗－亚历山德罗夫斯科耶西南六七公里处，1976 年发现并发掘。

发掘了一座新石器时期房址，直角方形，带有台阶，房址中央有一灶址。房址内出土的陶器饰有刻划曲线纹（图七三，2）、人字纹（图七三，3）、变体螺旋纹（图七三，4）、篦点纹等（图七三，1）。从一件较大的残片可以看出，该遗址的主要器形为罐，侈口，口沿外侧饰一周附加堆纹（图七三，3）。由于所有陶器出自同一所房址，当属一个整体，年代一致。

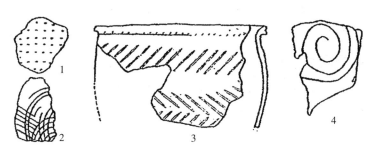

图七三　椴下遗址出土的新石器时代陶器
（均出自同一房址）

椴下遗址陶器附加堆纹口沿、腹饰刻划纹的作风，与奥列尼二组陶器风格一致，年代相当，所属段别亦应相同，即第Ⅳ段。

10. 瓦连京地峡遗址

瓦连京地峡遗址❷位于日本海沿岸、鲁德纳亚矿石码南 150～200 公里的

❶　В. И. Дьяков. Многослойное поселение Рудная пристань и периодизация неолитических культур приморья. Владивосток. Дальнаука. 1992.【В. И. 季亚科夫：《鲁德纳亚码头多层遗址及滨海地区新石器时代文化的分期》，符拉迪沃斯托克，远东科学，1992 年。】

❷　В. И. Дьяков. Многослойное поселение Рудная пристань и периодизация неолитических культур приморья. Владивосток. Дальнаука. 1992.【В. И. 季亚科夫：《鲁德纳亚码头多层遗址及滨海地区新石器时代文化的分期》，符拉迪沃斯托克，远东科学，1992 年。】

地方。1958 年由 Г. И. 安德烈耶夫和 Ж. В. 安德烈耶夫发现，随后 Г. И. 安德烈耶夫对遗址进行了发掘，1970、1980 年 A. B. 戈尔戈维克重新对遗址进行了发掘。

报告中未对陶器的形制及纹饰加以任何描述，发表的陶器有刻划网格纹、平行线纹（图七四，7、8）和篦点网格纹、曲折线纹（图七四，5、6）残片，以及附加堆纹口沿（图七四，1~4）。俄罗斯的大多数学者认为该遗址是一单层遗址，而 В. И. 季亚科夫则认为该遗址是含有多种成分的遗址。

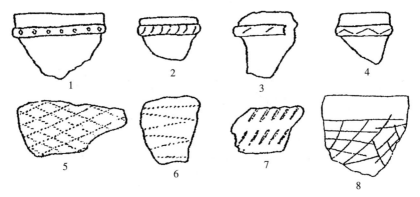

图七四　瓦连京地峡遗址出土的陶器（均未标明出土单位）

笔者支持瓦连京地峡是一单层遗址的观点，且该遗址的所有遗存属于一个整体。瓦连京地峡遗址存在刻划、篦点纹腹片和附加堆纹口沿残片，刻划纹、篦点纹腹片均不见口沿部位，附加堆纹口沿残片剩余部分又往往很小，几乎仅见堆纹口沿部位，不见腹部，笔者推测刻划纹、篦点纹腹片很可能就是堆纹口沿陶器的腹片，只是由于陶器损坏过于严重，使得口沿与腹片分离而已。实际上这种推论可以在其他一些遗址得到印证，如在奥列尼－1、椴下等遗址中均见有附加堆纹口沿与刻划、篦点纹组合的纹饰。

如果笔者的推测无误的话，那么瓦连京地峡遗址陶器就是一种附加堆纹口沿、腹饰刻划纹或篦点纹的陶器，此类纹饰与奥列尼二组陶器相似，年代相当，所属段别亦相同，即第Ⅳ段。

有材料报道在滨海边疆区南部的大彼得湾右岸的罗斯拉夫卡❶、弗拉基米尔－亚历山德罗夫斯科耶❷遗址中出有菱形的戳印纹陶片，乌苏里江流域的戳印菱形纹遗存可能已经到达了大彼得湾沿岸一带。但是报道的材料中未对这三个遗址发现的菱形纹详加描述，亦未发表线图或图片，暂时还无法对其进行更深入的研究。

以上一般遗址材料所属段别情况可参见表一三。

（四）诸遗址材料的分段

以上通过典型遗址材料的分组与分段，以及一般遗址材料所属段别的判定，将图们江流域及大彼得湾地区的所有新石器时代遗址材料分为了四段，具体情况如表一三所示。

以上各段遗存之间差别显著，总结如下。

第Ⅰ段，流行尖底罐，口沿内凹外鼓，呈括号状，腹部略鼓，尖底。只在口沿外侧施纹，其于部位为素面。纹饰有戳印的椭圆形、三角形、长条形坑点纹，呈条带状分布，构图单一，基本不见复合纹饰。

第Ⅱ段，器形以筒形罐为主，亦见有瓮。筒形罐形体矮胖，多侈口，亦见有直口、敛口及卷沿。纹饰以戳印的小长格纹、椭圆形坑点纹、短条纹、篦点纹为主，见有少量指甲纹、压印席纹、人字纹及菱形纹。一般在器身上半部分施纹，也有通体施纹者。

第Ⅲ段，器形仍以筒形罐为主，亦见有碗、杯等器形。纹饰以刻划人字纹最多，还见有刻划叶脉纹、戳印的椭圆形纹、长椭圆形纹，平行斜线纹、网格纹、篦点纹、螺旋纹、雷纹等。施纹面积较大，除口沿及下腹近底处留有一段素面外，其余部分均饰有纹饰。纹饰一般比较单一，很少有复合纹。

第Ⅳ段，器形多侈口，筒形罐衰落，涌现大量附加堆纹口沿罐。纹饰有刻划人字纹，篦点纹、曲线纹以及变体螺旋纹等。

---

❶　В. И. Дьяков. Многослойное поселение Рудная пристань и периодизация неолитических культур приморья. Владивосток. Дальнаука. 1992.【В. И. 季亚科夫：《鲁德纳亚码头多层遗址及滨海地区新石器时代文化的分期》，符拉迪沃斯托克，远东科学，1992 年。】

❷　В. И. Дьяков. Многослойное поселение Рудная пристань и периодизация неолитических культур приморья. Владивосток. Дальнаука. 1992.【В. И. 季亚科夫：《鲁德纳亚码头多层遗址及滨海地区新石器时代文化的分期》，符拉迪沃斯托克，远东科学，1992 年。】

（五）考古学文化的划分与分期

1. 博伊斯曼一组类型

属于该类型的遗存为第Ⅰ段遗存，目前仅发现博伊斯曼－2一组，器形为括号口沿的尖底罐，纹饰为戳印的椭圆形纹、三角纹、长条坑点纹，且只在口沿外侧施纹，其他部位为素面。无论器形还是纹饰都显示出与众不同的特点，代表着一个较为独特的考古学文化，鉴于目前发现的遗存只有博伊斯曼－2一组，数量较少，暂不宜以文化冠名，所以称之为博伊斯曼一组类型。

博伊斯曼一组类型代表性陶器可参见图七五。

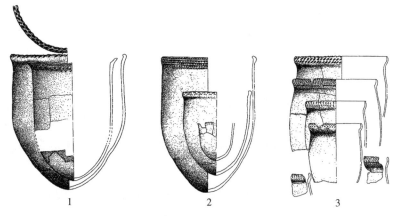

图七五　博伊斯曼一组类型陶器
1～3. 博伊斯曼－2

2. 博伊斯曼文化

属于该文化的遗存为第Ⅱ段遗存，以博伊斯曼－2二组为代表，另外在扎伊桑诺夫卡－1、格拉德卡亚－4、格沃兹杰沃－3、扎列奇耶－1等遗址也有发现，有一定的分布范围。器形以筒形罐为主，形体矮胖，纹饰见有戳印小长方格纹、椭圆形坑点纹、三角纹、篦点纹等，陶器特点鲜明。该文化遗存中以博伊斯曼－2二组遗存最为丰富，俄罗斯学者将此类遗存称为博伊斯曼文化，笔者亦沿用此名称。

博伊斯曼文化代表性陶器可参见图五五。

3. 扎伊桑诺夫卡文化

属于该文化的遗存为第Ⅲ段遗存，包括博伊斯曼 – 2 三组、奥列尼一组，另外在扎伊桑诺夫卡 – 1、格沃兹杰沃 – 4、扎伊桑诺夫卡 – 7、别列瓦尔、基罗夫斯基等遗址也有发现，有一定的分布范围。陶器以筒形罐为主要器形，形体一般瘦高，器身饰有刻划人字纹、叶脉纹、椭圆形坑点、长椭圆形纹等，还见有螺旋纹、雷纹，陶器特征显著。俄罗斯学者以发现最早的扎伊桑诺夫卡 – 1 遗址名称作为该文化的名称，称为扎伊桑诺夫卡文化，笔者沿用此名称。

扎伊桑诺夫卡文化代表性陶器可参见图五六。

4. 奥列尼二组类型

属于该文化的遗存为第Ⅳ段遗存，以奥列尼二组为代表，另外在基罗夫斯基、椴下、瓦连京地峡遗址也有发现，有一定的分布范围。陶器主要为附加堆纹口沿的侈口罐，器身刻划人字纹、篦点纹以及各种几何纹等，陶器风格独特。称为奥列尼二组类型。

奥列尼二组类型代表性陶器可参见图五七。

五、中朝俄三国境内相同新石器文化的整合

（一）博伊斯曼一组类型

博伊斯曼一组类型目前只发现于俄罗斯境内，中、朝境内尚未发现。

（二）迎花南山 H1 – 罗津 – 博伊斯曼文化

迎花南山 H1 类型和罗津类型都只见陶片，不见完整器形，所以在与博伊斯曼文化比较时，只能进行纹饰方面的比较研究，无法进行器形的对比。

迎花南山 H1 类型、罗津类型、博伊斯曼文化陶器纹饰都以戳印的小长方格纹、椭圆形坑点纹、三角纹为主要纹饰，施纹紧密工整，三者纹饰特点相同，而且地域临近，是为同一考古学文化，统称为迎花南山 H1 – 罗津 – 博伊斯曼文化。

迎花南山 H1 – 罗津 – 博伊斯曼文化代表性陶器可参见图五五。

（三）金谷－西浦项－扎伊桑诺夫卡文化

金谷类型和扎伊桑诺夫卡文化均以筒形罐为主要器形，纹饰以戳印椭圆形纹、长椭圆形纹、长椭圆形人字纹为基本纹饰，还见有刻划人字纹、螺旋纹、雷纹等，两者主要器形及纹饰都与西浦项文化陶器相似，而且三者地域临近，当属同一考古学文化，可统称为金谷－西浦项－扎伊桑诺夫卡文化。

金谷类型分为早、晚两期，早期纹饰除基本纹饰外，还有螺旋纹，晚期除基本纹饰外还见有刻划人字纹、雷纹。西浦项文化中期有螺旋纹，晚期有雷纹，从而可知金谷类型早期与西浦项文化中期年代相当，金谷类型晚期与西浦项文化晚期年代相当。

扎伊桑诺夫卡文化中除基本纹饰之外，既见有西浦项文化中期的螺旋纹，又见有西浦项晚期文化晚期的刻划人字纹、雷纹，可见扎伊桑诺夫卡文化的年代相当于西浦项文化的中、晚期。

根据上述分析可知，以西浦项文化的分期为标准，金谷－西浦项－扎伊桑诺夫卡文化也可以分为早、中、晚三期。

金谷－西浦项－扎伊桑诺夫卡文化的分期情况可总结成表一四，代表性陶器可参见图五六。

表一四　金谷－西浦项－扎伊桑诺夫卡文化分期对照表

		朝鲜境内	中国境内	俄罗斯境内
金谷－西浦项－扎伊桑诺夫卡文化	晚期	西浦项文化晚期	金谷文化晚期	扎伊桑诺夫卡文化
	中期	西浦项文化中期	金谷文化早期	
	早期	西浦项文化早期		

（四）东风－西浦项五组－奥列尼二组文化

东风类型、西浦项五组类型及奥列尼二组类型陶器均以附加堆纹口沿侈口罐为主，器身刻划人字纹、篦点纹等纹饰，他们陶器特点相同，而且地域相邻，当属同一考古学文化，统称为东风－西浦项五组－奥列尼二组文化，该文化代表性陶器可参见图五七。

通过中、朝、俄境内考古学文化的划分，以及三国邻境相同考古学文化的整合，在图们江流域及大彼得湾沿岸地区划分出 4 支新石器时代考古学文化，自早至晚依次为博伊斯曼一组类型、迎花南山 H1 – 罗津 – 博伊斯曼文化、金谷 – 西浦项 – 扎伊桑诺夫卡文化、东风 – 西浦项五组 – 奥列尼二组文化，可总结为表一五。

表一五　图们江流域及大彼得湾沿岸地区中、朝、俄境内文化整合情况表

	新石器文化	中国境内	朝鲜境内	俄罗斯境内
一	博伊斯曼一组类型		博伊斯曼一组类型	
二	迎花南山 H1 – 罗津 – 博伊斯曼文化	迎花南山 H1 类型	罗津类型	博伊斯曼文化
三	金谷 – 西浦项 – 扎伊桑诺夫卡文化	金谷文化	西浦项文化	扎伊桑诺夫卡文化
四	东风 – 西浦项五组 – 奥列尼二组文化	东风类型	西浦项五组类型	奥列尼二组类型

六、图们江流域及大彼得湾沿岸地区新石器文化的编年

（一）图们江流域及大彼得湾沿岸地区新石器文化的年代

1. 博伊斯曼一组类型的年代

目前属于博伊斯曼一组类型的碳十四数据有两个，出自博伊斯曼遗址贝壳堆下的深红色土壤层：BP7640 ± 35（贝壳）、BP6355 ± 60（碳）。结合这个数据，并参考该类型陶器只在口沿部位施纹，一般为单一纹饰或简单复合纹的特点，与新开流 – 鲁德纳亚文化早、中期施纹特点相同，年代较为接近，从而判断博伊斯曼一组类型的年代约为 BC5500 ~ 4500 年。

2. 迎花南山 H1 – 罗津 – 博伊斯曼文化的年代

目前迎花南山 H1 – 罗津 – 博伊斯曼文化的碳十四数据共计有 5 个，均出自博伊斯曼遗址，即博伊斯曼贝壳堆中部：BP6100 ± 200（贝壳堆中部的人骨）、

BP5330 ± 55（贝壳堆中部的碳）、BP5300 ± 215（贝壳堆中部的动物骨骼）、BP5160 ± 140（贝壳堆中部的人骨）、BP5030 ± 140（贝壳堆中部的动物骨骼）。结合这些数据，并参考该文化陶器纹饰整体工整，由上及下分段施印，纹饰较为繁缛，与新开流－鲁德纳亚文化晚期陶器纹饰相似的特点，笔者认为该文化年代约为 BC4500 ~ 4000 年。

3. 金谷－西浦项－扎伊桑诺夫卡文化的年代

目前属于金谷－西浦项－扎伊桑诺夫卡文化的碳十四数据共计有 7 个，其中兴城遗址 2 个，金谷遗址 4 个，博伊斯曼－2 遗址 1 个，具体如下表一六。

表一六　金谷－西浦项－扎伊桑诺夫卡文化碳十四数据表

遗址名称	单位	测定结果	树轮校正
兴城	A（1）下 F1 木炭	BP4320 ± 90（BC2370） BP4200 ± 90（BC2250）	BC2914 ~ 2622
	AF3 木炭	BP4170 ± 95（BC2220） BP4050 ± 95（BC2100）	BC2866 ~ 2469
金谷	A 区 F4：1 木炭	BP4000 ± 85（BC2050） BP3890 ± 85（BC1940）	BC2551 ~ 2280
	A 区 F4：2 木炭	BP4020 ± 105（BC2070） BP3910 ± 105（BC1960）	BC2571 ~ 2280
	A 区 F3：1 木炭	BP4110 ± 85（BC2160） BP3990 ± 85（BC2040）	BC2651 ~ 2458
	F1 木炭	BP4465 ± 100（BC2515） BP4340 ± 100（BC2390）	BC3094 ~ 2890
博伊斯曼－2	贝壳堆上表面的土层内的动物骨骼	BP4470 ± 100（这个数值是否经树轮校正未知）	

兴城遗址的碳十四测定单位是金谷－西浦项－扎伊桑诺夫卡文化中期的单位，测定数据代表的应该是该文化中期的年代。从测定数据看，在 BC3000 ~ 2500 年之间。

金谷遗址和博伊斯曼－2遗址碳十四测定单位属于金谷－西浦项－扎伊桑诺夫卡文化的晚期单位，其测定数据反映的应为该文化晚期的年代。晚期年代晚于中期年代，并参考晚期单位的碳十四测定数据可知该文化晚期年代约为BC2500～2300年。

金谷－西浦项－扎伊桑诺夫卡文化的早期从器形及纹饰上看，与中期衔接紧密，中间没有明显的年代缺环，所以其年代下限不会晚于BC3000年，从而推断该文化早期的年代约为BC3500～3000年。

4. 东风－西浦项五组－奥列尼二组文化的年代

目前属于东风－西浦项五组－奥列尼二组文化的碳十四测定数据有10个，其中瓦连京地峡遗址3个，鲁德纳亚遗址3个，列季霍夫卡－格奥吉切列夫斯基遗址3个（乌苏里江流域的鲁德纳亚四组和列季霍夫卡－格奥吉切列夫斯基遗址也属于该文化范畴，详见下文），奥列尼遗址1个，具体如下。

瓦连京地峡：BP4670±90、BP4900±200、BP4500±120

鲁德纳亚集合23（F7）：BP4130±40、BP4000±60、BP4110±40

列季霍夫卡－格奥吉切列夫斯基：BP3280±45（科学院西伯利亚分院－4238），BP3390±55（科学院西伯利亚分院－4239），BP3310±45（科学院西伯利亚分院－4240）。

奥列尼遗址：BP3500±163

已知该文化晚于金谷－西浦项－扎伊桑诺夫卡文化，并参考这些碳十四数据，笔者认为东风－西浦项五组－奥列尼二组文化的年代约为BC2300～2000年。

（二）图们江流域及大彼得湾沿岸地区新石器文化的编年

通过以上4支考古学文化的年代，可初步建立起图们江流域及大彼得湾地区新石器时代文化的编年序列，总结为6个阶段：

第一阶段：以博伊斯曼一组类型为代表，年代BC5500～4500年；

第二阶段：以迎花南山H1－罗津－博伊斯曼文化为代表，年代BC4500～4000年；

第三阶段：以金谷－西浦项－扎伊桑诺夫卡文化早期为代表，年代BC3500～3000年；

第四阶段：以金谷 – 西浦项 – 扎伊桑诺夫卡文化中期为代表，年代 BC3000 ~ 2500 年；

第五阶段：以金谷 – 西浦项 – 扎伊桑诺夫卡文化晚期为代表，年代 BC2500 ~ 2300 年；

第六阶段：以东风 – 西浦项五组 – 奥列尼二组文化为代表，年代 BC2300 ~ 2000 年。

第四章　乌苏里江流域的新石器文化研究

一、地理范围与研究概况

（一）地理范围

乌苏里江由发源于锡霍特山的乌拉河与刀毕河汇聚而成，主要支流从上游至下游依次为松阿察河、穆棱河、大乌苏尔卡河（俄）、比金河（俄）、挠利河、和罗河（俄），最后注入黑龙江。自松阿察河注入起，至与黑龙江汇合处，是我国与俄罗斯的界河。绥芬河流域在兴凯湖和图们江之间，其主流瑚布图河也是中俄界河。行政区域包括黑龙江省牡丹江、鸡西、双鸭山、佳木斯四市的东部地区，以及俄罗斯滨海边疆区的中北部。

（二）研究概况

乌苏里江流域地跨中、俄两国，考古工作被人为地分割成中国境内和俄罗斯境内两部分。

1. 中国境内

中国境内的新石器时代考古起步较晚，而且较为薄弱。1972 年调查并发掘了新开流遗址❶和小南山遗址❷。事隔近十年，刀背山遗址❸被调查发现。1985

---

❶ 黑龙江省文物考古工作队：《密山县新开流遗址》，《考古学报》1979 年 4 期，第 491 ~ 518 页。

❷ 谭英杰：《黑龙江饶河小南山遗址试掘简报》，《考古》1972 年 2 期，第 32 ~ 34 页。

❸ 武威克、刘焕新、常志强：《黑龙江省刀背山新石器时代遗存》，《北方文物》1987 年 3 期，第 2 ~ 5 页。

年穆棱市文物管理所成立后，对穆棱市市域进行了考古调查，发现了金厂沟、龙庙山等一批新石器时代晚期遗址❶，但遗憾的是均未进行发掘。自1991年小南山M1❷被发现后，至今再未见有新石器时代考古遗存的发现。

截至目前，中国境内发现的新石器时代遗址主要有新开流、小南山、刀背山、二百户、赵三沟、万水江、万水江东、南山西、金厂沟、北山、六道沟北、沟里房、后东岗东、参园、南天门、光明、中山、龙庙山等遗址以及小南山M1等。主要遗址的分布见图一（119～136），发现与发掘情况可参见附表三。

乌苏里江流域中国境内的新石器时代遗存发现数量有限，而且多为调查，经过发掘的仅新开流遗址一处，工作之薄弱可见一斑，实待大力开展。即便如此，经过学者的努力，还是取得了一定的研究成果，识别出了新开流和小南山两支考古学文化，而且能够确定新开流文化早于小南山文化。但也存在着一定的问题，如关于刀背山遗址的文化属性，一般学者将之与新开流遗址划入同一考古学文化范畴，事实是否如此还存在不同的意见。还有金厂沟、龙庙山等遗址的文化归属问题尚有待进一步研究等等。

2. 俄罗斯境内

俄罗斯境内的考古工作起步较早，开展得相对充分，笔者根据能够确定发现或发掘年代的遗址，大致可将该地区的考古工作分为两个阶段。

第一阶段，20世纪50年代。1953年发现了鲁德纳亚遗址，并于1955年进行了发掘，这标志着当地新石器时代考古工作的开始。1953年发现，А. П. 奥克拉德尼科夫对遗址进行过多次发掘。1959年发掘了莫里亚克－雷博诺夫遗址。这一阶段考古工作的特点是，遗址发现数量有限，发掘也多为试掘性的，一些文化现象初露端倪。

第二阶段，20世纪70年代至今。在已有工作基础上鲁德纳亚遗址进行了多次发掘，确立了当地最早的考古学文化——鲁德纳亚文化。1972、1973年发现

---

❶　陶刚、倪春野：《黑龙江省穆棱河上游考古调查简报》，《北方文物》2003年3期，第1～14页。

❷　佳木斯市文物管理站、饶河县文物管理所：《黑龙江饶河县小南山新石器时代墓葬》，《考古》1996年2期，第1～8页。

并发掘了鬼门洞穴遗址，对鲁德纳亚文化的确立及分期起到了至关重要的作用。1998、1999 年列季霍夫卡 - 格奥洛吉切斯基遗址的发现与发掘为当地新石器时代晚期文化增加了重要的材料。2000 年调查发现了蓝盖伊 - 4 遗址。2001～2003 年，调查、发掘的卢扎诺夫索普卡 - 2 遗址和卢扎诺夫索普卡 - 5 遗址。2003 年，库兹涅佐夫等人领导的俄日联合考古队对该遗址再次进行发掘。2003、2004 年，俄日联合对乌斯季诺夫卡 - 8 遗址进行了发掘。

其他一些遗址，如希罗金卡、切尔尼戈夫卡 - 1、彼得洛维奇、青树林、克罗乌诺夫卡等，虽然笔者尚未弄清他们发现或发掘的年代，但他们在本地区新石器时代考古学文化建构的过程中起的重大作用却是不可忽视的。

截至目前，俄罗斯境内笔者搜集到的新石器时代遗址有鲁德纳亚、莫里亚克 - 雷博洛夫、鬼门洞穴、克罗乌诺夫卡、奥西诺夫卡、新谢利谢、乌斯季诺夫卡 - 8、切尔尼戈夫卡 - 1、蓝盖伊 - 4、彼得洛维奇、希罗金卡、青树林、卢扎诺夫索普卡 - 2、卢扎诺夫索普卡 - 5、列季霍夫卡 - 格奥洛吉切夫斯基、阿尔谢尼耶夫等。主要遗址的分布见图一（107～118，137～140），发现与发掘情况参见附表三。

乌苏里江流域俄罗斯境内新石器时代文化研究已经取得了一定的成就，识别出了鲁德纳亚文化、以青树林Ⅰ和鲁德纳亚上层为代表的文化，而且普遍认为前者早于后者。但是也不无问题，如鲁德纳亚文化的分期问题至今尚未解决，以青树林Ⅰ和鲁德纳亚上层为代表的文化是属于新石器时代范畴还是青铜时代还存在着一定的争议等等。

关于整个乌苏里江流域中、俄境内的新石器时代文化，有部分学者做过综合研究。朱延平以新开流文化的菱形纹研究为基础，展开了对该地区的所有菱形纹遗存的探讨，指出中国境内的新开流文化与俄罗斯境内的鲁德纳亚文化属于同一考古学文化❶，可谓对该地新石器时代文化研究的经典之作。但是新开流文化与鲁德纳亚文化之间的陶器纹饰存在着一定的差别，这种差别反映的是什么，还有待进一步探讨。大贯静夫的研究对于其他学者研究很有启发❷，但是他的研究结

❶ 朱延平：《新开流文化陶器的纹饰及其年代》，《青果集 - 吉林大学考古系建系十周年纪念文集》，知识出版社，1998 年。
❷ 大贯静夫：《东北亚洲中的中国东北地区原始文化》，《庆祝苏秉琦考古五十五年论文集》，文物出版社，1989 年。

论几乎都是模糊的，没能够给出肯定或否定的回答。

二、中国境内各遗址材料的分析与考古学文化的划分

（一）典型遗址材料的分组

1. 新开流遗址

新开流遗址地处黑龙江省密山县境内、兴凯湖与小兴凯湖之间的湖岗上，小兴凯湖水位较高，湖水通过湖岗上的缺口流入兴凯湖，靠湖岗西端的缺口叫新开流，遗址位于新开流东不远处❶。新开流遗址东西长约 300 米，南北宽约 80 米。1972 年 7 月发现，同年 9～10 月，黑龙江省文物考古工作队对遗址西北部的墓地进行了发掘，开探方 12 个，发掘面积 280 平方米。清理了新石器时代墓葬 32 座（M1～32），鱼窖 10 座（Y1～10）。

该遗址的地层堆积分三层（第①层为耕土，第②层为黄褐色土，第③层为黑褐色土。）除 M18 外的另外 31 座墓葬开口于①层下，M18 和 10 座鱼窖开口于②层下。

《密山县新开流遗址》发掘报告，以层位关系为基础，结合遗物的特点，将该遗址分为上、下两层。上层包括第②层、M1～17 和 M19～32，下层包括第③层、10 座鱼窖及 M18。

下层，陶器主要为夹砂灰褐陶和夹砂黄褐陶。器形仅见罐类，多为直口，个别的作短沿外侈口状。具有代表性的纹饰为刻菱形纹、三角纹、短竖纹、折线纹，还有压印的三角纹、方格纹、菱形纹、椭圆涡纹，以及细凸弦纹、细附加波纹等。陶器仅发表一件 Y10∶1 罐（图七六，22），直口、唇内斜、上腹较直下腹弧收成小平底，整体器形比较矮胖，饰有细凸弦纹、附加波纹。

上层，陶器除夹砂灰褐陶和夹砂黄褐陶外，还有泥质红陶，其中以夹砂灰褐陶占绝大多数，泥质红陶最少。器形见有罐、钵等，有直口、敛口、侈口之分。手制，采用泥条盘筑法，内外表面抹平，器壁厚薄不均，甚至有些器形都不匀称。典型纹饰有鱼鳞纹、菱形纹、篦点纹、短条菱形纹、小长方格篦纹、凸起的

---

❶ 黑龙江省文物考古工作队：《密山县新开流遗址》，《考古学报》1979 年 4 期，第 491～518 页。

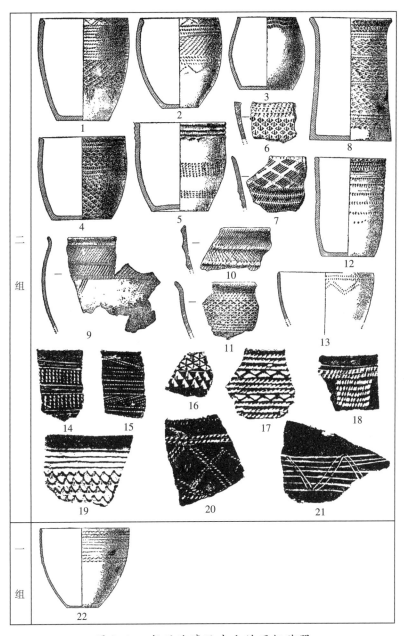

二组

一组

图七六　新开流遗址出土的两组陶器

1. M3∶1　2、9. T5②∶12、201　3. M15∶1　4. M19∶3　5. M7∶21　6、7、10. T4②∶205、202、204　8. M6∶87　11、13. T6②∶201、202　12. M14∶1　14～21. 具体单位不详　22. Y10∶1

网状纹，其中以鱼鳞纹和菱形纹数量最多，此外还见有凸波折纹、三角纹、凹弦纹、附加堆纹、指甲纹等。纹饰构图极为繁缛，极少单独施纹，大多数是几种纹饰共施一器组成复合纹饰。一般以鱼鳞纹或菱形纹为主体花纹，配合其他纹饰，自上而下分层施纹，大多数通体施纹，部分仅饰于器物上半身，个别为素面。

上层陶器器形及纹饰可参见图七六－1～21。

通过以上分析可知，器形方面，下层陶器器形单一，上层器形相对丰富；纹饰方面，下层纹饰种类较少，构图简单，上层纹饰种类多样，构图繁缛。上、下层遗存存在着一定的差别，所以笔者赞同报告的上、下层分期方案。但为本文研究需要，将报告中的下层称为一组，上层称为二组，一、二两组陶器可参见图七六。

2. 刀背山遗址

刀背山遗址[1]位于穆棱河右岸、黑龙江省鸡西境内的刀背山西坡下，西距鸡西市约 7 公里。1980 年发现，1981 年黑龙江省文物考古研究所的朱国忱和鸡西市文物管理站的同志先后对遗址进行了调查，1982 年春鸡西市文物管理站对遗址进行了测量及绘图。

陶器以夹砂黄褐陶、夹砂黑陶为主，有少量泥质红陶。手制，采用泥饼捏制和泥条盘筑两种方法制成，泥饼捏制的形体较小。器形主要有罐、钵两种。罐分筒形罐、鼓腹罐两种。筒形罐一般多口或微多口、上腹较直（图七七，3、4、6、7 ），鼓腹罐，器形较矮，有束颈和折沿（图七七，5、8、10、12、13）两种。钵体均敛口，鼓腹或微鼓腹，器形矮胖，口径大于器高（图七七，11、14 ）。纹饰繁缛，戳印纹占主体，有长方格纹、鱼鳞纹、篦点纹、指甲纹、圆窝纹、三角纹以及人字纹等，常常是几种纹饰共同使用组成复合纹饰。

该遗址这些压印纹陶器，器形整体特征矮胖，纹饰特点相同，当属一个整体，年代接近，将之称为刀背山一组。

另外该遗址还采集有刻划线纹（图七七，1）和篦点人字纹（图七七，2），

---

[1] 武威克、刘焕新、常志强：《黑龙江省刀背山新石器时代遗存》，《北方文物》1987 年 3 期，第 2～5 页。

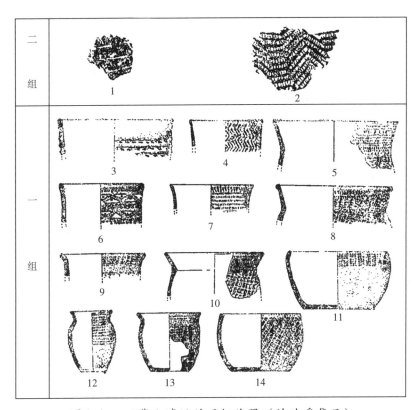

图七七　刀背山遗址的两组陶器（均为采集品）

这两种纹饰共见于距此不远的莺歌岭遗址下层❶，当属同时，将之称为刀背山二组。

前文博伊斯曼－2遗址的陶器分组明确了这两种纹饰的年代关系，即一组早于二组。

3. 小南山 M1

小南山地处黑龙江省饶河县南部，是一座南北向山丘，南端陡峻，北端低缓，故一般称南端为大南山，北端为小南山。先后发现有小南山遗址❷、小南山

---

❶　黑龙江省文物考古工作队：《黑龙江宁安县莺歌岭遗址》，《考古》1981年6期，第481～191页。

❷　谭英杰：《黑龙江饶河小南山遗址试掘简报》，《考古》1972年2期，第32～34页。

旧石器地点❶，以及小南山 M1❷。

M1 位于小南山之巅，1991 年发现时已被破坏。该墓为二人合葬墓，无棺椁，头向西，仰身直肢。随葬品有玉器、石器、牙坠饰，未见陶器。玉器有玉环、玉玦、玉珠、玉匕、玉斧、玉矛、玉簪和斜刃器。

小南山旧石器地点显然属于旧石器时代，不在本文的研究范围之内，暂不讨论。小南山遗址的分析详见后文。

4. 金厂沟遗址

金厂沟遗址❸位于穆棱市下城子镇保安村南、穆棱河上游左岸金厂沟沟口两侧坡地上，面积约为 8000 平方米。从自然冲沟的断层看，该遗址分为上、下两层，上层为早期铁器时代遗存，下层为新石器时代遗存。

下层陶器只采集到陶片，未见完整器。均为手制，有夹砂灰褐陶和夹砂红褐陶两种，纹饰有刻划人字纹、篦点几何纹（图七八，1、2）。

金厂沟遗址的新石器时代遗存出自同一层位，年代相同。

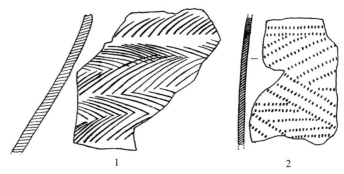

图七八　金厂沟遗址下层陶器（均为采集品）

---

❶　杨大山：《饶河小南山新发现的旧石器地点》，《黑龙江文物丛刊》1981 年 1 期，第 2～8 页。

❷　佳木斯市文物管理站、饶河县文物管理所：《黑龙江饶河县小南山新石器时代墓葬》，《考古》1996 年 2 期，第 1～8 页。

❸　陶刚、倪春野：《黑龙江省穆棱河上游考古调查简报》，《北方文物》2003 年 3 期，第 1～14 页。

5. 龙庙山遗址

龙庙山遗址❶位于穆棱市福禄乡东新村西、穆棱河支流亮子河右岸坡地上，南北长约250米，东西宽约70米。

从遗址暴露的断层中看。地层堆积分为三层：第①层耕土，为黑色腐殖土，第②层为深黄色黏土，第③层为浅黄褐色黏土。

第③层发现陶器，均手制，夹砂，以黄褐陶为主，其次为灰褐陶和黑褐陶。器形均为侈口器，口沿外侧饰一周附加堆纹。器身施刻划纹，有人字纹、平行线纹、网格纹、弧线纹、三角纹等（图七九，1~7）。

龙庙山遗址陶器均出自同一层位，当属同一时期。

6. 光明遗址

光明遗址❷位于穆棱市福禄乡光明村西北、亮子河左岸坡地上。遗址南北长约250米，东西宽约150米，现为耕地和废弃的砖厂取土地。

从砖厂取土形成的断面上暴露出一个灰坑，出有陶器残片。均手制，以红褐陶为主，其次为黄褐陶和灰褐陶。侈口，一般口沿下有一周附加堆纹，有的附加堆纹下方呈锯齿花边状，腹部施刻划平行线交叉纹、曲线纹、雷纹等，平行线成组分布（图七九，8、10~12）。个别器形口沿外侧没有附加堆纹，其腹部饰简化雷纹（图七九，9）。

光明遗址采集的陶片均出自同一灰坑，当属同时。

（二）典型遗址材料的分段

以上探讨了诸典型遗址内部的陶器特征及分组情况，接下来讨论一下诸典型遗址之间或其诸组之间的相对早晚关系，即典型遗址的分段情况。

刀背山一组陶器纹饰以压印纹为主，往往是几种压印纹共施一器，组成复合纹饰，这种纹饰特点与新开流二组陶器纹饰风格相同，年代较为接近。刀背山

---

❶ 陶刚、倪春野：《黑龙江省穆棱河上游考古调查简报》，《北方文物》2003年3期，第1~14页。

❷ 陶刚、倪春野：《黑龙江省穆棱河上游考古调查简报》，《北方文物》2003年3期，第1~14页。

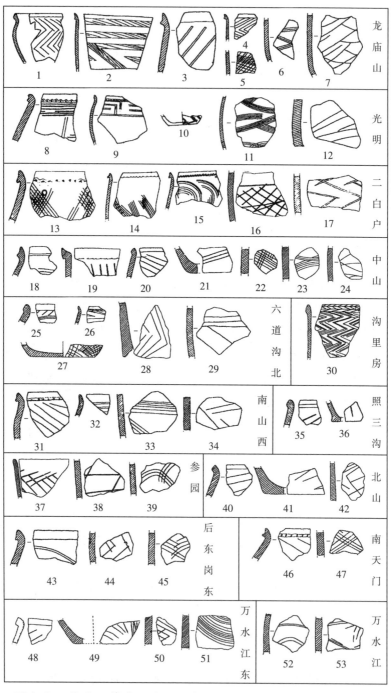

图七九　龙庙山等遗址出土的新石器时代陶器（均为采集品）

二组刻划人字纹（图七七，1）与金厂沟遗址陶器纹饰（图七八，1）相似，年代接近。又新开流一组早于新开流二组，刀背山一组早于刀背山二组，从而能够得到新开流一组－新开流二组、刀背山一组－金厂沟、刀背山二组这样一组由早及晚的年代序列。

　　龙庙山遗址第③层的陶器，侈口、附加堆纹口沿（图七九，1~4）及曲线纹、交叉纹（图七九，6、7）均与光明遗址灰坑内出土的陶器器形（图七九，8）及纹饰（图七九，11、12）相似，年代相当。两者陶器见于牡丹江流域的石灰厂下层❶和振兴遗址 H161❷。如前述已知，这类遗存是新石器时代最晚阶段、新石器时代向青铜时代过渡的一种文化遗存。所以龙庙山遗址第③层与光明遗址灰坑出土的遗存是所有新石器时代遗存中最晚者，他的年代应该晚于金厂沟和刀背山二组的年代。

　　从而可以得到这样一组年代序列：新开流一组－新开流二组、刀背山一组－金厂沟、刀背山二组－龙庙山、光明。

　　新开流二组由新开流遗址的第②层和叠压其上包括 M5 在内的 31 座墓葬组成，M5 叠压在第②层之上，第②层的年代比 M5 要早些。换句话说，新开流 M5 人骨年代数据反映的是新开流二组晚期的年代数据，其早期年代还要早些。考虑到新开流二组纹饰繁缛，部分器物通体施纹，与小珠山下层－美松里下层文化陶器纹饰特点相同，年代较为接近。综合以上两点，笔者认为新开流二组的年代应该在 BC4500~4000 年之间。

　　金厂沟、刀背山二组陶器纹饰主要为刻划人字纹，与图们江金谷遗址陶器纹饰相似，年代相当。据前文研究已知金谷遗址的年代约为 BC2500~2300 之间，那么金厂沟、刀背山二组的年代也大体在 BC2500~2300 年之间。

　　小南山 M1 未见陶器，只见玉器，无法根据陶器对比判断其相对年代，下面试图依据其玉器形态及其他学者研究成果来探讨一下它的年代，从而推定它在乌苏里江流域中国境内新石器时代所属的发展阶段。吉林大学边疆考古研究中心硕

❶　牡丹江市文物管理站：《黑龙江省宁安县石灰厂遗址》，《北方文物》1990 年 2 期，第 3~10 页。

❷　黑龙江省文物考古研究所：《河口与振兴——牡丹江流域莲花水库发掘报告（一）》，科学出版社，2001 年。

士研究生吴丽丹在前人研究基础上，将东北地区新石器时代玉器划分为四个发展阶段❶。她认为小南山 M1 既有第一阶段（BC6000～4500）的玉器，又有第二阶段（BC4500～3500 年）的玉器。根据单位内最晚遗物的年代代表的才是单位的形成年代，可以断定小南山 M1 的年代不早于 BC4500 年。小南山 M1 玉器以玉环最多，数量实属罕见，在同阶段的其他遗址中则少有发现，而第三阶段玉环盛行，据此分析，小南山 M1 当处于第二阶段的较晚时期，推测其年代不会早过BC4000 年。如此推论无误的话，那么小南山 M1 的年代当不早于 BC4000 年，不晚于 BC3500 年。从而可知小南山 M1 的年代处于新开流二组和金厂沟、刀背山二组之间。

通过上述典型遗址之间的比较研究，可将这些典型遗址分为五段，即：

第 I 段：新开流一组；

第 II 段：新开流二组和刀背山一组；

第 III 段：小南山 M1；

第 IV 段：金厂沟、刀背山二组；

第 V 段：龙庙山第③层和光明遗址灰坑。

典型遗址材料的分段情况可参见表一七。

表一七　乌苏里江流域中国境内诸遗址材料的分组、分段表

		新开流文化早期	新开流文化晚期 刀背山一组遗存	小南山 M1	金厂沟遗存	龙庙山遗存
		I 段	II 段	III 段	IV 段	V 段
典型遗址	新开流	一组	二组（新）			
	刀背山		一组（刀）		二组	
	小南山 M1			√		
	金厂沟				√	
	龙庙山					√
	光明					√

❶ 吴丽丹：《论东北地区新石器时代玉器的四个发展阶段》，吉林大学边疆考古研究中心硕士学位论文，2007 年 4 月。

续表

		新开流文化早期	新开流文化晚期 刀背山一组遗存	小南山 M1	金厂沟遗存	龙庙山遗存
		Ⅰ段	Ⅱ段	Ⅲ段	Ⅳ段	Ⅴ段
一般遗址	小南山	√				
	沟里房					√
	二百户					√
	南天门					√
	六道沟北					√
	中山					√
	南山西					√
	万水江东					√
	参园					√
	赵三沟					√
	北山					√
	万水江					√
	后东岗东					√

注:"新"指该遗存在文化属性上属于新开流文化,"刀"指该遗存在文化性质上属于刀背山一组遗存

(三)一般遗址材料所属段别的确定

以上探讨了乌苏里江流域中国境内典型遗址材料的分段情况,下面将该地区的一般遗址材料与典型遗址材料进行比较,以确定一般遗址材料所属段别。

1. 小南山遗址

前文对小南山 M1 进行研究时已知小南山地处黑龙江省饶河县南部,是一座南北向山丘,其南端陡峻,北端低缓,南端称为大南山,北端为小南山。小南山遗址位于小南山和大南山之间。1971 年黑龙江省博物馆对遗址进行了调查和试掘❶。

---

❶ 谭英杰:《黑龙江饶河小南山遗址试掘简报》,《考古》1972 年 2 期,第 32~34 页。

经过试掘知发现有波浪纹陶片（图八〇，1），其纹饰与新开流一组的 Y10：1 罐（图七六，22）上所饰纹饰相似，所属段别相同，即第 I 段。

图八〇　小南山遗址出土的新石器陶片

2. 沟里房遗址

沟里房遗址❶位于穆棱市马桥河镇沟里房村东南山坡上，面积约为 7500 平方米。在居民挖土形成的断层中暴露有文化层，厚约 20 厘米。

陶器以夹砂红褐陶、夹砂黄褐陶为主，有少量夹砂黑灰陶，均手制。微侈口，口沿外侧有一周附加堆纹，其上饰有凹弦纹和刻划短斜线，口沿下饰刻划双线人字纹（图七九，30）。

3. 二百户遗址

二百户遗址❷位于穆棱市穆棱镇二百户村西、穆棱河右岸的山崖上。现已被砖厂取土破坏，现存面积约为 2000 平方米。从砖厂取土的断层中可见文化层，

❶　陶刚、倪春野：《黑龙江省穆棱河上游考古调查简报》，《北方文物》2003 年 3 期，第 1～14 页。

❷　陶刚、倪春野：《黑龙江省穆棱河上游考古调查简报》，《北方文物》2003 年 3 期，第 1～14 页。

厚约 100～170 厘米。

陶器胎土均夹砂，有黄褐陶、红褐陶、黑灰陶，陶色不均。侈口、口沿下有一周附加堆纹，附加堆纹下端一般呈锯齿花边状。以平底器居多，偶见凹底器。器身一般饰有刻划纹，有平行线交叉纹（平行线成组分布）、弧线纹、网格纹以及人字纹等（图七九，13～17）。

4. 南天门遗址

南天门遗址❶位于穆棱市八面通镇南天门村南，南北长约 200 米，东西宽约 100 米。从居民挖土形成的断层中，可知文化层厚约 30 厘米。

陶器胎土夹砂，有黄褐陶、红褐陶，均为手制。侈口，平底或圈足，口沿处有一周附加堆纹，呈锯齿花边状。器身施刻划纹，主要为刻划平行线纹或平行线交叉纹（图七九，46、47）。

5. 六道沟北遗址

六道沟北遗址❷位于穆棱市下城子镇岗子沟村东、六道沟北部坡地上，面积约为 9000 平方米。

采集有陶器，均手制夹砂，有黄褐陶、红褐陶、灰褐陶。侈口，一般口沿处饰一周附加堆纹，均平底。纹饰陶片施刻划人字纹、交叉线纹，网格纹等（图七九，25～29）。

6. 中山遗址

中山果树园遗址❸位于穆棱市八面通镇中山村东南，面积约为 10000 平方米。

陶器多手制夹砂，有少量泥质陶，以黄褐陶为主，还有红褐陶。侈口，口沿处有一周附加堆纹，堆纹下往往呈锯齿花边形。多平底，亦有台底。器身刻划平

---

❶ 陶刚、倪春野：《黑龙江省穆棱河上游考古调查简报》，《北方文物》2003 年 3 期，第 1～14 页。

❷ 陶刚、倪春野：《黑龙江省穆棱河上游考古调查简报》，《北方文物》2003 年 3 期，第 1～14 页。

❸ 陶刚、倪春野：《黑龙江省穆棱河上游考古调查简报》，《北方文物》2003 年 3 期，第 1～14 页。

行线纹、交叉线纹、弧线纹，一般线条成组分布（图七九，18~24）。

7. 南山西遗址

南山西遗址❶位于穆棱市马桥河镇西南、马桥河左岸山坡上，面积约为 7000平方米。

陶器均手制，夹砂，以黄褐陶为主，红褐陶次之。器形均侈口、平底，有的器物口沿下施一周附加堆纹。器身施刻划纹，有刻划平行线纹、交叉线纹等（图七九，31~34）。

8. 万水江东遗址

万水江东遗址❷位于穆棱市马桥河镇万水江村东 1 公里的无名溪流右岸坡地上，面积约为 4000 平方米。

采集的有纹陶器残片，手制，夹砂，以黄褐陶为主，少量红褐陶。侈口、平底或台底，口沿下施一周附加堆纹。器身饰刻划纹，有平行线纹、交叉线纹、弧线纹（图七九，48~51）。

9. 参园遗址

参园遗址❸位于穆棱河市下城子镇新民村东北、穆棱河右岸山谷里的坡地上，东西长约 300 米，南北宽约 80 米。在自然冲沟中暴露出文化层，厚约 80厘米。

陶器均手制，夹砂，以红褐陶为主，还有黄褐陶。器形侈口，直口，侈口器口沿下施一周附加堆纹。器身饰刻划纹，有刻划人字纹、交叉线纹、弧线纹等（图七九，37~39）。

---

❶　陶刚、倪春野：《黑龙江省穆棱河上游考古调查简报》，《北方文物》2003 年 3 期，第 1~14 页。

❷　陶刚、倪春野：《黑龙江省穆棱河上游考古调查简报》，《北方文物》2003 年 3 期，第 1~14 页。

❸　陶刚、倪春野：《黑龙江省穆棱河上游考古调查简报》，《北方文物》2003 年 3 期，第 1~14 页。

10. 赵三沟遗址

赵三沟遗址❶位于穆棱市下城子镇朝阳村东北、赵三沟山谷的坡地山，面积约为 5000 平方米。

早期陶器均手制、夹砂，有黄褐陶和红褐陶两种。器形微敛口，口沿外侧有加厚处理，似施一周附加堆纹，台底。腹饰刻划线纹（图七九，35、36）。

11. 北山遗址

北山遗址❷位于穆棱市下城子镇北、穆棱河右岸山刚上，面积约为 7000 平方米。

陶器均手制，夹砂，以黄褐陶为主，其次为红褐陶。多口，口沿外侧一周凸起，似附加堆纹。底有平底和台底两种。器身饰刻划纹，有平行线纹、交叉线纹（图七九，40～42）。

12. 万水江遗址

万水江遗址❸位于穆棱市马桥河镇万水江村西北，东西长约 200 米，南北宽约 70 米。

采集的纹饰陶片，均手制，夹砂，以红褐陶为主，还有黄褐陶。多口，器身饰刻划交叉线纹、弧线纹（图七九，52、53）。

13. 后东岗东遗址

后东岗东遗址❹位于穆棱市下城子镇新民村东，面积约为 7500 平方米。采集的陶器均手制，夹砂，分红褐陶和黄褐陶两种。多口平底，口沿外侧饰一周附加堆纹。大部分施刻划纹，少有素面者。纹饰有平行线纹、交叉线纹、弧线纹（图七九，43～45）。

---

❶ 陶刚、倪春野：《黑龙江省穆棱河上游考古调查简报》，《北方文物》2003 年 3 期，第 1~14 页。
❷ 陶刚、倪春野：《黑龙江省穆棱河上游考古调查简报》，《北方文物》2003 年 3 期，第 1~14 页。
❸ 陶刚、倪春野：《黑龙江省穆棱河上游考古调查简报》，《北方文物》2003 年 3 期，第 1~14 页。
❹ 陶刚、倪春野：《黑龙江省穆棱河上游考古调查简报》，《北方文物》2003 年 3 期，第 1~14 页。

从沟里房至后东岗东等 12 个遗址采集到的所有纹饰陶片，他们共同的特点是一般口沿外侧施一周附加堆纹，器身饰刻划直线或弧线构成的人字纹、弧线纹、网格纹、交叉线纹等几何纹，他们与龙庙山遗址第③层、光明遗址灰坑的陶器及纹饰相似，年代相当，所属阶段亦相同，即都属于第Ⅴ段。

一般遗址材料所属段别情况可参见表一七。

另外需要指出的是，在松花江下游的桦川万里霍通遗址❶、同江街津口遗址❷、富锦高台子村遗址❸、抚运油库遗址❹发现有与新开流遗址相似的遗存，牡丹江域宁安县莺歌岭遗址❺有与金厂沟相似的遗存，由于这两个区域不在本文所涉及的地域范围，暂不展开讨论。瑚布图河流域东宁桥河西遗址❻也发现了刻划"人"字纹陶片，但是由于未发表线图或照片，亦无法进一步展开讨论。

（四）诸遗址材料的分段

通过典型遗址材料的分组与分段，及一般遗址所属段别的判定，可将乌苏里江流域中国境内发现的所有新石器时代遗存分为五段，即：

第Ⅰ段：新开流一组、小南山遗址出土的新石器时代波浪纹陶片；

第Ⅱ段：新开流二组和刀背山一组；

第Ⅲ段：小南山 M1；

第Ⅳ段：金厂沟、刀背山二组；

第Ⅴ段：龙庙山第③层、光明遗址灰坑、沟里房、二百户、南天门、六道沟北、中山、南山西、万水江东、参园、赵三沟、北山、万水江、后东岗东等遗址。

---

❶ 郝思德：《桦川万里霍通原始社会遗址调查》，《黑龙江文物丛刊》1984 年 1 期，35 ~ 40、42 页。

❷ 王海燕、张立政：《黑龙江省同江市街津口遗址调查报告》，《北方文物》2003 年 1 期，第 1 ~ 5 页。

❸ 佳木斯市文物管理站：《黑龙江省富锦市南部考古调查》，《北方文物》1919 年 2 期，第 1 ~ 10 页。

❹ 李英奎：《抚运油库遗址调查报告》，《合江文物》，1982 年。

❺ 黑龙江省文物考古工作队：《黑龙江宁安县莺歌岭遗址》，《考古》1981 年 6 期，第 481 ~ 491 页。

❻ 黑龙江省文物考古工作队：《绥芬河上游瑚布图河左岸考古调查》，《黑龙江大学学报》，1979 年 4 期，第 78 ~ 85 页。

乌苏里江流域中国境内诸遗址材料的分组与分段情况可参见表一七。

比较五段的陶器可知，他们之间的亲疏关系有所差别，总结如下。

第 I、II 段，陶器的共同特征明显，不见刻划纹，只有压印纹；

第 III 段，目前只见玉器，不见陶器，与众不同；

第 IV 段，主要为刻划人字纹陶器；

第 V 段，主要是附加堆纹口沿、腹饰刻划直线或弧线构成的各种几何纹陶器。

（五）考古学文化的划分与分期

1. 新开流文化

第 I、II 段的新开流一、二组和刀背山一组虽然都是压印纹陶器，但是却存在明显差别。两者的主要器形——罐存在一定差别：新开流一、二组罐有直口、侈口、及敛口之分；而刀背山一组罐只有侈口和和折沿两种形态，不见直口罐和敛口罐，尤以折沿鼓腹罐风格独特，与新开流一、二组罐差别十分明显。纹饰方面，新开流一、二组纹饰以压印整齐的菱形纹和鱼鳞纹占绝对优势，刀背山一组则以小长方格纹为主，新开流一组的菱形纹在刀背山一组完全不见。

从而可知，新开流一、二组与刀背山一组无论是器形还是主体纹饰，都存在着一定的差别，当属不同的考古学文化范畴。

新开流一、二组遗存在新开流遗址发掘报告中就已经将之命名为新开流文化，笔者赞同。新开流文化目前能够确认的遗址有新开流、小南山，陶器主要为夹砂灰褐陶和夹砂黄褐陶，还有泥质红陶。器形有罐和钵。纹饰有鱼鳞纹、菱形纹、篦点纹、短条菱形纹、三角纹、小长方格篦纹、椭圆涡纹、细凸弦纹、细附加波纹、凸起的网状纹等，其中以鱼鳞纹和菱形纹数量最多。

以新开流一、二组为准，可将该文化分为早、晚两期，新开流一组为早期，新开流二组为晚期。早期器形单一，只见罐，晚期器形相对丰富，除罐外，还见有钵。早期纹饰种类较少，构图简单，晚期纹饰种类多样，构图繁缛。

新开流文化代表性陶器可参见图八一。

2. 刀背山一组遗存

刀背山一组为代表的文化遗址目前只发现刀背山遗址一处，其以戳印小长方

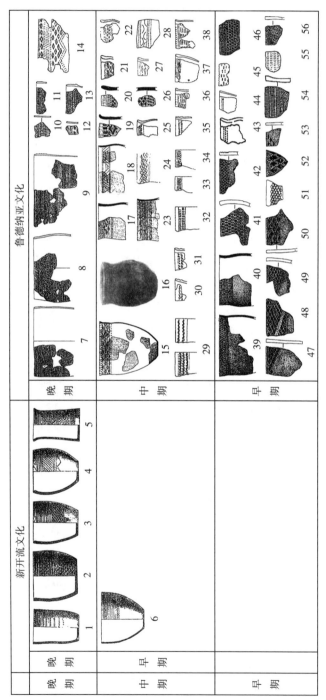

图八一　新开流－鲁德纳亚文化陶器分期图

1. 新开流 M14：1　2. 新开流 M19：3　3. 新开流 M3：1　4. 新开流 T5②：12
5. 新开流 M6：87　6. 新开流 Y10：1　7～9. 卢扎诺夫索普卡-2　15、17、18、19、20、23、26. 鲁德纳亚集合 24：6、9、4、7、
2、5、1　16、21、22、24、25、27、29～38、43、44. 鬼门洞穴　28、45. 彼得洛维奇　39、40、42、46、47、52、54. 鲁德纳亚
早期层：19、1、16、4、5、18、7　41、48、49、50、53、56. 鲁德纳亚集合 6　51、55. 奥西诺夫卡

格纹为主要纹饰的特点与图们江流域及大彼得湾沿岸地区的迎花南山 H1 – 罗津 – 博伊斯曼文化陶器纹饰特点相同，而且刀背山遗址位于穆棱河上游，地域也比较接近，所以说刀背山一组遗存应该是图们江及乌苏里江流域的迎花南山 H1 – 罗津 – 博伊斯曼文化向乌苏里江流域传播产生的遗存。

刀背山一组遗存代表性陶器可参见图五五。

3. 小南山 M1

小南山 M1 处于第Ⅲ段，目前仅见小南山 M1 一处，发现大量的玉器，有玉环、玉玦、玉珠、玉匕、玉斧、玉矛、玉簪以及斜刃器等，其中以玉环最多，还有一定数量的石器，未见陶器，与其他各段遗存均不相同，由于其目前未发现陶器，暂直称为小南山 M1。

4. 金厂沟遗存

属于此类遗存的为第Ⅳ段遗存，目前仅见于金厂沟遗址和刀背山二组，以刻划人字纹陶器为主，称之为金厂沟遗存。

金厂沟遗存陶器纹饰与图们江流域及大彼得湾地区的金谷 – 西浦项 – 扎伊桑诺夫卡文化相似，而且金厂沟和刀背山遗址位于穆棱河上游，处于乌苏里江流域的南面，地域与图们江及大彼得湾地区临近，从而可以说金厂沟和刀背山二组遗存是金谷 – 西浦项 – 扎伊桑诺夫卡文化向乌苏里江流域传播的结果。而且从该遗存陶器刻划人字纹的特点看与金谷遗址陶器纹饰较为接近，处于金谷 – 西浦项 – 扎伊桑诺夫卡文化晚期。

5. 龙庙山遗存

第Ⅴ段的所有文化遗存面貌相同，均为附加堆纹口沿的刻划几何纹陶器遗存。目前见有该段遗存的所有遗址均未发掘，所有遗存均为采集品，其中只有龙庙山遗址出土的遗存能明确为出自该遗址的第③层，有相对完整的单位，称之为龙庙山遗存。

龙庙山遗存目前发现的遗址除龙庙山外，还有光明、沟里房、二百户、南天门、六道沟北、中山、南山西、万水江东、参园、赵三沟、北山、万水江、后东岗东等，分布于穆棱河上游一带。其陶器以附加堆纹口沿罐为主要器形，器身刻划人字纹、交叉纹、网格纹、曲线纹、雷纹等，一般纹饰成组分布，似用篦齿工具刻划而成。其器形及纹饰与图们江流域及大彼得湾地区的东风－西浦项五组－奥列尼二组文化陶器相同，而且与图们江流域及大彼得湾地区地域临近，从而推断龙庙山遗存是东风－西浦项五组－奥列尼二组文化向乌苏里江流域传播的结果。

龙庙山遗存代表性陶器可参见图五七。

三、俄罗斯境内各遗址材料的分析与考古学文化的划分

（一）典型遗址材料的分组

1. 鲁德纳亚遗址

本文搜集到的鲁德纳亚遗址材料主要来自于《鲁德纳亚码头多层遗址及滨海地区新石器时代文化的分期》（俄、汉两版）❶，另外《滨海遥远的过去》❷ 和《苏联远东史——从远古到 17 世纪》❸ 两书中也有关于该遗址的简单介绍。

鲁德纳亚遗址位于滨海边疆区、鲁德纳亚河（旧称"野猪河"，或音译"捷丘贺"）下游右岸支流莫纳斯特尔卡河与普里亚马亚河之间的高地上。1952 年发现，1953 年调查，1955 年进行了首次发掘。六七十年代由于采石，遗址遭到严重破坏，1955 年的发掘地点也已被破坏掉。1982～1986 年、1990 年再次对遗址进行了发掘，此次发掘分 6 个发掘区，发掘面积约 2443 平方米。

遗址堆积（以Ⅰ号发掘区为例）可分为四层，第①层为扰乱层，夹杂各个时期的遗物；其下为青铜时代房址，出有颈、腹分明的陶器，仿青铜矛等；第②层为黑色砂土层，未见遗物；第③层为褐色砂壤土层，出有侈口和叠唇陶器，以

❶ В. И. Дьяков. Многослойное поселение Рудная пристань и периодизация неолитических культур приморья. Владивосток. Дальнаука. 1992.【В. И. 季亚科夫：《鲁德纳亚码头多层遗址及滨海地区新石器时代文化的分期》，符拉迪沃斯托克，远东科学，1992 年】；В. И. 季亚科夫著、宋玉斌译、林沄校：《鲁德纳亚码头多层遗址及滨海地区新石器时代文化的分期》，《东北亚考古资料译文集·俄罗斯专号》，哈尔滨，1996 年 6 月。

❷ А. П. 奥克拉德尼科夫著、莫润先田大畏译：《滨海遥远的过去》，商务印书馆，1982 年。

❸ А. И. 克鲁沙诺夫主编，成于众译，王德厚、侯玉成校：《苏联远东史——从远古到 17 世纪》，哈尔滨出版社，1993 年。

素面为主，有的施刻划纹、压印纹、篦点纹，纹饰简单；第④层为灰褐色砂壤土层，出土陶器较多，一般器身上三分之一处压印有菱形纹、椭圆形纹等；第④层下为生土。另外在第Ⅰ、Ⅱ号发掘区交界处还清理出一座靺鞨时期的房址。据此可知鲁德纳亚遗址包含着新石器时代、青铜时代及铁器时代三个不同时期的遗存。

　　报告目前只发表了9个单位，即Ⅰ区的"早期层"（第④层），集合2、6（"集合"是俄罗斯考古学常用术语，指一群互有内在联系的遗迹和遗物❶），Ⅱ区的集合9、12、13，Ⅵ区的集合23、24、25。下面据这9个单位出土的陶器，对该遗址进行初步的分组研究。

　　Ⅰ区　集合6出土的陶器均方唇，纹饰均以压印的菱形纹、椭圆形坑纹为主，而且纹饰只饰于口沿部位，呈条带状或倒三角状分布（图八二，20、22、25、28、33、34、35）。集合6陶器口沿及纹饰风格一致，当属一个整体。"早期层"出土的陶器口沿及纹饰（图八二，18、19、21、23、24、26、27、32、36）风格与集合6陶器口沿及纹饰相同，两者年代接近。集合2陶器一般侈口，多数口沿外侧经过加厚处理，形成一周附加堆纹，以素面为主，明显具有青铜时代陶器的特点，表明其已经进入青铜时代。

　　Ⅵ区　集合23陶器器形均侈口，口沿外侧饰一周附加堆纹，器身刻划人字纹、成组的平行斜线纹和弧线纹（图八二，1、2）。集合24陶以侈口居多，其次为直口，纹饰不见刻划纹，全部为压印纹，有菱形纹、"V"形纹、"鸟"形纹、小长方格纹、圆形坑点纹、指甲纹、括号纹、篦点几何纹等。诸纹饰很少单独使用，一般与小长方格纹配合使用组成简单的复合纹饰（图八二，11～13、15～17），也见有指甲纹与括号纹共同使用者（图八二，14）。纹饰施于口沿下，成条带分布，其下为素面。集合23陶器无论器形还是陶器均与集合24陶器不同，层位上又晚于集合24，所以集合23的年代晚于集合24。集合25陶器均侈口，部分口沿外侧经过加厚处理，形成一周附加堆纹，附加堆纹经过压印，呈锯齿花边状，器身均为素面，不见任何纹饰。从其器形及素面特征分析，可知其属于青铜时代遗存。

---

❶　В. И. 季亚科夫著、宋玉斌译、林沄校：《鲁德纳亚码头多层遗址及滨海地区新石器时代文化的分期》，《东北亚考古资料译文集·俄罗斯专号》，哈尔滨，1996年6月。

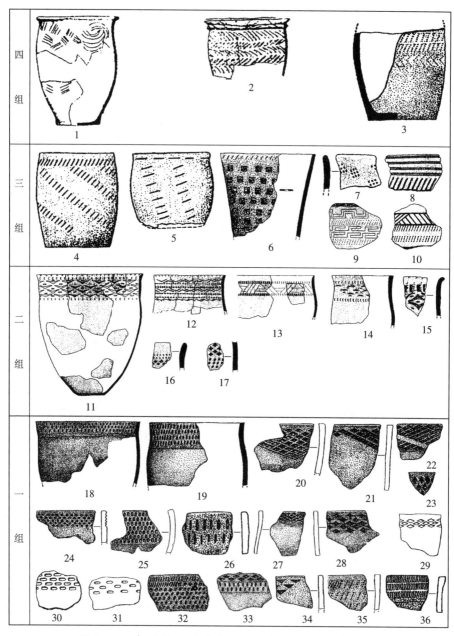

图八二　鲁德纳亚遗址出土的四组新石器时代陶器

1、2. 集合23：6、7　3. 集合9：15　4～10. 集合12：7、8、1、4、10、2、9　11～17. 集合24：
6、5、4、9、7、2、1　18、19、21、23、24、26、27、32、36. 早期层：19、1、5、18、16、17、
3、4、7　20、22、25、28、33、34、35. 集合6　29、30、31. 集合13：2、3、1

注：集合6出土的陶器原报告未给具体器物编号。

Ⅱ区 集合 13 出有压印的菱形纹、椭圆形坑纹陶片（图八二，29、30、31）。集合 12 陶器多为侈口、少数为敛口，大多数都施有压印纹，极个别陶器为素面。纹饰见有压印平行斜线纹、篦点平行斜线纹、方块纹、变体雷纹及绳纹等（图八二，4～10）。集合 12 与集合 13 陶器纹饰存在明显差别，又集合 12→集合 13，所以集合 12 的年代晚于集合 13。集合 9 既有装饰篦点平行斜线纹的陶器（图八二，3），又有口沿外侧饰一周附加堆纹的素面侈口罐，兼有新石器时代和青铜时代的陶器特点，其应该是新石器时代向青铜时代过渡性遗存，是新石器时代最晚阶段的遗存，其年代应该晚于集合 12。从而可知，Ⅱ区三个单位的由早及晚的年代顺序为：集合 13 —集合 12 —集合 9。

通过以上分析可知，Ⅰ、Ⅱ、Ⅳ区的九个单位除去青铜时代的集合 2、集合 25，其他新石器时代遗存按照在各区内的年代早晚总结如下：

Ⅰ区：集合 6 与"早期层"同时；

Ⅱ区：集合 13 —集合 12 —集合 9；

Ⅳ区：集合 24 —集合 23。

下面将三区诸单位进行对比，确定他们之间的年代关系。

首先比较Ⅰ区和Ⅳ区。集合 24 的纹饰有压印菱形纹与椭圆形坑点纹，但与集合 6、"早期层"不同的是他们往往与小长方格纹配合使用（图八二，16、17），而且其"V"形纹、"鸟"形纹等更是独具特色（图八二，11、12）；集合 24 陶器兼有直口方唇罐和侈口尖唇罐（图八二，11～13），集合 6 与"早期层"陶器唇部均为方唇（图八二，18～21、24、26～28、34～36），而较晚的集合 23 的陶器一般为侈口尖、圆唇（图八二，1、2），从而可以说直口方唇年代早于侈口尖、圆唇。从陶器唇部特征看，集合 24 陶器应处于集合 6、"早期层"与集合 23 之间的过渡阶段。从而可知，Ⅰ区和Ⅳ区 6 个单位由早及晚的年代顺序为：集合 6、"早期层"—集合 24 —集合 23。

Ⅱ区的集合 13 纹饰只见单纯的压印菱形纹、椭圆形纹（图八二，29～31），与集合 6 和"早期层"纹饰特征相似，当属同时。集合 9 与集合 23 都属于新石器时代末期遗存，年代应该较为接近。集合 12 以纹饰陶为主（图八二，4～10），这种纹饰与集合 24 的陶器纹饰差别明显，当属不同时期的遗存，集合 12 中还出有与晚期比较近似的素面侈口罐和附加堆纹口沿残片，一定程度上具有较晚阶段的特征，所以其年代应该晚于集合 24。

综上所述，可将该遗址发表的新石器时代遗存按照年代的先后顺序分为四组，即：

第一组：集合 6、集合 13、"早期层"；

第二组：集合 24；

第三组：集合 12；

第四组：集合 9、23。

鲁德纳亚遗址出土的四组新石器时代陶器可参见图八二。

2. 鬼门洞穴遗址

目前笔者收集到的该遗址材料主要来自《远东南部新石器时代的鬼门洞穴古遗址》❶，《滨海东北部的鬼门洞穴新石器时代居址》❷，《鲁德纳亚码头多层遗址及滨海地区新石器时代文化的分期》（俄文版）❸ 和《苏联远东史——从远古到17 世纪》❹ 中也有相关介绍。

鬼门洞穴遗址位于滨海边疆区、鲁德纳亚河右岸支流克里瓦亚河上游的岩洞里，距离鲁德纳亚遗址大约 30 公里。1972 年由地质学家 В. П. 霍赫洛夫发现，考古学家 В. А. 塔塔尔尼科夫、О. В. 季亚科娃、В. И. 季亚科夫及古生物学家 Э. В. 阿列克谢耶娃对遗址进行了调查，1973 年 В. А. 塔塔尔尼科夫对遗址进行了发掘。

出土陶器，可复原者 13 件，其余均为残片。采用泥条盘筑法制成，胎土中掺沙，器物内外表面有打磨的痕迹。器形主要是罐，按照颈部形态可分为无颈

---

❶ Ж. В. Андреева ответственный редактор. Неолит юга Дальнего Востока древнее поселение в пещере Чертавы Ворота. . Москва. 1991. 【Ж. В. 安德烈耶娃主编：《远东南部古老的鬼门洞穴新石器时代居址》，莫斯科，1991 年。】

❷ В. А. Татаников. Неолитическая стоянка в пещере Чертавы Ворота в северо - восточне приморье. Поздне плейстоценовые и раннеголоценовые курьтурные связи Азии и Америки. Новосибирск. 1983. 【В. А. 塔塔尼科夫：《滨海东北部的鬼门洞穴新石器时代居址》，《亚洲和美洲更新世晚期和全新世早期的文化关系》，新西伯利亚，1983 年。】

❸ В. И. Дьяков. Многослойное поселение Рудная пристань и периодизация неолитических культур приморья. Владивосток. Дальнаука. 1992. 【В. И. 季亚科夫：《鲁德纳亚码头多层遗址及滨海地区新石器时代文化的分期》，符拉迪沃斯托克，远东科学，1992 年。】

❹ А. И. 克鲁沙诺夫主编，成于众译，王德厚、侯玉成校：《苏联远东史——从远古到 17 世纪》，哈尔滨出版社，1993 年。

（图八三，1~4）、有颈（图八三，6、7）和微颈（图八三，5、8、9、10）三型，其中无颈罐最多，有颈罐最少。口沿有直口、侈口、敛口之分，其中以敛口最多；唇部形态多尖、圆唇，不见方唇；均为平底。纹饰以压印纹为主，见有少量堆纹，不见刻划纹。压印纹中以菱形纹占绝大多数（图八三，4、11~16、43~47），亦见有三角纹（图八三，17~19）、椭圆形坑纹（图八三，9、37~42、）、小长方格纹（图八三，11~19、24~26）、括号纹（图八三，22）、铲形纹（图八三，23）、船形纹（图八三，27）以及用贝壳边缘压印出来的纹饰（图八三，20、21）。附加堆纹一般呈波浪形（图八三，28、29）、卧式S形（图八三，30、31）、圆形凸点（图八三，34~36）、椭圆形凸点（图八三，1、3、6、7、10、32、33）。

鬼门洞穴遗址纹饰只饰于口沿部位，唇沿与纹饰之间一般有一段距离。部分菱形纹和坑点纹单独使用，此类纹饰特点与鲁德纳亚一组纹饰相似，年代较早。另一部分纹饰配合小长方格纹、椭圆形坑点纹组成复合纹饰。此类纹饰与鲁德纳亚二组纹饰相似，年代相对较晚。从而可将鬼门洞穴遗址陶器分为一、二两组。一组为单一的菱形纹、坑点纹陶器遗存，二组为简单复合纹饰陶器遗存，一组早于二组。

鬼门洞穴遗址一、二两组陶器可参见图八三。

3. 卢扎诺夫索普卡－2 遗址

笔者目前能够见到的该遗址的材料，主要来自于《卢扎诺夫索普卡－2 遗址的博伊斯曼陶器》❶ 和《滨海边疆区的鲁德纳亚文物》❷。

卢扎诺夫索普卡－2 遗址位于滨海边疆区西部卢扎诺夫火山东北段的伊利斯

---

❶ О. Л. Морева. Бойсманская керамика на памятнике Лузанова Сопка－2. Археология и социокультурная антропология Дальнего Востока и сопредельных территорий. Издательство БГПУ. Благовещенск 2003.【О. Л. 莫列娃：《卢扎诺夫索普卡－2 遗址的博伊斯曼陶器》，《远东及比邻地区的考古学和社会文化人类学》，国立布拉戈维申斯克师范大学出版社，2003 年。】

❷ С. В. Батршев. РУДНИНСКАЯ АРХЕОЛОГИЧЕСКАЯ КУЛЬТУРА В ПРИМОРЬЕВ. ладивос ток. ДаЛьнаука. 2009【С. В. 巴达尔谢夫：《滨海边疆区的鲁德纳亚文化》，符拉迪沃斯托克，远东科学，2009 年。】

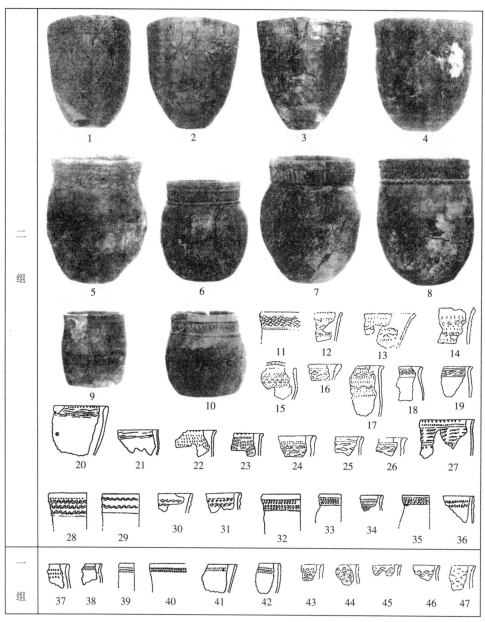

图八三　鬼门洞穴遗址出土的两组陶器（均未标明出土单位）

塔亚河（勒富河）河口。2001 年，俄罗斯学者在对滨海边疆区切尔尼戈夫卡地区、兴凯湖南岸进行调查时发现。2002、2003 年对该遗址进行了发掘，揭露面积 121 平方米，出土有中世纪和新石器时代陶片。本文仅就新石器时代陶器进行介绍和分析。

卢扎诺夫索普卡 – 2 遗址出土的新石器时代陶片均为残片，不见完整器。制法均为手制，采用泥圈套接的方法。从较大的口沿残片及器底分析，器形主要是平底筒形罐，直口或微敛口，平底，器底与器壁的厚度相等。纹饰均为压印纹，依据纹饰形态及局部可分为两组。一组，见有菱形纹、篦点纹、指甲纹、三角形纹、圆形及椭圆形坑点纹，只在口沿部位施纹，纹饰布局比较单一（图八四，8～36）；二组，以压印的菱形纹和篦齿纹最多，还见有压印的椭圆形纹、弧形纹以及凹弦纹等，口沿及腹片均布满纹饰，一件器物往往装饰多种类型的纹饰，形成复合图案装饰，纹饰繁缛（图八四，1～7）。

从陶器器形及纹饰构图两方面考虑，卢扎诺夫索普卡 – 2 遗址的全部新石器遗存应该属于一个整体。从鲁德纳亚遗址的年代分组来看，纹饰布局变化由单一到复杂的复合纹饰，所以可以推断卢扎诺夫索普卡 – 2 遗址一组遗存早于二组。

卢扎诺夫索普卡 – 2 遗址的一、二两组陶器可参见图八四。

4. 青树林遗址

青树林遗址❶位于锡霍特山脉西部山地与兴凯湖平原的交界地带。该遗址遗存可以分为早晚两个时期，早期遗存称为青树林Ⅰ，晚期遗存称为青树林Ⅱ。

青树林Ⅰ的陶器，多侈口平底，口沿外侧施一周附加堆纹，腹部饰梳齿曲线纹、交叉线纹，篦点人字纹、平行线纹（图八五）。

青树林Ⅱ不属于新石器时代，不在本文的研究范畴之内。

（二）典型遗址材料的分段

上面对典型遗址进行了分组研究，下面探讨一下典型遗址之间以及典型遗址

---

❶　Д. Л. Бродянский. Введение в дальневосточную археологию. Истаткльство Дальневосточного университета. Владивосток. 1987. 【Д. Л. 布罗江斯基：《远东考古学概论》，远东大学出版社，符拉迪沃斯托克，1987 年。】

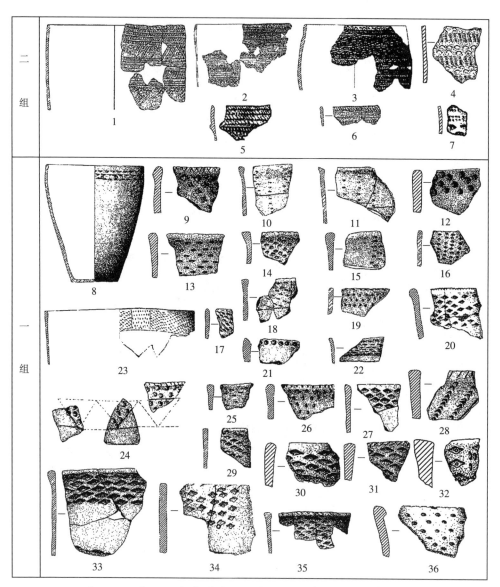

图八四　卢扎诺夫索普卡-2遗址出土的新石器时代陶器
（原报告均未标明出土单位）

诸组之间的相对年代，即典型遗址的分段研究。

在鬼门洞穴遗址分组研究时，已经知道鬼门洞穴一组陶器纹饰与鲁德纳亚一组陶器纹饰相同，年代接近，鬼门洞穴二组与鲁德纳亚二组陶器纹饰构图相同，

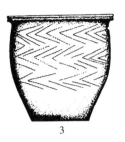

图八五   青树林Ⅰ陶器（均未标明出土单位）

年代接近。

卢扎诺夫索普卡－2遗址一组陶器纹饰为压印的菱形纹、篦点纹、三角纹、圆形及椭圆形坑点纹等，纹饰只在口沿部位施纹，纹饰布局比较单一，与鲁德纳亚一组纹饰风格接近，年代相当，属于同一个年代组。卢扎诺夫索普卡－2二组从其纹饰类型上比鲁德纳亚三组更接近鲁德纳亚一、二组，所以其年代也更与之接近。从鲁德纳亚一、二组的纹饰构图看，纹饰由单一纹饰到简单的复合纹，从而可以看出此类遗存纹饰经历了由单一到复合，由简及繁的发展过程。卢扎诺夫索普卡－2二组遗址陶器纹饰均为两种或两种以上纹饰组成的复合纹饰，从口沿往下分段施印，纹饰极其复杂繁缛，所以其年代应该晚于鲁德纳亚二组。

青树林Ⅰ陶器一般为附加堆纹口沿的刻划纹罐，器形及纹饰特点与鲁德纳亚四组中的集合23中的纹饰陶（图八二，集合23，6、7）相似，年代接近。

通过鬼门洞穴、卢扎诺夫索普卡－2、青树林Ⅰ与鲁德纳亚遗址陶器的比较研究，可将乌苏里江流域俄罗斯境内的新石器时代典型遗址由早及晚分为五段，即：

Ⅰ段：鲁德纳亚一组、鬼门洞穴一组、卢扎诺夫索普卡－2一组；

Ⅱ段：鲁德纳亚二组、鬼门洞穴二组；

Ⅲ段：卢扎诺夫索普卡－2遗址二组；

Ⅳ段：鲁德纳亚三组；

Ⅴ段：鲁德纳亚四组、青树林Ⅰ。

典型遗址材料分段情况可参见表一八。

表一八　乌苏里江流域俄罗斯境内诸遗址材料分组、分段表

分期 遗址	鲁德纳亚文化			鲁德纳亚集合 12 遗存	青树林 Ⅰ遗存
	Ⅰ段	Ⅱ段	Ⅲ段	Ⅳ段	Ⅴ段
典型遗址　鲁德纳亚	一组	二组		三组	四组
鬼门洞穴	一组	二组			
卢扎诺夫索普卡－2	一组		二组		
青树林					√
一般遗址　奥西诺夫卡	一组	二组			
希罗金卡	√	√			
彼得洛维奇	√	√			
乌斯季诺夫卡－8	一组	二组			
切尔尼戈夫卡－1	一组	二组			
卢扎诺夫索普卡－5		√			
蓝盖伊－4		√			
莫里亚克－雷博洛夫			√		
列季霍夫卡－格奥洛吉切斯基					√
克罗乌诺夫卡					√

（三）一般遗址材料所属段别的确定

1. 奥西诺夫卡遗址

目前笔者收集到的该遗址材料主要来自于俄文版的《鲁德纳亚码头多层遗址及滨海地区新石器时代文化的分期》（俄、汉两版）❶ 和《滨海边疆区的鲁德纳亚文化》❷，另外《滨海遥远的过去》❸ 和《苏联远东史——从远古到 17 世

---

❶ В. И. Дьяков. Многослойное поселение Рудная пристань и периодизация неолитических культур приморья. Владивосток. Дальнаука. 1992.【В. И. 季亚科夫：《鲁德纳亚码头多层遗址及滨海地区新石器时代文化的分期》，符拉迪沃斯托克，远东科学，1992 年。】

❷ С. В. Батршев. РУДНИНСКАЯ АРХЕОЛОГИЧЕСКАЯ КУЛЬТУРА В ПРИМОРЬЕВ. ладивос ток. ДалЬнаука. 2009【С. В. 巴达尔谢夫：《滨海边疆区的鲁德纳亚文化》，符拉迪沃斯托克，远东科学，2009 年。】

❸ А. П. 奥克拉德尼科夫著、莫润先田大畏译：《滨海遥远的过去》，商务印书馆，北京，1982 年。

纪》❶ 两书中也有关于该遗址的简单介绍。

　　奥西诺夫卡位于兴凯湖平原的东缘、乌苏里斯克东北 30 公里处的奥西诺夫卡河与富列河交汇处的奥西诺夫卡村。1950～1960 年，А. П. 奥克拉德尼科夫对遗址进行过多次发掘。2003 年，库兹涅佐夫等人领导的俄日联合考古队对该遗址再次进行发掘也发现有新石器时代的陶片。

　　遗址出土的新石器时代陶器均为残片，未见完整器。从对陶片口沿的观察可知，多直口，少部分为侈口或微敛口，上壁较直。纹饰以压印纹为主，其中菱形纹最多，也见有椭圆形纹、箆点纹、三角形纹和弧形纹等。依据纹饰布局可分两组，一组一般围绕口沿附近一周，呈棋盘或倒三角的条带状分布，各种纹饰均单独使用，个别在唇部见有刻划纹（图八六，5～28）。二组仍以压印的菱形纹、三角纹、箆点纹、椭圆形纹为主，与一组的差别是有两种或以上纹饰组合复合纹饰，施纹面积也较一组大（图八六，1～4）。

　　一组陶器单一施纹，不见复合纹饰的特点与鲁德纳亚遗址一组遗存陶器纹饰相似，年代接近，所属段别亦相同，属于 I 段。二组陶器纹饰为简单的复合纹饰，与鲁德纳亚遗址二组陶器纹饰相似，年代相近，所属段别相同，属于 II 段。

2. 希罗金卡遗址

　　希罗金卡❷遗址位于滨海边疆区、兴凯湖南岸。采集有陶器残片，直口，尖、圆唇，唇面内斜。纹饰以压印纹为主，也见附加堆纹。压印纹见有菱形纹、三角形纹、小长方格纹、椭圆形纹等，这几种纹饰往往共同使用，组成复合纹饰，施于口

❶ А. И. 克鲁沙诺夫主编、成于众译、王德厚侯玉成校：《苏联远东史－从远古到17世纪》，哈尔滨出版社，1993年。

❷ a）Д. Л. 布罗江斯基著、王德厚译：《90年代初期的滨海考古学》，《北方文物》1993年3期，第113～121页；b）В. И. Дьяков. Многослойное поселение Рудная пристань и периодизация неолитических культур приморья. Владивосток. Дальнаука. 1992.【В. И. 季亚科夫：《鲁德纳亚码头多层遗址及滨海地区新石器时代文化的分期》，符拉迪沃斯托克，远东科学，1992年。】；c）Д. Л. Бродянский. Введение В Дальневосточную археология. ИздательствоДальневосточнего университета. Владивосток. 1987.【Д. Л. 布罗江斯基：《远东考古学概论》，远东国立大学出版社，符拉迪沃斯托克，1987年。】d）С. В. Батршев. РУДНИНСКАЯ АРХЕОЛОГИЧЕСКАЯ КУЛЬТУРА В ПРИМОРЬЕВ. ладивосток. ДальНаука. 2009【С. В. 巴达尔谢夫：《滨海边疆区的鲁德纳亚文化》，符拉迪沃斯托克，远东科学，2009年。】

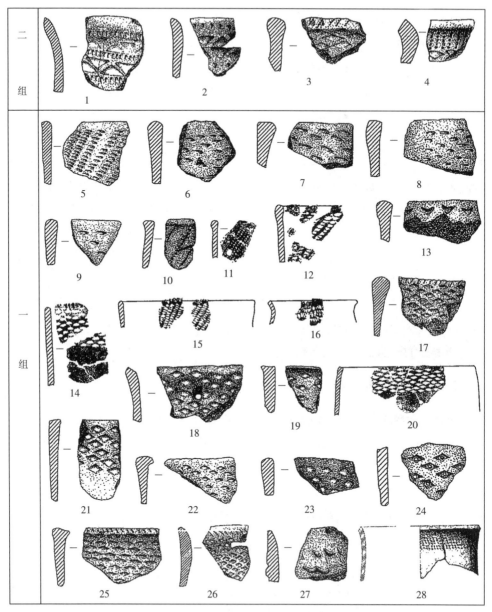

图八六　奥西诺夫卡遗址出土的新石器时代陶器（出土层位不明）

沿附近。一般以菱形纹或三角纹为主体纹饰，配合小长方格纹和椭圆形个坑点纹（图八七，1~6）。为研究之便，将这部分遗存称为希罗金卡二组。其纹饰及构图特点与鬼门洞穴二组陶器纹饰相似，年代接近，所属段别亦相同，属于Ⅱ段。

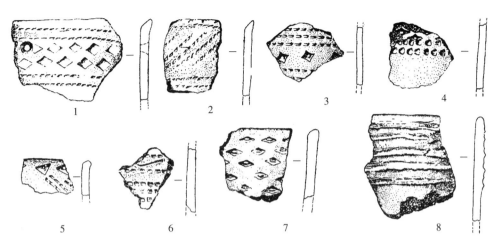

图八七　希罗金卡遗址的新石器时代陶器（均为采集品）

当然也有单一的压印菱形纹，不与任何纹饰组合（图八七，7），为行文之便，将之称为希罗金卡一组。其与鬼门洞穴一组纹饰相似，年代接近，所属段别亦相同，即Ⅰ段。

附加堆纹是在口沿下至上腹部施五周附加堆纹带（图八七，8），这种纹饰在本地区仅次一例，缺乏比较性，暂不研究。

3. 彼得洛维奇遗址

彼得洛维奇遗址❶位于滨海边疆区、兴凯湖南岸不远处的彼得洛维奇村。水文地质学考察队的工作人员在村旁灌溉渠的渠壁上采集到一些陶片及石制品，他们将这些遗物转交给了Д. Л. 布罗江斯基，Д. Л. 布罗江斯基将之公布于众。

从陶器残片上的纹饰看，该遗址遗存有早晚区别。早期是单一的菱形纹、椭圆形纹（图八八，6~8），为研究之便，将之称为彼得洛维奇一组，其纹饰特点与鲁德纳亚一组及鬼门洞穴一组陶器纹饰相似，年代相当，属于Ⅰ段。晚期三角纹与斜线篦点组合纹（图八八，2~4）、括号纹与斜线篦点组合纹（图八八，1）及波浪形附加堆纹（图八八，5），为研究方便将之称为彼得洛维奇二组，其与

❶　В. И. Дьяков. Многослойное поселение Рудная пристань и периодизация неолитических культур приморья. Владивосток. Дальнаука. 1992.【В. И. 季亚科夫：《鲁德纳亚码头多层遗址及滨海地区新石器时代文化的分期》，符拉迪沃斯托克，远东科学，1992年。】

鬼门洞穴二组同类纹饰相似，年代相当，属于Ⅱ段。

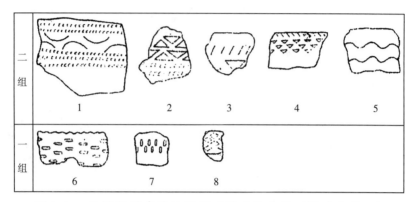

图八八　彼得洛维奇遗址的新石器时代陶器（均为采集品）

4. 乌斯季诺夫卡-8 遗址

乌斯季诺夫卡-8 遗址地处俄罗斯滨海边疆区东部的泽尔卡利纳亚河谷内。2003 年和 2004 年，俄日联合考古队对该遗址进行了发掘❶。该遗址出有新石器文化的陶器，有直口、敛口和侈口三类。纹饰均为压印纹，以菱形纹为主，还见有三角纹和篦点纹。依据纹饰布局的差别可分为一、二两组。一组为单一的压印菱形纹（图八九，4、5），其纹饰特点与鲁德纳亚一组纹饰风格相近，年代相当，属于同一段别，归入Ⅰ段。二组为菱形纹与三角纹或篦点纹组成的简单复合纹饰（图八九，1~3），其纹饰风格与鲁德纳亚二组相似，年代相当，属于同一个年代段别，即Ⅱ段。

5. 切尔尼戈夫卡-1 遗址

切尔尼戈夫卡-1 遗址❷北邻兴凯湖，距离俄罗斯的切尔尼戈夫卡村约 5 公

---

❶ С. В. Батршев. РУДНИНСКАЯ АРХЕОЛОГИЧЕСКАЯ КУЛЬТУРА ВПРИМОРЬЕВ. ладивост ок. ДаЛьнаука. 2009【С. В. 巴达尔谢夫：《滨海边疆区的鲁德纳亚文化》，符拉迪沃斯托克，远东科学，2009 年。】

❷ С. В. Батршев. РУДНИНСКАЯ АРХЕОЛОГИЧЕСКАЯ КУЛЬТУРА В ПРИМОРЬЕВ. ладивос ток. ДаЛьнаука. 2009【С. В. 巴达尔谢夫：《滨海边疆区的鲁德纳亚文化》，符拉迪沃斯托克，远东科学，2009 年。】

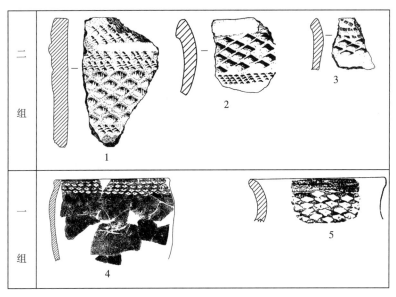

图八九　乌斯季诺夫卡－8 遗址的新石器时代陶器（出土单位不详）

里，遗址现在几乎被采石场摧毁殆尽。采集有新石器时代陶片，其中发表 10 件，均为口沿残片，为直口或敞口。纹饰以压印纹为主，包括菱形纹、三角形纹、篦点纹、椭圆形纹、飞鸟纹等。依据纹饰的差别可分为两组。一组为单一的菱形纹、椭圆形纹，施纹面积较小（图九○，5～10），该组纹饰风格与鲁德纳亚一组纹饰相似，年代接近，归入同一段别，即Ⅰ段。二组纹饰一般由两种压印纹组成简单的复合纹饰（图九○，1～4），其纹饰风格与鲁德纳亚二组纹饰相似，年代相当，归入同一段别，即Ⅱ段。

6. 卢扎诺夫索普卡－5 遗址

卢扎诺夫索普卡－5 遗址位于滨海边疆区西部卢扎诺夫火山东北段的伊利斯塔亚河（勒富河）河口，地处卢扎诺夫索普卡－2 遗址西南 700 米处，遗址面积约 700 平方米。2001 至 2003 年间进行了发掘❶。遗址出有旧石器时代、新石器

❶ С. В. Батршев. РУДНИНСКАЯ АРХЕОЛОГИЧЕСКАЯ КУЛЬТУРА В ПРИМОРЬЕВ. ладивосток. ДаלЬнаука. 2009【С. В. 巴达尔谢夫：《滨海边疆区的鲁德纳亚文化》，符拉迪沃斯托克，远东科学，2009 年。】

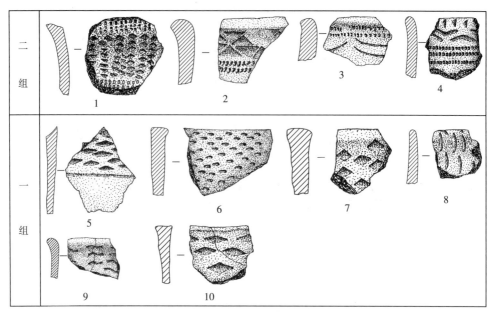

图九〇　切尔尼戈夫卡－1遗址的新石器时代陶器
（均为采集品）

时代和中世纪三个时期的遗存。其中发表的新石器时代遗存仅有一件陶器口沿残
片（图九一），口部微侈，方唇，上腹较直。唇下压印两排由篦点纹组成的平行
斜线纹，其间装饰有四排三角形纹。这种复合纹饰的风格与鲁德纳亚二组纹饰较
为接近，年代相近，归入同一段别，当属Ⅱ段。

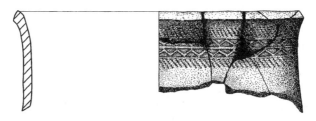

图九一　卢扎诺夫索普卡－5遗址的新石器时代陶器（出土单位不详）

7. 蓝盖伊－4遗址

蓝盖伊－4遗址位于兴凯湖南岸的蓝盖伊村西北部6公里处。2000年，俄罗

斯考古学者对其进行了调查❶，采集到新石器时代陶片。纹饰由篦点纹和菱形纹、飞鸟纹组成的复合纹饰（图九二，1、2），其纹饰风格与鲁德纳亚二组纹饰风格相似，年代相当，属于同一段别，即Ⅱ段。

图九二　蓝盖伊-4遗址的新石器时代陶器（均为采集品）

8. 莫里亚克-雷博洛夫遗址

莫里亚克-雷博洛夫（1972年前称普松港）遗址材料主要来自于《普松港古遗址》❷、《鲁德纳亚码头多层遗址及滨海地区新石器时代文化的分期》（俄文版）❸、《揭开一千年的迷雾》❹ 和《滨海边疆区的鲁德纳亚文物》❺。

---

❶ С. В. Батршев. РУДНИНСКАЯ АРХЕОЛОГИЧЕСКАЯ КУЛЬТУРА В ПРИМОРЬЕВ. ладивосток. ДалЬнаука. 2009 【С. В. 巴达尔谢夫：《滨海边疆区的鲁德纳亚文化》，符拉迪沃斯托克，远东科学，2009 年。】

❷ А. П. Окладников. Древнее поселение в бухте Пхусун. Археология и этнография Дальнего Востока. Новосибирск. 1964. 【А. П. 奥克拉德尼科夫：《普松港古遗址》，《远东的考古学和民族学》，新西伯利亚，1964 年。】

❸ В. И. Дьяков. Многослойное поселение Рудная пристань и периодизация неолитических культур приморья. Владивосток. ДалЬнаука. 1992. 【В. И. 季亚科夫：《鲁德纳亚码头多层遗址及滨海地区新石器时代文化的分期》，符拉迪沃斯托克，远东科学，1992 年。】

❹ РОССИЙСКАЯ АКАДЕМИЯ НАУК ДАЛЬНЕВОСТОЧНОЕ ОТДЕЛЕНИЕ. ПРИОТРЫВАЯ ЗАВЕСУТЫСЯЧЕЛЕТИЙ. Владивосток. 2010. 【俄罗斯科学院远东分院：《揭开一千年的迷雾》，符拉迪沃斯托克，2010 年。】

❺ С. В. Батршев. РУДНИНСКАЯ АРХЕОЛОГИЧЕСКАЯ КУЛЬТУРА В ПРИМОРЬЕВ. ладивосток. ДалЬнаука. 2009 【С. В. 巴达尔谢夫：《滨海边疆区的鲁德纳亚文化》，符拉迪沃斯托克，远东科学，2009 年。】

莫里亚克－雷博洛夫遗址位于滨海边疆区日本海沿岸、马尔加里托夫卡河右岸的台地上。1959 年春天由地质学家 E. П. 杰尼索夫发现并进行了小规模的试掘。同年 5 月，А. П. 奥克拉德尼科夫和 Г. И. 安德烈耶夫对遗址进行了再次发掘，发掘面积 219 平方米。1993 年，В. И 迪亚科夫对遗址进行了第三次发掘。

经过发掘得知，遗址的大部分遗存属于青铜时代。不过临峭壁处发现了一个新石器时代凹坑，其内发现有一些陶器残片。从发表的标本看（图九三），陶器均为直口或微敛口，纹饰主要以菱形纹压印纹和箆点纹组成的复合纹饰，纹饰繁缛复杂，但不失工整之风。此类纹饰与卢扎诺夫索普卡－2 遗址二组陶器纹饰风格相似，年代接近，所属段别相同，即Ⅲ段。

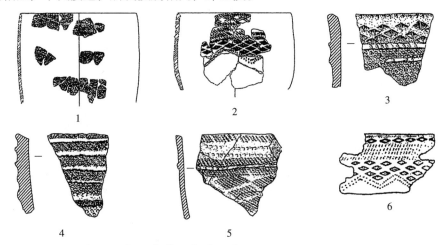

图九三　莫里亚克－雷博洛夫遗址出土的新石器时代陶器（灰坑内）

据报告描述该遗址中也有简单的菱形压印纹陶片，但是未发表线图或照片，无法进一步研究。

9. 列季霍夫卡－格奥洛吉切斯基遗址

列季霍夫卡－格奥洛吉切斯基遗址❶位于滨海边疆区切尔尼戈夫斯卡亚地区

---

❶　С. А. Коломиец　С. В. Батаршев　Е. Б. Крутых. Поселение　Реттиховка － Геологическая（хронология，культурная принадлежность）．Археология и культурная антропология Дальнего Востока. ДВО РАН. Владивосток. 2002. 【С. А. 科洛米耶茨 С. В. 巴塔尔舍夫 Е. Б. 克鲁特赫：《列季霍夫－格奥洛吉切斯基遗址（年代、文化特点)》，《远东考古学和文化人类学》，俄罗斯科学院远东分院，符拉迪沃斯托克，2002 年。】

远东铁路局列季霍夫卡车站西北 4.5 公里处，距小瓦西阿诺夫卡河 200 米，面积约为 3600 平方米。1992 年 Ю. С. 利普金发现，1998 年 А. А. 克鲁皮扬科和 А. Н. 波波夫进行了初步调查，1999 年 7 月远东国立大学考古队开始了固定研究，发掘面积 33 平方米。

地层堆积共分五层：第①层为草地腐殖土，第②层为含砂岩的有斑点的暗褐色亚砂土，第③层为含碎石的有斑点的亮褐色致密砂质黏土，第④层为黑褐色碳质亚砂土，第⑤层为深褐色致密亚砂土，第⑤层下为生土。其中第④层下有一横穴，第⑤层部分地方含有碎石。

以第②层为界分为上、下两层，上层属于发达铁器时代遗存，下层属于新石器时代晚期遗存。

新石器时代陶器以黏土做胎，胎中掺有滑石粉，采用泥片贴塑法制成。一般烧制火候较高，质地坚硬。器表磨光，呈暗褐色、亮褐色或红褐色。器形主要可分为高体卷沿罐和矮体侈口罐（报告称其为花盆形陶器）两种。高体卷沿罐，口沿下施一周附加堆纹并外折形似卷沿，微束颈，上腹略鼓，平底，器高大于口径。器身上半部分施纹，以人字纹最多，还有用 2 到 7 齿梳齿工具刻划成直线、弧线、交叉线等，有的唇部有刻纹或印纹（图九四，1~8、11）。矮体罐侈口罐，口沿外侈，束颈，上腹外鼓，下腹急收成平底，器高与口径大体相当，器身上半部分饰有雷纹（图九四，9、10）。

该遗址陶器器形及纹饰特征一致，与青树林 I（图八五）陶器特点相同，年代相当，所属段别亦相同，即 V 段。

10. 克罗乌诺夫卡遗址

克罗乌诺夫卡遗址❶位于滨海边疆区乌苏里斯克西南、克罗乌诺夫卡河谷内。该遗址下层出土的陶器烧制质量较高，表面加工精细，人字纹、曲线交叉纹、雷纹，个别陶器口沿外侧施一周附加堆纹（图九五）。

---

❶　a）А. И. 克鲁沙诺夫主编，成于众译，王德厚、侯玉成校：《苏联远东史——从远古到 17 世纪》，哈尔滨出版社，1993 年；b）В. И. Дьяков. Многослойное поселение Рудная пристань и периодизация неолитических культур приморья. Владивосток. Дальнаука. 1992.【В. И. 季亚科夫：《鲁德纳亚码头多层遗址及滨海地区新石器时代文化的分期》，符拉迪沃斯托克，远东科学，1992 年】。

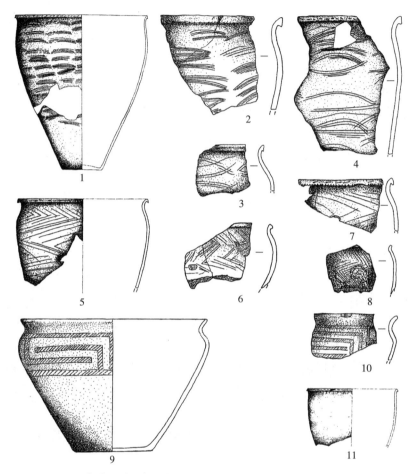

图九四 列季霍夫卡－格奥洛吉切斯基遗址出土的新石器时代陶器
（均未标明出土单位）

克罗乌诺夫卡遗址下层陶器的总体特征与青树林Ⅰ陶器（图八五）相似，年代相当，所属段别亦相同，即Ⅴ段。

一般遗址材料所属段别情况可参见表一八。

（四）诸遗址材料的分段

通过典型遗址的分组与分段，以及一般遗址所属段别的判定，可将乌苏里江流域俄罗斯境内的所有新石器时代文化遗存合并为五段，即：

Ⅰ段：鲁德纳亚一组、鬼门洞穴一组、奥西诺夫卡一组、希罗金卡一组、彼

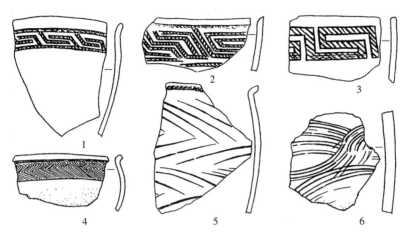

图九五　克罗乌诺夫卡遗址下层出土的陶器

得洛维奇一组、乌斯季诺夫卡－8、切尔尼戈夫卡－1一组；

　　Ⅱ段：鲁德纳亚二组、鬼门洞穴二组、奥西诺夫卡二组、希罗金卡二组、彼得洛维奇二组、乌斯季诺夫卡－8、切尔尼戈夫卡－1二组、卢扎诺夫索普卡－5、蓝盖伊－4；

　　Ⅲ段：卢扎诺夫索普卡－2遗址、莫里亚克－雷博洛夫；

　　Ⅳ段：鲁德纳亚三组；

　　Ⅴ段：鲁德纳亚四组、青树林Ⅰ、列季霍夫卡－格奥洛吉切斯基、克罗乌诺夫卡。

　　乌苏里江流域俄罗斯境内诸遗址材料分组与分段情况可参见表一八。

　　比较乌苏里江流域俄罗斯境内的新石器时代五段遗存，发现他们之间的亲疏远近关系是不同的。

　　第Ⅰ～Ⅲ段，陶器器形以筒形罐为主，纹饰均为压印纹未见刻划纹，其中以压印的菱形纹为主体纹饰，共性明显。

　　第Ⅳ段，仍然以筒形罐为主要器形，但是纹饰相较第Ⅰ～Ⅲ段遗存发生了较大变化，出现了压印方格纹、篦点方格纹、篦点平行斜线纹、刻划平行斜线纹、变体雷纹及绳纹等，第Ⅰ～Ⅲ段的主流纹饰菱形纹、椭圆形纹、小长方格纹等完全不见，其特点鲜明。

　　第Ⅴ段，陶器器形以附加堆纹口沿多口罐为主，腹饰刻划人字纹、曲线交叉纹、弧线纹、雷纹等，这些纹饰往往成组分布，可能是用多齿工具刻划而成，该段陶器无论器形还是纹饰都独具特色。

（五）考古学文化的划分与分期

1. 鲁德纳亚文化

属于该文化的遗存为第Ⅰ至Ⅲ段遗存，包括鲁德纳亚一组、鲁德纳亚二组、鬼门洞穴一组、鬼门洞穴二组和卢扎诺夫索普卡－2遗址出土的新石器时代遗存，另外在奥西诺夫卡、希罗金卡、彼得洛维奇、蓝盖伊－4、莫里亚克雷博洛夫等遗址也有发现，其分布北起鲁德纳亚河，南至兴凯湖平原北缘，东自日本海，西达兴凯湖平原，分布范围广泛。以筒形罐为主要器形，以菱形纹为主要纹饰，陶器特征鲜明，可作为一支独立的考古学文化，俄罗斯学者将此类文化遗存称为鲁德纳亚文化，笔者亦同。

鲁德纳亚文化包含的第Ⅰ、Ⅱ、Ⅲ段遗存，可作为鲁德纳亚文化的早、中、晚三期。

早期，以鲁德纳亚一组、鬼门洞穴一组、卢扎诺夫索普卡－2一组为代表，另外在奥西诺夫卡一组、希罗金卡、彼得洛维奇、乌斯季诺夫卡－8、切尔尼戈夫卡－1遗址也有发现。纹饰较为单一，由压印菱形纹、椭圆形纹组成条带状饰于口沿一周。

中期，以鲁德纳亚二组、鬼门洞穴二组为代表，在奥西诺夫卡二组、希罗金卡、彼得洛维奇、乌斯季诺夫卡－8、切尔尼戈夫卡－1、卢扎诺夫索普卡－5、蓝盖伊－4遗址也有发现。纹饰为简单复合纹，一般是一至三周菱形纹或三角纹带与小长方格纹、椭圆形纹组成复合纹，饰于口沿附近，也见有括号纹、铲形纹、椭圆形凸点纹与小长方格纹或椭圆形坑纹组合者，还见有贝壳边缘印纹。

晚期，见于卢扎诺夫索普卡－2二组、莫里亚克雷博洛夫遗址。纹饰为繁缛的复合纹，纹饰一般由菱形纹与小长方格纹或椭圆形纹，从口沿开始至腹部分段施印，有的通体施纹，纹饰极其繁缛。

鲁德纳亚文化代表性陶器可参见图八一。

2. 鲁德纳亚集合12遗存

第Ⅳ段遗存目前只发现有鲁德纳亚集合12，以筒形罐为主要器形，纹饰有压印方格纹、篦点方格纹、篦点平行斜线纹、刻划平行斜线纹、变体雷纹及绳纹等，称之为鲁德纳亚集合 12 遗存。

鲁德纳亚集合 12 遗存代表性陶器可参见图八二的鲁德纳亚第三组。

3. 青树林 I 遗存

第 V 段遗存包含鲁德纳亚三组、青树林 I 和列季霍夫卡 – 格奥洛吉切斯基、克罗乌诺夫卡遗址出土的新石器时代遗存，其中以青树林 I 较具代表性，称为青树林 I 遗存。

青树林 I 遗存陶器以附加堆纹口沿罐为主要器形，腹部饰篦齿工具刻划成的各种几何纹饰。其陶器器形及纹饰特点与图们江流域及大彼得湾地区的东风 – 西浦项 – 奥列尼二组文化陶器相似，而且地域相邻，从而可以说青树林 I 遗存是东风 – 西浦项 – 奥列尼二组文化向乌苏里江流域传播的结果。

青树林 I 遗存代表性陶器可参见图五七。

四、中俄两国境内相同新石器文化的整合

(一) 新开流 – 鲁德纳亚文化

新开流文化与鲁德纳亚文化的陶器均为压印纹陶器，器形都以筒形罐为主要器形，纹饰都以压印整齐的菱形纹为主要纹饰，两者陶器特征相同，当属于同一考古学文化遗存。

据鲁德纳亚文化的分期可知，鲁德纳亚文化早、中期纹饰为单一或简单的复合纹饰，其特点与新开流文化早期陶器纹饰相近，年代大体相当。鲁德纳亚文化晚期纹饰繁缛，一般从口沿至腹部分段施纹，有的通体施纹，其纹饰布局与新开流晚期陶器纹饰相似，年代相当，当属同时。

据以上分析，可将新开流 – 鲁德纳亚文化分为早、中、晚三期，早期以鲁德纳亚文化的早期为代表，中期以鲁德纳亚文化的中期为代表，晚期以新开流文化晚期和鲁德纳亚文化晚期为代表，可总结为表一九，各期代表性陶器可参见图八一。

表一九　新开流－鲁德纳亚文化分期对照表

		俄罗斯境内	中国境内
新开流－鲁德纳亚文化	晚期	鲁德纳亚文化晚期	新开流文化晚期
	中期	鲁德纳亚文化中期	新开流文化早期
	早期	鲁德纳亚文化早期	

（二）刀背山一组遗存

刀背山一组遗存目前只在中国境内发现，俄罗斯境内尚未发现。

（三）小南山 M1

小南山 M1 目前只在中国境内发现，俄罗斯境内尚未发现。

（四）金厂沟遗存

金厂沟遗存目前在俄罗斯境内尚未发现。

（五）鲁德纳亚集合 12 遗存

鲁德纳亚集合 12 遗存目前在中国境内尚未发现。

（六）龙庙山－青树林 I 遗存

通过前文分析已知，乌苏里江流域的中国境内的龙庙山遗存和俄罗斯境内的青树林 I 遗存属于同一考古学文化遗存，龙庙山－青树林 I 遗存，而且其属于图们江流域及大彼得湾沿岸地区的东风－西浦项五组－奥列尼二组文化范畴。

通过中、俄境内考古学文化的划分以及相同考古学文化的整合研究，在乌苏里江流域划分出 6 支新石器时代考古学文化或遗存，分别为新开流－鲁德纳亚文化、刀背山一组遗存、小南山 M1、金厂沟－鲁德纳亚集合 12 遗存、龙庙山－青树林 I 遗存，具体情况可参见表二〇。

表二〇 乌苏里江流域中、俄境内新石器文化对比及整合情况表

	新石器文化	中国境内	俄罗斯境内
一	新开流－鲁德纳亚文化	新开流文化	鲁德纳亚文化
二	刀背山一组遗存	刀背山一组遗存	
三	小南山 M1	小南山 M1	
四	金厂沟－鲁德纳亚集合 12 遗存	金厂沟遗存	鲁德纳亚集合 12 遗存
五	龙庙山－青树林 I 遗存	龙庙山遗存	青树林 I 遗存

五、乌苏里江流域新石器文化的编年

（一）乌苏里江流域新石器文化的年代

1. 新开流－鲁德纳亚文化的年代

目前属于新开流－鲁德纳亚文化的碳十四测定数据有 10 个，其中鲁德纳亚遗址 3 个，鬼门洞穴遗址 5 个，莫里亚克雷博洛夫遗址 1 个，新开流遗址 1 个，具体结果为如下。

鲁德纳亚：BP7690±80 年、BP7550±60 年、BP7390±100 年

鬼门洞穴：BP6825±45 年、BP6710±105 年、BP6575±75 年、BP6380±70 年、BP5890±45 年

莫里亚克雷博洛夫：BP4160±60 年

新开流 M5 人骨：BP5430±90 年（半衰期 5730），树轮校正值为 BP6080±130 年

上述数据中莫里亚克雷博洛夫遗址偏差较大，这可能与该遗址大部分遗存处于青铜时代有关。除莫里亚克雷博洛夫遗址外其余年代均在 BC5500～4000 年之间。通过前文分析知道新开流二组的年代在 BC4500～4000 年之间，新开流二组属于新开流－鲁德纳亚文化的晚期。从而可知新开流－鲁德纳亚文化晚期年代为 BC4500～4000 年，那么其早中期的年代为 BC5500～4500 年。

2. 刀背山一组遗存的年代

刀背山一组遗存属于迎花南山 H1－罗津－博伊斯曼文化范畴，是其向乌苏里江流域传播的结果，年代与之相当，即 BC4500～4000 年。

3. 小南山 M1 的年代

前面已经探讨了小南山 M1 的年代，大约在 BC4000～3500 之间。

4. 金厂沟遗存的年代

金厂沟遗存的属于金谷－西浦项－扎伊桑诺夫卡文化范畴，是其想乌苏里江流域传播的结果，而且处于其晚期阶段，即 BC2500～2300 年。

5. 鲁德纳亚集合 12 遗存的年代

鲁德纳亚集合 12 遗存的斜直腹筒形罐（图八二，6）与西浦项四组的斜直腹筒形罐（图五九，9）器形较为相似，据此推断鲁德纳亚集合 12 遗存的年代与西浦项四组的年代相当，处于金谷－西浦项－扎伊桑诺夫卡文化的晚期，约相当于 BC2500～2300 年。可以看出鲁德纳亚集合 12 遗存的年代与金厂沟遗存相当，两者同时分布于乌苏里江流域，前者在东，后者在西，形成东西分制的局面。

6. 龙庙山－青树林 I 遗存的年代

龙庙山－青树林 I 文化属于东风－西浦项五组－奥列尼二组文化范畴，是其向乌苏里江流域传播的结果，年代与之相当，即 BC2300～2000 年。

（二）乌苏里江流域新石器文化的编年

通过以上 6 支新石器文化或遗存的年代，可初步建立乌苏里江流域新石器时代考古学文化的编年序列，总结为 5 个阶段：

第一阶段：以新开流－鲁德纳亚文化早、中期为代表，年代 BC5500～4500 年。

第二阶段：以新开流－鲁德纳亚文化晚期、刀背山一组遗存（迎花南山 H1－罗津－博伊斯曼文化遗存）为代表，年代 BC4500～4000 年。

第三阶段：以小南山 M1 为代表，年代 BC4000～3500 年。

第四阶段：以金厂沟遗存（金谷－西浦项－扎伊桑诺夫卡文化晚期遗存）鲁德纳亚集合 12 遗存为代表，BC2500～2300 年。

第五阶段：以龙庙山－青树林 I 遗存（东风－西浦项－奥列尼二组文化遗存）为代表，年代 BC2300～2000 年。

第五章　鸭绿江、图们江及乌苏里江流域的新石器文化格局

一、时空框架的构建

(一) 三个地区考古学文化的年代序列

前文的研究，把鸭绿江、图们江及乌苏里江流域分为 3 个自然地理区域，每个区域以江为界，对中国境内和外国境内的出土材料分别进行分组与分段研究，明晰各自的考古学文化，然后将中外相同的考古学文化进行整合，在探讨文化年代基础上，建立了各区域的新石器文化编年序列。

　　Ⅰ　鸭绿江流域及辽东半岛黄海沿岸地区：

①BC4500~4000 年，小珠山下层－美松里下层一组文化。

②BC4000~3500 年，后洼上层－细竹里二组文化。

③BC3500~3300 年，小珠山中层－堂山下层文化早、中期。

④BC3300~3000 年，小珠山中层－堂山下层文化晚期。

⑤BC3000~2500 年，三堂一期－堂山上层文化。

⑥BC2500~2000 年，小珠山上层文化、北沟－新岩里二组文化。

　　Ⅱ　图们江流域及大彼得湾沿岸地区：

①BC5500~4500 年，博伊斯曼一组类型。

②BC4500~4000 年，迎花南山 H1－罗津－博伊斯曼文化。

③BC3500~3000 年，金谷－西浦项－扎伊桑诺夫卡文化早期。

④BC3000~2500 年，金谷－西浦项－扎伊桑诺夫卡文化中期。

⑤BC2500~2300 年，金谷－西浦项－扎伊桑诺夫卡文化晚期。

⑥BC2300~2000 年，东风－西浦项五组－奥列尼二组文化。

Ⅲ　乌苏里江流域：

①BC5500～4500 年，新开流－鲁德纳亚文化早期。

②BC4500～4000 年，新开流－鲁德纳亚文化晚期、刀背山一组遗存（迎花南山 H1－罗津－博伊斯曼文化遗存）。

③BC4000～3500 年，小南山 M1。

④BC2500～2300 年，金厂沟遗存（金谷－西浦项－扎伊桑诺夫卡文化晚期遗存）和鲁德纳亚集合 12 遗存

⑤BC2300～2000 年，龙庙山－青树林Ⅰ遗存（东风－西浦项五组－奥列尼二组文化遗存）。

（二）六个时段的划分

将 3 个不同区域的考古学文化或各期之间进行横向的比较，求得各区域之间文化或文化分期在时间上的对应关系，从而可统一划分出六个大的时段：

第一时段（BC5500～4500 年），鸭绿江流域及辽东半岛黄海沿岸地区尚未发现该时段的文化遗存，图们江流域及大彼得湾沿岸地区此时存在的是博伊斯曼一组类型，乌苏里江流域则为新开流－鲁德纳亚文化的早、中期遗存。

第二时段（BC4500～4000 年），鸭绿江流域及辽东半岛黄海沿岸地区为小珠山下层－美松里下层一组文化；图们江流域及大彼得湾沿岸地区是迎花南山 H1－罗津－博伊斯曼文化；乌苏里江流域主要为新开流－鲁德纳亚文化晚期遗存，还有刀背山一组遗存，刀背山一组遗存位于该区域的西南边缘地带，属于图们江流域及大彼得湾沿岸地区的迎花南山 H1－罗津－博伊斯曼文化范畴。

第三时段（BC4000～3500 年），鸭绿江流域及辽东半岛黄海沿岸地区为后洼上层－细竹里二组文化，图们江流域及大彼得湾沿岸地区未发现该时段的文化遗存，乌苏里江流域为小南山 M1。

第四时段（BC3500～3000 年），鸭绿江流域及辽东半岛黄海沿岸地区为小珠山中层－堂山下层文化，图们江流域及大彼得湾沿岸地区处于金谷－西浦项－扎伊桑诺夫卡文化的早期，乌苏里江流域未发现该时段的文化遗存。

第五时段（BC3000～2500 年），鸭绿江流域及辽东半岛黄海沿岸地区为三堂一期－堂山上层文化，图们江流域及大彼得湾沿岸地区为金谷－西浦项－扎伊桑诺夫卡文化中期遗存，乌苏里江流域尚未发现该时段的文化遗存。

第六时段（BC2500～2000年），鸭绿江流域及辽东半岛黄海沿岸地区并存着小珠山上层和北沟－新岩里二组两支考古学文化，小珠山上层文化分布在该区域的南部，北沟文化分布在该区域的北部。图们江流域及大彼得湾沿岸地区先后经历了金谷－西浦项－扎伊桑诺夫卡文化晚期和东风－西浦项五组－奥列尼二组文化。乌苏里江流域稍早为金厂沟遗存和鲁德纳亚集合12遗存东西分制，稍晚为龙庙山－青树林Ⅰ遗存。金厂沟遗存与龙庙山－青树林Ⅰ遗存分别属于金谷－西浦项－扎伊桑诺夫卡文化晚期遗存和东风－西浦项五组－奥列尼二组文化遗存。

（三）时空框架的构建

"时空框架的构建，一般应该包括两个方面的研究，一是同一空间范畴内不同时间的考察，即相同区域内诸考古学文化遗存之间的历时性研究；二是不同空间范畴内相同时间的考察，即不同区域内诸考古学文化遗存之间的共时性研究。"[1] 三个区域考古学文化年代序列的建立是相同区域内诸考古学文化遗存之间的历时性研究，六个时段的划分是不同区域内诸考古学文化遗存之间的共时性研究，这样可以建立起鸭绿江、图们江及乌苏里江流域新石器时代考古学文化的时空框架，具体情况如表二一所示。

表二一　鸭绿江、图们江及乌苏里江流域新石器时代考古学文化时空框架

时间＼文化＼空间		鸭绿江流域及辽东半岛黄海沿岸		图们江流域及大彼得湾沿岸	乌苏里江流域
六	BC2500～2000	小珠山上层文化	北沟－新岩里二组文化	东风－西浦项五组－奥列尼二组文化	
				金谷－西浦项－扎伊桑诺夫卡文化（晚期）	鲁德纳亚集合12遗存
五	BC3000～2500	三堂一期－堂山上层文化		金谷－西浦项－扎伊桑诺夫卡文化（中期）	

---

[1] 赵宾福：《中国东北地区夏至战国时期的考古学文化研究》，吉林大学博士论文，2005年，第183页。

续表

时间\文化\空间		鸭绿江流域及辽东半岛黄海沿岸	图们江流域及大彼得湾沿岸	乌苏里江流域
四	BC3300~3000	小珠山中－堂山下层文化晚期	金谷－西浦项－扎伊桑诺夫卡文化（早期）	
	BC3500~3300	小珠山中－堂山下层文化早、中期		
三	BC4000~3500	后洼上层－细竹里二组文化		小南山 M1
二	BC4500~4000	小珠山下层－美松里下层一组文化	迎花南山 H1－罗津－博伊斯曼文化	新开流－鲁德纳亚文化晚期
一	BC5500~4500		博伊斯曼一组类型	新开流－鲁德纳亚文化早、中期

（四）文化格局的总体特征

第一，三个自然地理区域基本上代表着三个不同的考古学文化区。图们江流域及大彼得湾沿岸地区、乌苏里江流域都发现了第一时段的文化遗存，二者之间差别明显，可划分为不同的考古学文化，即图们江流域及大彼得湾地区的博伊斯曼一组类型，乌苏里江流域的新开流－鲁德纳亚文化。虽然到了新石器时代末期，两个区域统一为一支考古学文化所占据，但这种统一是在各自经历了不同的文化发展后才统一的。所以说这两个自然地理区域基本代表着两个不同的考古学文化区。

鸭绿江流域及辽东半岛黄海沿岸地区虽然没有发现第一时段的文化遗存，但是第二至六时段都存在着各时段的考古学文化，文化之间衔接较为紧密，自成序列。而且第二时段的陶器器形与纹饰已经比较发达，当有更原始、更早时段的文化遗存，只是目前尚未发现而已。据上述两点，可以说鸭绿江流域及辽东半岛黄海沿岸地区是一个独立的考古学文化区。

综上所述，三个自然地理区域都存在或应当存在第一时段的文化遗存，而且有着各自不同的文化发展序列，因而可以说三个自然地理区域基本上代表着三个不同的考古学文化区。

第二，文化发展的连续性与断续性并存。文化发展的连续性与断续性分为两个方面，一方面是文化内部的连续性与断续性，另一方面是文化之间的连续性与断续性。鸭绿江流域及辽东半岛黄海沿岸地区文化发展的连续性较强，图们江流域及大彼得湾沿岸地区和乌苏里江流域文化发展的连续性与断续性并存。

鸭绿江流域及辽东半岛黄海沿岸地区，小珠山下层－美松里下层一组文化、小珠山中层－堂山下层文化、三堂一期－堂山上层文化 3 支考古学文化内部的不同期别之间关联紧密，基本上没有年代缺环，文化内部发展的连续性明显。该区域各时段的文化之间衔接紧密，基本没有时间上的空白，文化之间的连续性较强。

图们江流域及大彼得湾沿岸地区，金谷－西浦项－扎伊桑诺夫卡文化内部早、中、晚三期之间关联紧密，基本没有年代缺环，文化内部发展连续性明显。博伊斯曼一组类型与迎花南山 H1－罗津－博伊斯曼文化，金谷－西浦项－扎伊桑诺夫卡文化与东风－西浦项五组－奥列尼二组文化之间没有时间上的空白，体现了文化之间发展的连续性。迎花南山 H1－罗津－博伊斯曼文化与金谷－西浦项－扎伊桑诺夫卡文化之间有较大的年代缺环，体现了文化之间的断续性。

乌苏里江流域的新开流－鲁德纳亚文化三期之间延续性较强，体现了文化内部发展的连续性。新开流－鲁德纳亚文化与小南山 M1 之间没有大的年代缺环，体现了文化之间发展的连续性。然而自小南山 M1 之后，至该区域被金谷－西浦项－扎伊桑诺夫卡文化晚期遗存侵入之前，即金厂沟遗存和鲁德纳亚集合 12 遗存之前，尚未发现其他任何文化遗存，反映了文化发展的断续性。

第三，文化的分裂与统一并存。鸭绿江流域及辽东半岛黄海沿岸地区尚未发现第一时段的遗存，第二至第五时段的各段一直都是由各自的一支考古学文化统治着，直至第六时段，也就是新石器时代末期才出现了两支考古学文化南北并存分制的局面，体现了文化的分裂。图们江流域及大彼得湾沿岸地区和乌苏里江流域在一至四段时各有自己的文化发展序列，但在第六时段的偏早阶段，随着图们江流域及大彼得湾沿岸地区的金谷－西浦项－扎伊桑诺夫卡文化的逐渐强大，图们江流域及大彼得湾沿岸地区的文化进一步向乌苏里江流域，在第六时段的晚段形成了两地区文化统一的局面。

第四，文化分裂的突然性与文化统一的渐进性。鸭绿江流域及辽东半岛黄海沿岸地区在新石器时代末期出现的两支考古学文化南北并存分制的局面，这在较早时段并未有任何征兆，体现了文化分裂的突然性。早在迎花南山 H1 – 罗津 – 博伊斯曼文化发展时段，图们江流域及大彼得湾沿岸地区的文化就开始向乌苏里江流域渗透，形成了穆棱河上游的刀背山一组遗存。在小南山 M1 和金谷 – 西浦项 – 扎伊桑诺夫卡文化时期发现的遗存数量不多，这种渐进式的渗透并不明显，但是小南山 M1 和金谷 – 西浦项 – 扎伊桑诺夫卡文化的分布范围要偏北的多，这或可说明是图们江流域及大彼得湾沿岸地区文化向乌苏里江流域发展的结果。直至东风 – 西浦项五组 – 奥列尼二组文化时期，整个乌苏里江流域完成了两地区文化的统一。可见，图们江流域及大彼得湾沿岸地区和乌苏里江流域两地区文化的统一，是经历了若干时段的发展之后才完成的，体现了地区之间文化统一的渐进性。

二、纹系纹类的划分与分布

（一）纹系纹类的划分

纵观整个鸭绿江、图们江及乌苏里江流域的新石器时代遗存，陶器器类以筒形罐为主，形制简单，变化不明显。与之相反，纹饰则种类繁多，形式多样。根据纹饰构图元素的差别，可分为线纹系、点纹系、堆纹系三大纹系。线纹系的纹饰以线条为构图的基本元素；点纹系的纹饰以坑点为构图的基本元素，坑点的形状不一，有圆形、椭圆形、小长方形、菱形及变体菱形等；堆纹系的纹饰以堆纹为构图的基本元素。

不同纹系采用不同的施纹方法又可分为不同的纹类。线纹系采用压印和刻划方法施纹，形成了印线纹类和划线纹类。点纹系一般采用压印方法施纹形成印点纹类，印点纹类在划线纹类影响下衍生出划点纹类。堆纹系采用堆塑方法施纹，只有堆纹类一种。这样，鸭绿江、图们江及乌苏里江流域的陶器纹饰大体上可以分为五种纹类，即印线纹类、划线纹类、印点纹类、划点纹类、堆纹类。

三大纹系五种纹类的划分以及各纹系与纹类的构图特点可参见图九六。

纹系	纹类	元素	构图
线纹系	线纹		
	划线纹		
点纹系	印点纹		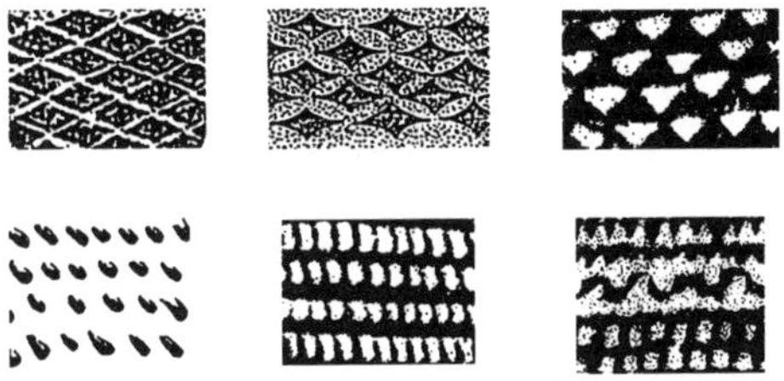
	划点纹		
堆纹系	堆　纹		

图九六　三大纹系五种纹类构图特点示意图

（二）各纹类在同一区域不同时段的分布

1. 鸭绿江流域及辽东半岛黄海沿岸地区不同时段的纹类分析

第一时段，该区域尚未发现此时段的文化遗存，无法进行陶器纹类分析。

第二时段，小珠山下层－美松里下层一组文化的纹饰主要为压印的之字纹、席纹、人字纹等。构成之字纹、席纹、人字纹等的基本纹饰元素为线条，采用压印方法而成，该时段为印线纹时期。

第三时段，后洼上层－细竹里二组文化纹饰以刻划横线纹和刻划斜线纹组成的纵向纹带为主，构成纹饰的基本元素为线条，采用刻划方法而成，该时段为划线纹时期。

第四时段，小珠山中层－堂山下层文化以刻划人字纹、平行斜线纹为主要纹饰。纹饰构图以线条为主要元素，采用刻划方法施纹，该时段为划线纹时期。

第五时段，三堂一期－堂山上层文化，陶器口沿或腹部一般横向饰一周附加堆纹，从口沿至腹部布满纵向的附加堆条，形成竖条堆纹，也有少量横向堆纹下施竖向划线纹者。可见该时段属于以堆纹为主、划线纹为辅的堆纹与划线纹并用时期。

第六时段，小珠山上层文化罐口沿部位仍然保留有附加堆纹，然器身的竖条堆纹消失，个别器物器身施刻划人字纹、网格纹等。北沟－新岩里二组器物口沿或腹中仍然保留有附加堆纹，然竖条堆纹减少，取而代之的是刻划人字纹、席纹和三角纹、雷纹等各种几何形图案。可见该时段属于堆纹与划线纹并用时期。

2. 图们江流域及大彼得湾沿岸地区不同时段的纹类分析

第一时段，博伊斯曼一组类型纹饰为压印的椭圆形纹、三角纹、小长方形等，构图元素为各种坑点纹，采用压印方法施纹，该时段属于印点纹时期。

第二时段，迎花南山 H1－罗津－博伊斯曼文化均压印小长方格纹、椭圆形坑点纹、三角纹、篦点纹为主。以各种形状的坑点作为构图的基本，一律采取压印的施纹方法，该时段属于印点纹时期。

第四、五时段，金谷－西浦项－扎伊桑诺夫卡文化早、中期陶器纹饰主要为压印的椭圆形坑点纹为主，其次为篦点纹，属于印点纹。但受到划线纹影响，部分椭圆形坑点纹在施纹时拖拽，形成近似线状的长椭圆形纹，衍生出划点纹，而且随着时间的发展，数量在不断增多。可见这两个时段属于以印点纹为主导的印点纹、划点纹并用时期。

第六时段，金谷－西浦项－扎伊桑诺夫卡文化晚期，椭圆形坑点、篦点纹继续使用，长椭圆形纹形态越来越接近划线纹，甚至直接变成了划线纹，并占据主导地位，属于以划线纹为主导的印点纹、划点纹、划线纹并用时期。东风－西浦项五组－奥列尼二组文化，器物口沿外侧一般饰一周附加堆纹，器身刻划几何纹及篦点纹等。构图元素以线段为主，还见有点纹，施纹方法为堆纹、刻划、压印，属于堆纹、划线纹、印点纹并用时期。

3. 乌苏里江流域不同时段的纹类分析

第一、二时段，新开流－鲁德纳亚文化，菱形纹、鱼鳞纹、小长方格纹等为主要纹饰，采用压印方法施纹，该时段属于印点纹时期。

第三时段，小南山 M1 未发现陶器，陶器纹类不明。

第四、五时段，未发现文化遗存。

第六时段，先是被图们江流域及大彼得湾沿岸地区的金谷－西浦项－扎伊桑诺夫卡文化入侵，形成了金厂沟遗存与鲁德纳亚集合 12 遗存东西分制的局面，后来两地区统一为东风－西浦项五组－奥列尼二组文化，纹类与图们江流域及大彼得湾沿岸地区大致相同，属于划线纹、印点纹、堆纹并用时期。

通过上述各纹类在同一区域不同时段的分布分析，可将鸭绿江流域及辽东半岛黄海沿岸地区、图们江流域及大彼得湾沿岸地区、乌苏里江流域三个区域陶器纹饰的纹系属性总结如下。

鸭绿江流域及辽东半岛黄海沿岸地区，第一时段尚未发现文化遗存，陶器纹类不清，第二时段属于印线纹时期，第三、四时段属于划线纹时期，第五时段属于堆纹为主、划线纹为辅时期，第六时段属于堆纹与划线纹并用时期。无论印线纹还是划线纹均属于线纹系，总体上看鸭绿江流域及辽东半岛黄海沿岸地区自早至晚线纹系是始终存在的，而且多数时段占据着绝对的主导地位，虽然在新石器时代末期由于堆纹系的强大而受到了一些冲击，甚至曾经处于从属地位，但这并不能影响到线纹系在整个区域的主导地位，该区总体上属于线纹系统区。

图们江流域及大彼得湾沿岸地区和乌苏里江流域。图们江流域及大彼得湾沿岸地区，第一、二时段属于印点纹期，第三时段目前未发现文化，第四、五时段属于以印点纹为主导的印点纹、划点纹并用期，第六时段偏早属于以划线纹为主导的印点纹、划点纹、划线纹并用期，第六时段偏晚属于堆纹、印点纹、划线纹并用期。乌苏里江流域，第一、二时段属于印点纹期，第三时段未见有陶器，第四、五时段尚未发现文化遗存，第六时段逐渐被图们江流域及大彼得湾沿岸地区的文化占据，纹类与之相似。可见图们江流域及大彼得湾沿岸地区和乌苏里江流域新石器时代的早、中期纹饰为点纹，只是到了晚期随着划线纹的发展，堆纹的崛起，打破了印点纹一统天下的局面，但其仍然占据着重要地位。这两个区域点纹始终占据着重要地位，属于点纹系统区。

堆纹在鸭绿江、图们江及乌苏里江流域一般与线纹、点纹共同使用，而且在新石器时代晚期才发展起来，所以并未形成一个独立的纹系区域。

（三）各纹类在不同区域不同时段的分布

根据各纹类在不同区域不同时段的变化态势，可将整个鸭绿江、图们江及乌苏里江流域分为四个时期。

1. 第一时期

该时期包括第一、二时段，有印线纹和印点纹两种纹类。

印线纹主要分布在鸭绿江流域及辽东半岛黄海沿岸地区，代表性文化为小珠山下层－美松里下层文化，该纹类分布的大致范围为南起广鹿岛、北至蒲石河、西自大洋河上游、东达清川江。

印点纹主要分布在于图们江流域及大彼得湾沿岸地区和乌苏里江流域两个地区，代表性文化为博伊斯曼一组类型、迎花南山 H1－罗津－博伊斯曼文化、新开流－鲁德纳亚文化，该纹类分布的大致范围为南起渔郎川、北至鲁德纳亚河、西自穆棱河、东达莫里亚克－雷博洛夫海港。

此时期印线纹和印点纹的区域性特征明显，有着各自独立的分布范围，同时两者也存在着一定的交流，如博伊斯曼－2 二组的压线纹（图六五，3）、北吴屯二组的印点纹（图二，30）。

第一时期各纹类的分布情况参见图九七。

2. 第二时期

该时期包括第三、四时段，印线纹被划线纹取代，印点纹继续使用并在划线纹影响下衍生出划点纹。

鸭绿江流域及辽东半岛黄海沿岸地区，印线纹基本消失，取而代之的是大量的划线纹，在文化方面的反映就是小珠山下层－美松里文化结束，后洼上层－细竹里二组文化和小珠山中层－堂山下层文化的先后兴起。划线纹与前一时期的印线纹相比分布范围有所扩大，对图们江流域及大彼得湾沿岸地区的影响进一步加强。其分布范围南部已经到达老铁山附近，受其影响，图们江流域及大彼得湾沿

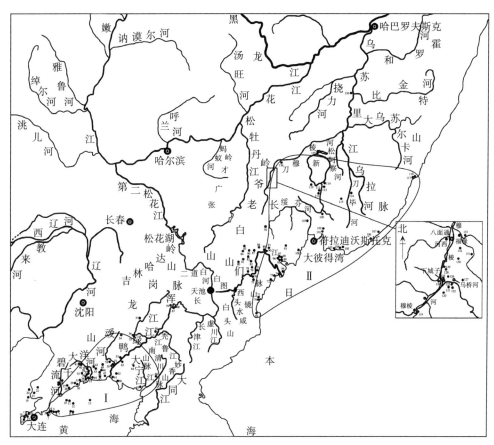

图九七　第一时期纹类分布图

Ⅰ. 印线纹　Ⅱ. 印点纹

岸地区的部分椭圆形印点纹在施纹时拖拽，形成了较长的印点纹，即划点纹开始产生（图五九，62）。

图们江流域及大彼得湾沿岸地区，印点纹继续使用，划点纹开始出现，以金谷–西浦项–扎伊桑诺夫卡文化早期遗存为代表。但是由于某种原因，目前该遗存只发现有西浦项遗址一处，所以该时期的印点纹和划点纹的分布范围还不是很清楚，有待探索。

乌苏里江流域，小南山 M1 目前尚未发现陶器，还无法对纹类作出分析。

第二时期各纹类的分布情况可参见图九八。

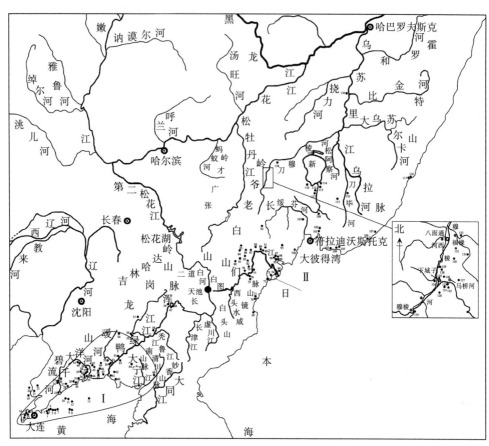

图九八　第二时期阶段纹类分布图
Ⅰ. 划线纹　Ⅱ. 印点纹、划点纹

3. 第三时期

　　第三时期即第五时段。鸭绿江流域及辽东半岛黄海沿岸地区，划线纹退居次要地位，堆纹成为了主导纹类，代表性文化为三堂一期－堂山上层文化，其分布除西北方向延伸至辽东半岛渤海沿岸的交流岛外，基本保持了前一时期划线纹的分布范围。

　　图们江流域及大彼得湾沿岸地区，划线纹的影响仍在继续，而且进一步加强，促使划点纹数量大增，成为了主导纹饰，印点纹虽然仍继续使用，但是已经处于从属地位，进入了以划点纹为主的划点纹与印点纹并用时期，代表性文化为

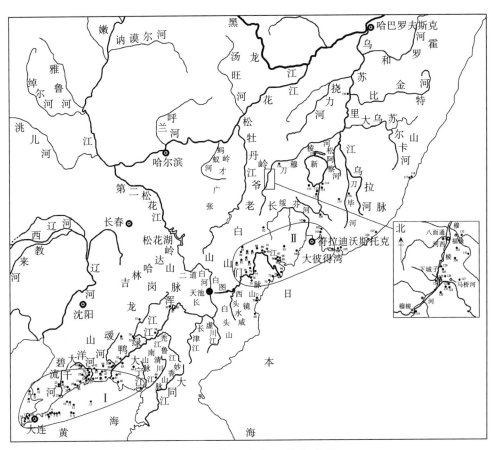

图九九　第三时期纹类分布图

Ⅰ. 堆纹、划线纹　　Ⅱ. 划点纹、印点纹

金谷-西浦项-扎伊桑诺夫卡文化中期，分布范围大致为南起海兰河、北至大彼得湾北岸、西自嘎呀河中游一带、东达图们江入海口。

乌苏里江流域，目前未发现该时期的文化遗存，还无法进行纹类分析。

第三时期各纹类分布情况可参见图九九。

4. 第四时期

第四时期即第六时段，鸭绿江流域及辽东半岛黄海沿岸地区纹类格局仍然保持着前一时期的态势，为以堆纹为主导、堆纹与划线纹并用的格局，代表性文化为小珠山上层文化和北沟-新岩里二组文化。

　　图们江流域及大彼得湾沿岸地区和乌苏里江流域的文化逐渐形成了统一的局面，纹类自然也就实现了统一，而且较前一时期发生了较大的变化，堆纹发展起来，并占据主导地位，部分划点纹直接被划线纹取代（图五一，10；图五二，1～12；图六七，4、6、7、8、14、15、16），且数量明显增多，已经居于次要地位，当然少部分印点纹和划点纹还在继续使用。

　　可以看出，第四时期鸭绿江流域及辽东半岛黄海沿岸地区、图们江流域及大彼得湾沿岸地区、乌苏里江流域三个区域的陶器纹类总体特征一致，以堆纹为主导，堆纹与划线纹并用，形成了纹类统一的局面。

　　第四时期各纹类分布情况可参见图一〇〇。

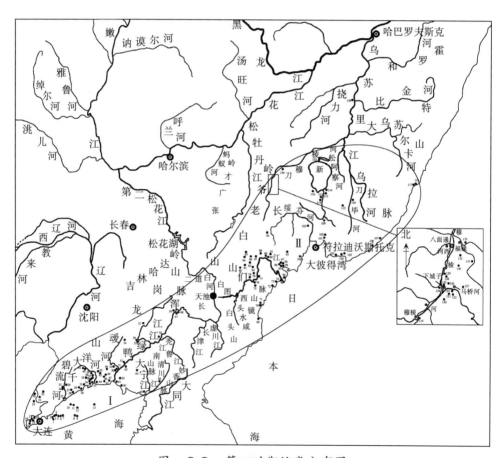

图一〇〇　第四时期纹类分布图
（整个鸭绿江、图们江及乌苏里江流域的陶器纹饰均以堆纹、划线纹为主）

　　经过三区域各纹类之间在不同时期的相互影响、相互作用，在第四时期实现了纹类的统一。在统一的过程中，各区域纹类的影响是自南向北递强的，换句话说，鸭绿江流域及辽东半岛黄海沿岸地区的纹类的影响力在各个时期不断地向图们江流域及大彼得湾沿岸地区推进，同时也促进了图们江流域及大彼得湾沿岸地区不断向乌苏里江流域推进，最后形成了陶器纹类的统一。

第六章 结语

本文对鸭绿江、图们江及乌苏里江流域的新石器文化遗存进行了全面、系统的梳理，下面从考古资料搜集、跨国文化整合与区域文化划分、时空框架构建、纹系纹类分析等四个方面介绍一下本文的贡献与收获。

第一，基础资料搜集。搜集了较为完备的考古学资料，包括中国、朝鲜、俄罗斯乃至韩国、日本的资料，为日后其他学者的研究提供了便利。

第二，跨国文化整合与区域文化划分。将鸭绿江、图们江和乌苏里江流域划分为三个自然地理区域，每个区域以江为界，对中国境内和外国境内的出土材料分别进行研究，明晰各自的考古学文化，然后将中外相同的考古学文化进行整合。

鸭绿江流域及辽东半岛黄海沿岸地区，将中国境内的所有新石器遗存划分为六个考古学文化，即小珠山下层文化、后洼上层文化、小珠山中层文化、三堂一期文化、小珠山上层文化、北沟文化，将朝鲜境内的所有新石器遗存划分为五个考古学文化（类型），即美松里下层一组类型、细竹里二组类型、堂山下层类型、堂山上层类型、新岩里二组类型，然后对中、朝境内相同的考古学文化（类型）进行对比研究，整合出小珠山下层－美松里下层一组文化、后洼上层文化－细竹里二组文化、小珠山中层－堂山下层文化、三堂一期－堂山上层文化、北沟－新岩里二组文化、小珠山上层文化等六支文化。

图们江流域及大彼得湾沿岸地区，将中国境内的所有新石器遗存划分为迎花南山 H1 类型、金谷文化、东风类型三个考古学文化（类型），将朝鲜境内的所有新石器文化遗存划分为罗津类型、西浦项文化、西浦项五组类型三个考古学文化（类型），将俄罗斯境内的所有新石器遗存划分为博伊斯曼一组类型、博伊斯曼文化、扎伊桑诺夫卡文化、奥列尼二组类型四个考古学文化（类型），然后对中、朝、俄境内相同的考古学文化（类型）进行对比研究，整合出博伊斯曼一组类型、迎花南山 H1 – 罗津 – 博伊斯曼文化、金谷 – 西浦项 – 扎伊桑诺夫卡文化、东风 – 西浦项五组 – 奥列尼二组文化。

乌苏里江流域，将中国境内的所有新石器遗存划分为新开流文化、刀背山一组遗存、小南山 M1、金厂沟遗存、龙庙山遗存等五个考古学文化（类型或遗存），将俄罗斯境内的所有新石器遗存划分为鲁德纳亚文化、鲁德纳亚集合 12 遗存、青树林 I 遗存等三个考古学文化（类型或遗存），接着对中、俄境内相同文化进行对比研究，整合为五个考古学文化（类型或遗存），即新开流 – 鲁德纳亚文化、刀背山一组遗存、小南山 M1、金厂沟遗存、鲁德纳亚集合 12 遗存、龙庙山 – 青树林 I 遗存，并指出刀背山一组遗存、金厂沟遗存、龙庙山 – 青树林 I 遗存分别属于图们江流域及大彼得湾沿岸地区的迎花南山 H1 – 罗津 – 博伊斯曼文化、金谷 – 西浦项 – 扎伊桑诺夫卡文化、东风 – 西浦项五组 – 奥列尼二组文化的遗存。

第三，时空框架构建。通过每个区域各文化年代的探讨，建立了每个区域新石器时代文化的编年序列。

鸭绿江流域及辽东半岛黄海沿岸地区划分为 6 个阶段：第一阶段以小珠山下层 – 美松里下层一组文化为代表，年代 BC4500 ~ 4000 年；第二阶段以后洼上层 – 细竹里二组文化为代表，年代 BC4000 ~ 3500 年；第三阶段，以小珠山中层 – 堂山下层文化早、中期为代表，年代 BC3500 ~ 3300 年；第四阶段以小珠山中层 – 堂山下层文化晚期为代表，年代 BC3300 ~ 3300 年；第五阶段以三堂一期 – 堂山上层文化为代表，年代 BC3000 ~ 2500 年；第六阶段以小珠山上层文化、北沟 – 新岩里二组文化为代表，年代 BC2500 ~ 2000 年。

图们江流域及大彼得湾沿岸地区也划分为 6 个阶段：第一阶段以博伊斯曼一组类型为代表，年代 BC5500 ~ 4500 年；第二阶段以迎花南山 H1 – 罗津 – 博伊斯曼文化为代表，年代 BC4500 ~ 4000 年；第三阶段以金谷 – 西浦项 – 扎伊桑诺夫卡文化早期为代表，年代 BC3500 ~ 3000 年；第四阶段以金谷 – 西浦项 – 扎伊桑诺夫卡文化中期为代表，年代 BC3000 ~ 2500 年；第五阶段以金谷 – 西浦项 – 扎伊桑诺夫卡文化晚期为代表，年代 BC2500 ~ 2300 年；第六阶段以东风 – 西浦项五组 – 奥列尼二组文化为代表，年代 BC2300 ~ 2000 年。

乌苏里江流域划分为 5 个阶段：第一阶段以新开流 – 鲁德纳亚文化早、中期为代表，年代 BC5500～4500 年；第二阶段以新开流鲁德纳亚文化晚期、刀背山一组遗存（迎花南山 H1－罗津－博伊斯曼文化遗存）为代表，年代 BC4500～4000 年；第三阶段以小南山 M1 为代表，年代 BC4000～3500 年；第四阶段以金厂沟遗存（金谷－西浦项－扎伊桑诺夫卡文化晚期遗存）和鲁德纳亚集合 12 遗存为代表，BC2500～2300 年；第五阶段以龙庙山－青树林 I 遗存（东风－西浦项－奥列尼二组文化遗存）为代表，年代 BC2300～2000 年。

　　然后将三个不同区域的考古学文化或各期之间进行横向的比较，求得各区域之间文化或文化分期在时间上的对应关系，从而可统一划分出六个时段：第一时段 BC5500～4500 年，第二时段 BC4500～4000 年，第三时段 BC4000～3500 年，第四时段 BC3500～3000 年，第五时段 BC3000～2500 年，第六时段 BC2500～2000 年。从而建立了整个鸭绿江、图们江及乌苏里江流域新石器文化的时空框架，并对文化格局的总体特征进行了概括。

　　第四，纹系纹类分析。将该地区的陶器纹饰进行了专门研究，分为线纹系、点纹系、堆纹系三大纹系。线纹系又细分出印线纹类和划线纹类两种，点纹系又细分出印点纹和划点纹两种，加上堆纹，共计五种纹类。依据各纹类在同一区域不同时段的分布，划分出线纹系和点纹系两大纹系区；根据各纹类在不同区域不同时段的变化态势，分出四个发展时期。

　　第五，存在的局限与不足。对于外国境内资料的搜集，研究性资料不多，没有全面掌握国外学者的观点。图们江流域及大彼得湾沿岸地区、乌苏里江流域或多或少都存在着文化上的空白，从而造成有些时段不同区域之间的横向对比研究不足。缺少与邻近地区的比较，这是未来研究需要着重加强的地方。

参考文献

中文材料

考古简报

1. 白瑢基：《吉林延吉县龙井镇附近发现新石器时代遗址》，《考古通讯》1957年1期，第5页。

2. Т. И. 安德烈耶夫著，孟陶译：《在大彼得湾沿岸及其岛屿上发现的公元前二至第一千年的遗迹》，《考古学报》1958年4期，第27～41页。

3. 金万锡：《延边汪清县西崴子发现新石器时代遗址》，《考古通讯》1958年5期，第32～33页。

4. 吉林省文物管理委员会：《吉林通化市江口村和东江村考古发掘简报》，《考古》1960年7期，第23～26页。

5. 安志敏：《记旅大市的两处贝丘遗址》，《考古》1962年2期，第76～81页。

6. 旅顺博物馆：《旅大市长海县新石器时代贝丘遗址调查》，《考古》1962年7期，第345～352页。

7. 谭英杰：《黑龙江饶河小南山遗址试掘简报》，《考古》1972年2期，第32～34页。

8. 李云铎：《吉林珲春南团山、一松亭遗址调查》，《文物》1973年8期，第69～72、35页。

9. 吉林省博物馆集安考古队、集安县文物保管所：《吉林集安大朱仙沟新石器时代遗址》，《考古》1977年6期，第426页。

10. 黑龙江省文物考古工作队：《密山县新开流遗址》，《考古学报》1979年4期，第491～518页。

11. 杨大山:《饶河小南山新发现的旧石器地点》,《黑龙江文物丛刊》1981 年 1
期, 第 2 ~ 8 页。

12. 辽宁省博物馆、旅顺博物馆、长海县文化馆:《长海县广鹿岛大长山岛贝丘
遗址》,《考古学报》1981 年 1 期, 第 63 ~ 109 页。

13. 旅顺博物馆等:《旅顺于家村遗址发掘简报》, 中国社会科学院考古研究所
《考古学集刊第 1 集》, 地质出版社, 1981 年, 第 88 ~ 103 页。

14. 黑龙江省文物考古工作队:《黑龙江宁安县莺歌岭遗址》,《考古》1981 年 6
期, 第 481 ~ 491 页。

15. 延边博物馆:《延吉德新金谷古墓葬清理简报》,《东北考古与历史》1982 年
1 期。

16. 旅顺博物馆:《大连新金县乔东遗址发掘简报》,《考古》1983 年 2 期, 第
122 ~ 125、100 页。

17. 旅顺博物馆:《大连市新金县乔东遗址发掘简报》,《考古》1983 年 2 期, 第
122 ~ 125、100 页。

18. 丹东市文化局文物普查队:《丹东市东沟县新石器时代遗址调查和试掘》,
《考古》1984 年 1 期, 第 21 ~ 36 页。

19. 辽宁省博物馆、旅顺博物馆:《大连市郭家村新石器时代遗址》,《考古学报》
1984 年 3 期, 第 287 ~ 328 页。

20. 延边博物馆:《金谷水库南山遗址试掘简报》,《博物馆研究》1985 年 3 期,
第 69 ~ 72 页。

21. 延边朝鲜族自治州博物馆:《吉林汪清考古调查》,《北方文物》1985 年 4
期, 第 2 ~ 11 页。

22. 辽宁省博物馆:《辽宁东沟县大岗新石器时代遗址》,《考古》1986 年 4 期,
第 300 ~ 305, 382 页。

23. 许玉林、金石柱:《辽宁丹东地区鸭绿江右岸及其支流的新石器时代遗存》,
《考古》1986 年 10 期, 第 865 ~ 872 页。

24. 武威克、刘焕新、常志强:《黑龙江省刀背山新石器时代遗存》,《北方文物》
1987 年 3 期, 第 2 ~ 5 页。

25. 许玉林:《东沟县西泉眼新石器时代遗址调查》,《辽海文物学刊》1988 年 1
期, 第 17 ~ 19 页。

26. 吉林省文物考古研究所：《和龙兴城遗址发掘》，《博物馆研究》1988 年 2 期，第 63、81 页。

27. 张殿甲：《白山市原始社会遗址调查述略》，《博物馆研究》1988 年 3 期，第 70 ~ 76 页。

28. 许玉林、傅仁义、王传普：《辽宁东沟县后洼遗址发掘概要》，《文物》1989 年 12 期，第 1 ~ 22 页。

29. 牡丹江市文物管理站：《黑龙江省宁安县石灰厂遗址》，《北方文物》1990 年 2 期，第 3 ~ 10 页。

30. 许玉林：《海岫铁路工程沿线考古调查和发掘情况简报》，《北方文物》1990 年 2 期，第 11 ~ 19 页。

31. 许玉林：《辽宁东沟县石佛山新石器时代晚期遗址发掘简报》，《考古》1990 年 8 期，第 673 ~ 683 页。

32. 延边博物馆：《吉林省龙井县金谷新石器时代遗址清理简报》，《北方文物》1991 年 1 期，第 3 ~ 9、16 页。

33. 辽宁省文物考古研究所、吉林大学考古学系、大连市文物管理委员会办公室：《瓦房店交流岛原始文化遗址试掘简报》，《辽海文物学刊》1992 年 1 期，第 1 ~ 6、124 页。

34. 辽宁省文物考古研究所、吉林大学考古学系、旅顺博物馆：《辽宁省瓦房店市长兴岛三堂村新石器时代遗址》，《考古》1992 年 2 期，第 107 ~ 121、174 页。

35. 许玉林、杨永芳：《辽宁岫岩北沟西山遗址发掘简报》，《考古》1992 年 5 期，第 389 ~ 398 页。

36. Д. Л. 布罗江斯基著、王德厚译：《90 年代初期的滨海考古学》，《北方文物》1993 年 3 期，第 113 ~ 121 页。

37. 吉林省图珲铁路考古发掘队：《吉林珲春市迎花南山遗址、墓葬发掘》，《考古》1993 年 8 期，第 701 ~ 708 页。

38. 辽宁省文物考古研究所、大连市文物管理委员会、庄河市文物管理办公室：《大连市北吴屯新石器时代遗址》，《考古学报》1994 年 3 期，第 343 ~ 379 页。

39. 刘俊勇、王璁：《辽宁大连市郊区考古调查简报》，《考古》1994 年 4 期，第

306～319 页。

40. 大连市文物考古研究所：《辽宁大连大潘家村新石器时代遗址》，《考古》1994 年 10 期，第 877～894 页。

41. 车达晚著、郑仙华译：《堂山贝丘遗址发掘报告》，《东北亚历史与考古信息》1995 年 1 期，第 12～18 页。

42. 弓虽译，润武校：《朝鲜土城里新石器时代遗存》，《北方文物》1995 年 3 期，第 139～144 页。

43. 佳木斯市文物管理站、饶河县文物管理所：《黑龙江饶河县小南山新石器时代墓葬》，《考古》1996 年 2 期，第 1～8 页。

44. В. И. 季亚科夫著，宋玉斌译，林沄校：《鲁德纳亚码头多层遗址及滨海地区新石器时代文化的分期》，《东北亚考古资料译文集·俄罗斯专号》，哈尔滨：《北方文物》杂志社，1996 年，第 16～30 页。

45. 王嗣洲、金志伟：《大连北部新石器文化遗址调查简报》，《辽海文物学刊》1997 年 1 期，第 1～5 页。

46. 陶刚、倪春野：《黑龙江省穆棱河上游考古调查简报》，《北方文物》2003 年 3 期，第 1～14 页。

考古报告

1. 黑龙江省文物考古研究所，吉林大学考古学系：《河口与振兴——牡丹江流域莲花水库发掘报告（一）》，科学出版社，2001 年。

2. 吉林省文物考古研究所、延边朝鲜族自治州博物馆：《和龙兴城——新石器时代及青铜时代遗址发掘报告》，文物出版社，2001 年。

文物志

1. 吉林省文物志编委会：《汪清县文物志》，1983 年，第 13～14 页。

2. 吉林省文物志编委会：《和龙县文物志》，1984 年，第 11、12 页。

3. 吉林省文物志编委会：《龙井县文物志》，1984 年，第 14～17 页。

4. 吉林省文物志编委会：《珲春县文物志》，1984 年，第 15～17 页。

5. 吉林省文物志编委会：《延吉市文物志》，1985 年，第 22、23 页。

6. 吉林省文物志编委会：《图们市文物志》，1985 年，第 14～16 页。

研究论文

1. 佟柱臣：《吉林省新石器文化的三种类型》，《考古》1957 年 3 期，第 31 页。

2. 佟柱臣：《东北原始文化的分布与分期》，《考古》1961 年 10 期，第 557 ~ 566 页。

3. 朱延平：《新开流文化陶器的纹饰及其年代》，载《青果集——吉林大学考古系建系十周年纪念文集》，知识出版社，1998 年，第 11 ~ 17 页。

4. 许玉林等：《旅大地区新石器时代和青铜时代文化概述》，《东北考古与历史》1982 年 1 期，第 23 ~ 29 页。

5. 郭大顺、马沙：《以辽河流域为中心的新石器文化》，《考古学报》1985 年 4 期，第 417 ~ 443 页。

6. 夏鼐：《什么是考古学》，《考古》1984 年 1 期，第 931 ~ 935、948 页。

7. 许玉林：《后洼遗址考古新发现与研究》，载中国考古学会《中国考古学会第六次年会论文集》，文物出版社，1987 年，第 13 ~ 23 页。

8. 许明纲：《试论大连地区新石器和青铜文化》，载中国考古学会《中国考古学第六次年会论文集》，文物出版社，1987 年，第 50 ~ 66 页。

9. 侯莉闽：《吉林省延边新石器时代文化及初步研究》，《博物馆研究》1988 年 2 期，第 51 ~ 64 页。

10. 许玉林：《东北地区新石器时代文化概述》，《辽海文物学刊》1989 年 1 期，第 56 ~ 87 页。

11. 许玉林：《辽东半岛新石器时代文化初探》，载苏秉琦《考古学文化论集（二）》，文物出版社，1989 年，第 96 ~ 112 页。

12. 许永杰：《东北境内新石器时代筒形罐的谱系研究》，《北方文物》1989 年 2 期，第 19 ~ 29、71 页。

13. 大贯静夫：《东北亚洲中的中国东北地区原始文化》，载《庆祝苏秉琦考古五十五年论文集》，文物出版社，1989 年，第 38 ~ 64 页。

14. 王嗣洲：《小珠山下层文化类型与后洼下层文化类型的比较》，《博物馆研究》1990 年 3 期，第 64 ~ 68 页。

15. 冯恩学：《东北平底筒形罐区系研究》，《北方文物》1991 年 4 期，第 28 ~ 41 页。

16. 苏秉琦：《关于重建中国史前史的思考》，《考古》1991 年 12 期，第 1 ~ 11 页。

17. 许玉林：《论辽东半岛黄海沿岸新石器文化》，《博物馆研究》1992 年 2 期，第 78 ~ 87、55 页。

18. 陈全家、陈国庆：《三堂新石器时代遗址分期及相关问题》，《考古》1992 年 3 期，第 232 ~ 235 页。

19. 朱延平：《小珠山下层文化试析》，载中国社会科学院考古研究所《考古求知集》，中国社会科学出版社，1997 年，第 186 ~ 193 页。

20. 栾丰实：《辽东半岛南部地区的原始文化》，载《海岱地区考古研究》，山东大学出版社，1997 年，第 375 ~ 407 页。

21. 安志敏：《中国辽东半岛的史前文化》，载《东亚考古论集》，香港中文大学中国考古艺术研究中心，1998 年，第 78 ~ 88 页。

22. 王嗣洲：《辽东半岛新石器时代考古学文化谱系研究》，载《史前研究》，三秦出版社，2000 年，第 52 ~ 62 页。

23. 王月前：《鸭绿江右岸地区新石器遗存研究》，载《中国历史博物馆考古部纪念文集》，科学出版社，2000 年，第 107 ~ 126 页。

研究专著

1. 裴文中：《中国史前时期之研究》，商务印书馆，1948 年。

2. 朝鲜民主主义共和国社会科学院考古研究所编，李云铎译：《朝鲜考古学概要》，哈尔滨：黑龙江省文物出版编辑室。

3. А. П. 奥克拉德尼科夫著，莫润先、田大畏译：《滨海遥远的过去》，商务印书馆，1982 年。

3. А. И. 克鲁沙诺夫主编，成于众译：《苏联远东史——从远古到 17 世纪》，哈尔滨出版社，1993 年。

4. 赵宾福：《东北石器时代考古》，吉林大学出版社，2003 年。

5. 赵宾福：《中国东北地区夏至战国时期的考古学文化研究》，吉林大学文学院，2005 年。

6. 贾珊：《图们江流域汉代以前的几种考古学文化及相关问题的研究》，吉林大学文学院，2005 年。

7. 吴丽丹：《论东北地区新石器时代玉器的四个发展阶段》，吉林大学文学院，2007 年。

8. 赵宾福：《中朝临境地区的古代文化：石器时代与青铜时代》，待版。

朝（韩）文材料：

1. 고고학연구실 . 청진 농푸리 원시유적발굴 [J] . 문화유산 . 과학원출판사，1957（4）.【考古学研究室：《清津农浦里原始遗址发掘》，《文化遗产》，科学出版社，1957 年 4 期。】

2. 황기덕 . 두만강류역과 동해안일대의 유적조사 [J] . 문화유산 . 과학원출판사，1957（6）：57 - 60.【黄基德：《豆满江流域和东海岸一带遗迹调查》，《文化遗产》，科学院出版社，1957 年 6 期，第 57~60 页。】

3. 김례환 . 룡천군 신암리 신창부락에서 원시유적 발견 [J] . 문화유산 . 과학원출판사，1959（1）：88 - 89.【金礼焕：《龙川郡新岩里信仓部落原始遗迹的发现》，《文化遗产》，科学出版社，1959 年 1 期，第 88~89 页。】

4. 리병선 . 평안부도 룡천군 염주군 일대의 유적 답사 보고 [J] . 문화유산 . 과학원출판사，1962（1）：50 - 52.【李秉宪：《平安北道龙川郡、岩州郡一带遗迹踏查报告》，《文化遗产》，科学出版社，1962 年 1 期，第 50~52 页。】

5. 리병선 . 평안북도 룡천군 일대의 유적 답사 보고 [J] . 문화유산 . 과학원출판사，1962（1）：52 - 54.

【李秉宪：《平安北道龙川郡、岩州郡一带遗迹踏查报告》，《文化遗产》，科学出版社，1962 年 1 期，第 52~54 页。】

6. 리병선 . 평안북도 룡천군 염주군 일대의 유적답사 보고 [J] . 문화유산 . 과학원출판사，1962（1）：55.【李秉宪：《平安北道龙川郡、岩州郡一带遗迹踏查报告》，《文化遗产》，科学出版社，1962 年 1 期，第 55 页。】

7. 리병선 . 중강준 토성리 원시 및 고대유적 발굴중간보고 [J] . 문화유산 . 과학원출판사，1962（5）.【李秉宪：《中江郡土城里原始和古代遗址发掘中间报告》，《文化遗产》，科学出版社，1962 年 5 期。】

8. 안병찬 . 퍅안북도 박천군 녕변군의 유적 조사 보고 [J] . 문화유산 . 과학원출판사，1962（5）：66 - 72.【安炳燦：《平安北道博川郡、宁边郡的遗迹调查报

告》，《文化遗产》，科学出版社，1962 年 5 期，第 66～72 页。】

9. 김정문 김영우．녕변국 세죽리 유적 발굴 [J]．문화유사．과학원출판사，1962 (6)：68－69．【金正文、金永祐：《宁边郡细竹里遗址发掘》，《文化遗产》，科学出版社，1962 年 6 期，第 68～69 页。】

10. 김종혁．중강군 장성리 유적조사 보고 [J]．문화유산，과학원출판사，1962 (6)．【金钟赫：《中江郡长城里遗址调查报告》，《文化遗产》，1962 年 6 期，科学出版社。】

11. 김용간．미송리 동굴유적 발굴보고 [J]．고고학자료짐，1963 (3)．【金勇玕：《美松里洞穴遗址发掘报告》，《考古学资料集》1963 年 3 期。】

12. 김정문 김영우．세죽리 유적 발굴 중간 보고 (1) [J]．고고민속，1964 (3)：44－54．【金正文、金永祐：《细竹里遗址发掘中间报告》，《考古民俗》1964 年 3 期，第 44～54 页。】

13. 김정문 김영우．세죽리 유적 발굴 중간 보고 (2) [J]．고고민석，1964 (4)：40－50．【金正文、金永祐：《细竹里遗址发掘中间报告》，《考古民俗》1964 年 4 期，第 40～50 页。】

14. 렴주태：함경북도에서 새로 알려진 유적과 유물 [J]．고고민속，1965 (2)：49－51．【廉洙泰：《咸镜北道新出现的遗迹和遗物》，《考古民俗》1965 年 2 期，第 49～51 页。】

15. 렴주태：함경북도에서 새로 알려진 유적과유물 [J]．고고민속，1965 (2)：46－47．【廉洙泰：《咸镜北道新出现的遗迹和遗物》，《考古民俗》1965 年 2 期，第 46～47 页。】

16. 리순진．신암리 유적 발굴 중간 보고 [J]．고고민속，1965 (3)：40－49．【李顺真：《新岩里遗址发掘中间报告》，《考古民俗》1965 年 3 期，第 40～49 页，社会科学出版社。】

17. 김용간 리순진．1965 년도 신암리 유적 발굴 보고 [J]．고고민속，1966 (3)：20－31．【金勇玕、李顺真：《1965 年度新岩里遗址发掘报告》，《考古民俗》1966 年 3 期，第 20～31 页。】

18. 신의주력사박물관．1966 년도 신암리유적 발굴 간략보고 [J]．고고민속，1967 (2)：42－44．【新义州历史博物馆：《1966 年度新岩里遗址发掘简报》，《考

古民俗》1967 年 2 期，第 42~44 页。】

19. 김용간 서국태. 서포항 원시유적 발굴보고 [J]. 고고민속론문집，1972（4）：31 - 145.【金勇玕、徐国泰：《西浦项原始遗址发掘报告》，《考古民俗论文集》1972 年 4 期，第 31~145 页。】

20. 강중광. 룡연리 유적 발굴 보고. 고고학자료집，1974（4）：64 - 73.【江中光：《龙渊里遗址发掘报告》，《考古学资料集》1974 年 4 期，第 64~73 页。】

21. 고고학연구소. 조선고고학개요 [M]，1977.【考古学研究所：《朝鲜考古学概要》，1977 年。】

22. 강중광. 신암리 원시유적 제 4 지점에 대하여 [J]. 력사과학，1979（2）：38 - 42.【江中光：《关于新岩里原始遗址第 4 地点》，《历史科学》1979 年 2 期，第 38~42 页。】

23. 과학원고고학및민숙학연구소. 미송리동굴유적，《北韩文化遗迹发掘概报（上）》，文化才管理局文化才研究所，1991 年，第 274~278 页。

24. 차달만. 당산조개무지유적 발굴보고 [J]. 조선고고연구，1992（4）.【车达晚：《堂山贝丘遗址发掘报告》，《朝鲜考古研究》1992 年 4 期。】

25. 차달만. 당산유적 웃문화층 질그릇갖춤새의 특징에 대하여 [J]. 조선고고연구，1993（4）.【车达晚：《关于堂山遗址上文化层陶器特点》，《朝鲜考古研究》1993 年 4 期。】

26. 国立中央博物馆. 韩国의先·原史土器. 1993.【国立中央博物馆：《韩国的先·原始土器》，1993 年。】

27. 白宏基：《东北亚平底土器研究》，学研文化社，1994 年。

俄文材料：

1. А. П. Окладников. Древнее поселение в бухте Пхусун. Археология и этнография Дальнего Востока. Новосибирск. 1964.【А. П. 奥克拉德尼科夫：《普松港古遗址》，《远东的考古学和民族学》，新西伯利亚，1964 年。】

2. Г. И. Андреев. Поселение заисановка - Ⅰ в Приморъе. СА. 1957 - 2.【Г. И. 安德烈耶夫：《滨海地区的扎伊桑诺夫卡文化 – 1 遗址》，《СА》1957 年 2 期。】

3. Д. Л. Бродянский. Проблема периодизации и хронологии неолита Приморья.

Древние культуры Сибири и Тихоокеанского бассейна. Новосибирск. 1979 年.
【Д. Л. 布罗江斯基：《滨海新石器时代分期与年代问题》，载《西伯利亚和太平洋地区的古老文化》，新西伯利亚，1979 年。】

4. В. А. Татоников. Неолитическая стоянка в пещере Чертавы Ворота в северо – восточне приморье. Поздне плейстоценовые и раннеголоценовые курьтурные связи Азии и Америки. Новосибирск. 1983. 【В. А. 塔塔尼科夫：《滨海东北部的鬼门洞穴新石器时代居址》，载《亚洲和美洲更新世晚期和全新世早期的文化关系》，新西伯利亚，1983 年。】

5. Д. Л. Бродянский. Введение В Дальневосточную археология. ИздательствоДаль невосточнего университета. Владивосток. 1987. 【Д. Л. 布罗江斯基：《远东考古学概论》，远东国立大学出版社，符拉迪沃斯托克，1987 年。】

6. В. И. Дьяков. Многослойное поселение Рудная пристань и периодизация неолитических культур приморья. Владивосток. Дальнаука 页。1992. 【В. И. 季亚科夫：《鲁德纳亚码头多层遗址及滨海地区新石器时代文化的分期》，符拉迪沃斯托克，《远东科学》1992 年。】

7. А. Н. Попов, Т. А. Чикишева, Е. Г. Шпакова. Бойсманская археологическая культура Южного Приморья (по материалам многослойного памятника Бойсмана – 2). Издательство Института археологии и этнографии СО РАН. Новосибирск. 1997. 【А. Н. 波波夫 Т. А. 奇基舍娃 Е. Г. 什帕科娃：《滨海南部的博伊斯曼考古学文化（依据博伊斯曼－2 多层遗址材料）》，俄罗斯科学院西伯利亚分院考古学与民族学研究所出版社，新西伯利亚，1997 年。】

8. О. Л. Морева, А. Н. Попов. Остродонные сосуды из нижнего слоя памятника Бойсмана－2. Археология и культурная антропология Дальнего Востока. Владиво стокю2002. 【О. Л. 莫列娃、А. Н. 波波夫：《博伊斯曼－2 遗址下层的尖底器》，《远东的考古学和文化人类学》，符拉迪沃斯托克，2002 年。】

9. А. Н. Попов С. В. Батаршев. Археология исследования в Хасанском районе Приморского края в 2000г. Археология и культурная антропология Дальнего Востока. ДВО РАН. Владивосток. 2002. 【А. Н. 波波夫、С. В. 巴塔尔舍夫：《滨海边疆区哈桑地区 2000 年的考古调查》，《远东考古学和文化人类学》，俄

罗斯科学院远东分院，符拉迪沃斯托克，2002 年。】

10. С. А. Коломиец　С. В. Батаршев　Е. Б. Крутых　页。Поселение　Реттиховка　–
Геологическая（хронология，культурная принадлежность）页。Археология
и культурная антропология Дальнего Востока. ДВО РАН. Владивосток. 2002.
【С. А. 科洛米耶茨、С. В. 巴塔尔舍夫、Е. Б. 克鲁特赫：《列季霍夫 – 格奥
洛吉切斯基遗址（年代、文化特点）》，《远东考古学和文化人类学》，俄罗
斯科学院远东分院，符拉迪沃斯托克，2002 年。】

11. О. Л. Морева. Бойсманская　керамика　на　памятнике　Лузанова　Сопка　–
2. Археология　и　социокультурная　антропология　Дальнего　Востока　и
сопредельных территорий. Издательство БГПУ. Благовещенск 2003.【О. Л.
莫列娃：《卢扎诺夫索普卡 – 2 遗址的博伊斯曼陶器》，《远东及比邻地区的
考古学和社会文化人类学》，国立布拉戈维申斯克师范大学出版社，
2003 年。】

12. Е. И. Гельман　Т. В. Исакова　Ю. Е. Вострецов. Керамический комплекс неолит
ического поселения Зайсановка – 7. Археология и социокультурная антропол
огия Дальнего Востока и сопредельных территорий。Издательство БГПУ. Благ
овещенск 2003.【Е. И. 格尔玛尼、Т. В. 伊萨科娃、Ю. Е. 沃斯特列佐夫：
《扎伊桑诺夫卡 – 7 遗址陶器》，《远东及比邻地区的考古学和社会文化人类
学》，国立布拉戈维申斯克师范大学出版社，2003 年。】

13. Неолит юга Дальнего Востока древнее поселение в пещере Чертавы Ворота.
【远东南部的新石器时代鬼门洞穴遗址】

日文材料

1. 【日】鸟居龍藏：《满洲调查报告》，1910 年。

2. 【日】八木奘三郎：《满洲旧蹟志（上编）》，1924 年。

3. 《南满洲调查报告》，1931 年。

4. 横山将三郎：《关于油坂贝冢》，《小田先生颂寿纪念朝鲜论集》，汉城，
1934 年。

5. 【日】三宅俊成：《长山列岛先史时代の小调查》，《满洲学报（第 4 卷）》，
1936 年。

6. 【日】八木奘三郎:《朝鲜咸镜北道石器考》,東京,1938 年。

7. 【日】濱田耕作:《旅順石塚發見土器の種類に就いて——白色土器と陶質土器の存在》,《東亞考古學研究》1943 年,第 139～152 页。

8. 【日】三宅俊成:《滿洲考古學概說》,1944 年。

9. 有光教一:《朝鲜栉目纹土器研究》,京都,1962 年,收录于《有光教一著作集》,1990 年。

10. 佐藤达夫:《朝鲜有纹土器的变迁》,《考古学杂志》1964 年 8 期,第 3 页。

11. 宫本一夫:《朝鲜有文土器的编年和地域性》,《朝鲜学报》1986 年 12 期,第 1 页。

12. 【日】澄田正一:《遼東半島の先史遺蹟——大長山島上馬石貝塚》,《人間文化》3 號,1986 年,第 36～45 页。

13. 【日】澄田正一:《遼東半島の史前遺蹟——四平山和老鉄山》,《橿原考古研究所論文集第四集》,1979 年。

14. 【日】澄田正一:《遼東半島の先史遺蹟——大長山島上馬石貝塚》,《人間文化》4 號,1988 年,第 37～52 页。

15. 【日】宫本一夫:《遼東半島周代併行土器の變遷——上馬石貝塚 A・B Ⅱ 區を中心として》,《考古學雜誌》76 卷 4 號,1991 年,第 60～86 页。

附　表

附表一　鸭绿江流域及辽东半岛黄海沿岸地区新石器时代遗址调查或发掘年表

	年度	遗址	所在地	工作性质	材料来源
中国境内	解放前	郭家村	大连市旅顺口区	调查	南满洲调查报告；旅顺博物馆藏品
	1957～1960	东山	大连市长海县广鹿岛	调查	考古 1962.7；考古学报 1981.1
	1957～1960	东水口	大连市长海县广鹿岛	调查	考古 1962.7
	1957～1960	吴家村	大连市长海县广鹿岛	调查	考古 1962.7；考古学报 1981.1
	1957～1960	洪子东	大连市长海县广鹿岛	调查	考古 1962.7
	1957～1960	清化宫	大连市长海县大长山岛	调查	考古 1962.7
	1957～1960	上马石	大连市长海县大长山岛	调查	考古 1962.7；考古学报 1981.1
	1957～1960	姚家沟	大连市长海县小长山岛	调查	考古 1962.7
	1957～1960	沙泡子村	大连市长海县獐子岛	调查	考古 1962.7
	1957～1960	李强子村	大连市长海县獐子岛	调查	考古 1962.7
	1957～1960	南玉村	大连市长海县海洋岛	调查	考古 1962.7
	1973	吴家村	大连市长海县广鹿岛	复查	考古学报 1981.1

续表

	年度	遗址	所在地	工作性质	材料来源
中国境内	1973、1976、1977	郭家村	大连市旅顺口区	发掘	考古学报 1984.3
	1975	乔东	大连市新金县双塔公社	调查发掘	考古 1983.2
	1976	乔东	大连市新金县双塔公社	发掘	考古 1983.2
	1978	小珠山	大连市长海县广鹿岛	发掘	考古学报 1981.1
	1978	吴家村	大连市长海县广鹿岛	发掘	考古学报 1981.1
	1978	东山	大连市长海县广鹿岛	发掘	考古学报 1981.1
	1978	蛎碴岗	大连市长海县广鹿岛	发掘	考古学报 1981.1
	1978	南窑	大连市长海县广鹿岛	发掘	考古学报 1981.1
	1978	上马石	大连市长海县大长山岛	发掘	考古学报 1981.1
	1980	大潘家村	大连市旅顺口区江西镇	调查	考古 1994.4
	1980	石灰窑村	大连市旅顺口区三涧堡镇	调查	考古 1994.4
	1980	王家屯	大连市旅顺口区北海乡	调查	考古 1994.4
	1980～1983	臭梨崴子	丹东市宽甸县永甸乡	调查	考古 1986.10
	1980～1983	老地沟	丹东市宽甸县下露河乡	调查	考古 1986.10
	1980～1983	小娘娘城山	丹东市振安区浪头乡	调查	考古 1986.10
	1980～1983	镇东山	丹东市振安区九连城乡	调查	考古 1986.10
	1980～1983	龙头山	丹东市振安区九连城乡	调查	考古 1986.10
	1980～1983	老温头山	丹东市振安区五龙背乡	调查	考古 1986.10
	1981	北吴屯	大连市庄河黑岛镇	调查	考古学报 1994.3
	1981	后洼	丹东市东沟县马家店镇	调查试掘	考古 1984.1
	1981	石灰窑	丹东市东沟县黄土坎公社	调查	考古 1984.1
	1981	王驼子	丹东市东沟县谷屯大队	调查	考古 1984.1
	1981	赵坨子	丹东市东沟县谷屯大队	调查	考古 1984.1
	1981	阎坨子	丹东市东沟县谷屯大队	调查	考古 1984.1

	年度	遗址	所在地	工作性质	材料来源
中国境内	1981	蜊蚁坨子	丹东市东沟县谷屯大队	调查	考古 1984. 1
	1981	城山沟	丹东市东沟县新农公社	调查	考古 1984. 1
	1981	蚊子山	丹东市东沟县新农公社	调查	考古 1984. 1
	1981	石固山	丹东市东沟县新民公社	调查	考古 1984. 1
	1981	柞木山	丹东市东沟县北井子公社	调查	考古 1984. 1
	1981	老石山	丹东市东沟县小甸子公社	调查	考古 1984. 1
	1981	西泉眼	丹东市东沟县龙王庙镇	调查	辽海文物学刊 1988. 1
	1982	三堂村	大连市瓦房店长兴岛	调查	考古 1992. 2
	1982	哈皮地	大连市瓦房店交流岛	调查	辽海文物学刊 1992. 1
	1983～1984	后洼	丹东市东沟县马家店镇	发掘	文物 1989. 12
	1984	大岗	丹东市东沟县马家店镇	试掘	考古 1986. 4
	1985、1986	三堂村	大连市瓦房店长兴岛	复查	考古 1992. 2
	1986	石佛山	丹东市东沟县马家店镇	调查	考古 1990. 8
	1986	西泉眼	丹东市东沟县龙王庙镇	发掘	辽海文物学刊 1988. 1
	1987	北沟贝墙里	鞍山市岫岩县岫岩镇	发掘	北方文物 1990. 2
	1987	北沟西山	鞍山市岫岩县岫岩镇	发掘	北方文物 1990. 2
	1988	北沟西山	鞍山市岫岩县岫岩镇	发掘	考古 1992. 5
	1989	文家屯	大连市甘井子区营城镇	调查	考古 1994. 4
	1990	北吴屯	大连市庄河黑岛镇	发掘	考古学报 1994. 3
	1990	三堂村	大连市瓦房店长兴岛	发掘	考古 1992. 2
	1991	哈皮地	大连市瓦房店交流岛	发掘	辽海文物学刊 1992. 1
	1992	大潘家村	大连市旅顺口区江西镇	发掘	考古 1994. 10
	1995	西沟	大连市庄河平山乡	调查	辽海文物学刊 1997. 1
	1995	阴屯半拉山	大连市庄河黑岛镇	调查	辽海文物学刊 1997. 1
	1995	小业屯	大连市庄河光明山乡	调查	辽海文物学刊 1997. 1

续表

	年度	遗址	所在地	工作性质	材料来源
中国境内	1995	大驾地	大连市庄河青堆子镇	调查	辽海文物学刊 1997.1
	1995	窑南	大连市庄河蓉花山乡	调查	辽海文物学刊 1997.1
	1995	歪头山	大连市瓦房店泡崖乡	调查	辽海文物学刊 1997.1
	1995	鱼山	大连市瓦房店老虎屯镇	调查	辽海文物学刊 1997.1
	1995	山南头	大连市普兰店夹河庙镇	调查	辽海文物学刊 1997.1
	2006、2008	小珠山 吴家村	大连市长海县广鹿岛	发掘	考古 2009.5
朝鲜境内	1958	堂山	平安北道定州郡大山里	发掘	朝鲜原始考古学 1960 年
	1959	美松里	平安北道义州郡美松里	发掘	考古学资料集 1963.3；北韩文化遗迹发掘概报 1991 年
	1960~1961	土城里	慈江道中江郡土城里	发掘	文化遗产 1962.5；北方文化 1995.3
	1960	长城里	慈江道中江郡长城里	发据	文化遗产 1962.6
	1961	新岩里	平安北道龙川郡新岩里	调查	文化遗产 1962.1
	1961	道峰里	平安北道盐州郡道峰里	调查	文化遗产 1962.1
	1962~1963	细竹里	平安北道宁边郡细竹里	发掘	文化遗产 1962.5、6；考古民俗 1964.3、4
	1964	新岩里	平安北道龙川郡新岩里	发掘	考古民俗 1965.3
	1965	新岩里	平安北道龙川郡新岩里	发掘	考古民俗 1966.3
	1966	新岩里	平安北道龙川郡新岩里	发掘	考古民俗 1967.2
	1972	龙渊里	平安北道龙川郡龙源里	发掘	文化遗产 1962.1；考古学资料集 1974.4
	1974	新岩里	平安北道龙川郡新岩里	发掘	历史科学 1979.2

	年度	遗址	所在地	工作性质	材料来源
朝鲜境内	不详	双鹤里	平安北道龙川郡双鹤里	调查	朝鲜考古学概要，1977 年；考古学资料集 1974.4
	1991	堂山	平安北道定州郡大山里	发掘	朝鲜考古研究 1992.4、1993.4；东北亚历史与考古信息 1995.1

附表二　图们江流域及大彼得湾沿岸地区新石器时代遗址调查或发掘年表

	年度	遗址	所在地	工作性质	材料来源
中国境内	1972	南团山	延边珲春市大六道沟屯	发掘	文物 1973.8；珲春县文物志，1984 年；博物馆研究 1988.2
	1979	兴城	延边和龙县东城乡	调查	和龙县文物志，1984 年
	1979～1980	金谷	延边龙井市	发掘	龙井县文物志，1984 年；北方文物 1991.1
	1983～1985	东风	延边延吉市长白河乡	调查	博物馆研究，1988.2
	1983～1985	大苏二队	延边龙井市富裕乡	调查	图们市文物志，1985 年；博物馆研究 1988.2
	1983～1985	琵岩山	延边龙井市光新乡	调查	龙井县文物志，1984 年；博物馆研究 1988.2
	1983～1985	大敦台	延边延吉市兴安乡	调查	延吉市文物志，1985 年；博物馆研究 1988.2
	1983～1985	长东	延边延吉市长白乡	调查	延吉市文物志，1985 年；博物馆研究 1988.2

续表

	年度	遗址	所在地	工作性质	材料来源
中国境内	1983～1985	砖瓦厂	延边延吉市	调查	延吉市文物志, 1985年; 博物馆研究 1988.2
	1983～1985	邮电局	延边龙井市三合乡	调查	龙井县文物志, 1984年; 博物馆研究 1988.2
	1983～1985	岐新六队	延边图们市月晴乡	调查	图们市文物志, 1985年; 博物馆研究 1988.2
	1983～1985	河龙村	延边延吉市长白河乡	调查	延吉市文物志, 1985年; 博物馆研究 1988.2
	1983～1985	参场	延边汪清县复兴镇	调查	汪清县文物志, 1983年; 博物馆研究 1988.2
	1983～1985	小孤山	延边图们市凉水乡	调查	珲春县文物志, 1984年; 博物馆研究 1988.2
	1983～1985	西岗子	延边图们市密江乡	调查	珲春县文物志, 1984年; 博物馆研究 1988.2
	1986	兴城	延边和龙县东城乡	复查发掘	博物馆研究 1988.2; 和龙兴城——新石器时代及青铜时代遗址发掘报告, 2001年
	1987	兴城	延边和龙县东城乡	发掘	博物馆研究 1988.2; 和龙兴城——新石器时代及青铜时代遗址发掘报告, 2001年
	1988	迎花南山	延边珲春市凉水乡	发掘	考古 1993.8
朝鲜境内	1916	罗津	咸镜北道罗津市	调查	朝鲜咸镜北道石器考, 1938年; 朝鲜栉目纹土器研究, 1962年

续表

	年度	遗址	所在地	工作性质	材料来源
朝鲜境内	20 世纪 30 年代	农浦里	咸镜北道青津市镜城郡龙城面	发掘	小田先生颂寿纪念朝鲜论集，1934 年
	20 世纪 30 年代	元帅台	咸镜北道镜城郡梧村面	调查	小田先生颂寿纪念朝鲜论集，1934 年
	年度	遗址	所在地	工作性质	材料来源
	1947	西浦项	咸镜北道雄基郡屈浦里	调查	东北亚平底土器研究，1994 年
	1950	黑狗峰	咸镜北道游仙郡凤仪驿	调查	文化遗产 1957.6
	1954	黑狗峰	咸镜北道游仙郡凤仪驿	发掘	文化遗产 1957.6
	1960 ~ 1964	西浦项	咸镜北道雄基郡屈浦里	发掘	考古民俗论文集，1972 年 4 集
	1964 ~ 1965	元帅台	咸镜北道镜城郡梧村面	调查	考古民俗 1965.2；韩国的先·原始土器 1993 年
	不详	龙坪里	咸镜北道鱼郎郡	调查	考古民俗 1965.2
	不详	凤仪面	咸镜北道会宁郡	调查	朝鲜栉目纹土器研究，1962 年
	不详	间坪	咸镜北道锺城郡南山面	调查	朝鲜栉目纹土器研究，1962 年
	不详	雄基邑	咸镜北道雄基邑	调查	朝鲜栉目纹土器研究，1962 年
俄罗斯境内	20 世纪 50 年代	扎伊桑诺夫卡 - 1	滨海边疆区克拉斯尼诺	发现	考古学报 1958.4
	1954	扎伊桑诺夫卡 - 1	滨海边疆区克拉斯尼诺东	发掘	考古学报 1958.4
	1955	基罗夫斯基	滨海边疆区奥列尼南、基罗夫斯基和阿尔乔母格雷斯村附近	发掘	鲁德纳亚码头多层遗址及滨海地区新石器时代文化的分期，1992 年

续表

	年度	遗址	所在地	工作性质	材料来源
俄罗斯境内	1956	扎伊桑诺夫卡-1	滨海边疆区克拉斯尼诺	发掘	考古学报 1958.4
	1958	瓦连京地峡	日本海沿岸瓦连京地峡	发掘	鲁德纳亚码头多层遗址及滨海地区新石器时代文化的分期，1992 年
	1959	基罗夫斯基	滨海边疆区奥列尼南、基罗夫斯基和阿尔乔母格雷斯村附近	发掘	鲁德纳亚码头多层遗址及滨海地区新石器时代文化的分期，1992 年
	1959	奥列尼	滨海边疆区国营农场	调查	远东考古学概论，1987 年；鲁德纳亚码头多层遗址及滨海地区新石器时代文化的分期，1992 年
	1960	奥列尼	滨海边疆区国营农场	发掘	远东考古学概论，1987 年；鲁德纳亚码头多层遗址及滨海地区新石器时代文化的分期，1992 年
	1962	基罗夫斯基	滨海边疆区奥列尼南、基罗夫斯基和阿尔乔母格雷斯村附近	发掘	鲁德纳亚码头多层遗址及滨海地区新石器时代文化的分期，1992 年
	1966	奥列尼	滨海边疆区国营农场	发掘	远东考古学概论，1987 年；鲁德纳亚码头多层遗址及滨海地区新石器时代文化的分期，1992 年

续表

	年度	遗址	所在地	工作性质	材料来源
俄罗斯境内	1966	别列瓦尔	滨海边疆区纳霍德卡和莆拉基米罗－亚历山德罗夫斯科耶附近	发现	鲁德纳亚码头多层遗址及滨海地区新石器时代文化的分期，1992 年
	1970	瓦连京地峡	日本海沿岸瓦连京地峡	发掘	鲁德纳亚码头多层遗址及滨海地区新石器时代文化的分期，1992 年
	1972	别列瓦尔	滨海边疆区纳霍德卡和莆拉基米罗－亚历山德罗夫斯科耶附近	发掘	鲁德纳亚码头多层遗址及滨海地区新石器时代文化的分期，1992 年
	1976	椴树下	滨海边疆弗拉基米罗－亚历山德罗夫斯科耶西南	发掘	鲁德纳亚码头多层遗址及滨海地区新石器时代文化的分期，1992 年
	1978	别列瓦尔	滨海边疆区纳霍德卡和莆拉基米罗－亚历山德罗夫斯科耶附近	发掘	鲁德纳亚码头多层遗址及滨海地区新石器时代文化的分期，1992 年
	1980	瓦连京地峡	日本海沿岸瓦连京地峡	发掘	鲁德纳亚码头多层遗址及滨海地区新石器时代文化的分期，1992 年
	1991～1997	博伊斯曼－2	滨海边疆区南部博伊斯曼湾岸边	发掘	滨海南部的博伊斯曼考古学文化，1997 年；远东的考古学和文化人类学，2002 年；远东及比邻地区的考古学和社会文化人类学，2003 年

续表

	年度	遗址	所在地	工作性质	材料来源
俄罗斯境内	1997	扎伊桑诺夫卡－7	滨海边疆区格拉德卡亚河口东南	发现	远东及比邻地区的考古学和社会文化人类学，2003 年
	1998	扎伊桑诺夫卡－7	滨海边疆区格拉德卡亚河口东南	发掘	远东及比邻地区的考古学和社会文化人类学，2003 年
	2000	扎伊桑诺夫卡－7	滨海边疆区格拉德卡亚河口东南	发掘	远东及比邻地区的考古学和社会文化人类学，2003 年
	2000	格拉德卡亚－4	滨海边疆区克拉斯基诺东南	发掘	远东考古学和文化人类学，2002 年
	2000	格沃兹杰沃－3	滨海边疆区扎伊桑诺夫卡东南	发掘	远东考古学和文化人类学，2002 年
	2000	格沃兹杰沃－4	滨海边疆区扎伊桑诺夫卡东南	发掘	远东考古学和文化人类学，2002 年
	不详	扎列奇耶－1	滨海边疆区哈桑地区	不详	苏联远东史——从远古到 17 世纪，1993 年

附表三　乌苏里江流域新石器时代遗址调查或发掘年表

	年度	遗址	所在地	工作性质	材料来源
中国境内	1972	新开流	密山	发掘	考古学报 1979.4
	1972	小南山	双鸭山饶河县	发掘	考古 1972.2
	1981	刀背山	鸡西	调查	北方文物 1987.3
	1991	小南山 M1	双鸭山饶河县	调查	考古 1996.2
	1985 后	金厂沟	鸡西穆棱市下城子镇	调查	北方文物 2003.3

续表

	年度	遗址	所在地	工作性质	材料来源
中国境内	同上	龙庙山	鸡西穆棱市福禄乡	调查	北方文物 2003.3
	同上	光明	鸡西穆棱市福禄乡	调查	北方文物 2003.3
	同上	沟里房	穆棱市马桥河镇	调查	北方文物 2003.3
	同上	二百户	穆棱市穆棱镇	调查	北方文物 2003.3
	同上	南天门	穆棱市八面通镇	调查	北方文物 2003.3
	同上	六道沟北	穆棱市下城子镇	调查	北方文物 2003.3
	同上	中山	穆棱市八面通镇	调查	北方文物 2003.3
	同上	南山西	穆棱市马桥河镇	调查	北方文物 2003.3
	同上	万水江东	穆棱市马桥河镇	调查	北方文物 2003.3
	同上	参园	穆棱河市下城子镇	调查	北方文物 2003.3
	同上	赵三沟	穆棱市下城子镇	调查	北方文物 2003.3
	同上	北山	穆棱市下城子镇	调查	北方文物 2003.3
	同上	万水江	穆棱市马桥河镇	调查	北方文物 2003.3
	同上	后东岗东	穆棱市下城子镇	调查	北方文物 2003.3
俄罗斯境内	1953	鲁德纳亚	滨海地区鲁德纳亚河下游	调查	鲁德纳亚码头多层遗址及滨海地区新石器时代文化的分期，1992 年；滨海遥远的过去，1982 年；苏联远东史——从远古到 17 世纪，1993 年
	1955	鲁德纳亚	滨海地区鲁德纳亚河下游	发掘	鲁德纳亚码头多层遗址及滨海地区新石器时代文化的分期，1992 年；滨海遥远的过去，1982 年；苏联远东史——从远古到 17 世纪，1993 年

续表

<table>
<tr><th></th><th>年度</th><th>遗址</th><th>所在地</th><th>工作性质</th><th>材料来源</th></tr>
<tr><td rowspan="5">俄罗斯境内</td><td>1959</td><td>莫里亚克－雷博洛夫</td><td>滨海边疆区日本海沿岸、马尔加里托夫卡河右岸</td><td>发掘</td><td>远东的考古学和民族学，1964 年；鲁德纳亚码头多层遗址及滨海地区新石器时代文化的分期，1992 年</td></tr>
<tr><td>1972～1973</td><td>鬼门洞穴</td><td>滨海地区鲁德纳亚河下游</td><td>调查</td><td>远东南部新石器时代的鬼门洞穴古遗址；亚洲和美洲更新世晚期和全新世早期的文化关系，1983 年；鲁德纳亚码头多层遗址及滨海地区新石器时代文化的分期，1992 年；苏联远东史——从远古到 17 世纪，1993 年</td></tr>
<tr><td>1982～1986、1990</td><td>鲁德纳亚</td><td>滨海地区鲁德纳亚河下游</td><td>发掘</td><td>鲁德纳亚码头多层遗址及滨海地区新石器时代文化的分期，1992 年；滨海遥远的过去，1982 年；苏联远东史——从远古到 17 世纪，1993 年</td></tr>
<tr><td>1993</td><td>莫里亚克－雷博洛夫</td><td>滨海边疆区日本海沿岸、马尔加里托夫卡河右岸</td><td>发掘</td><td>【俄罗斯科学院远东分院：《揭开一千年的迷雾》，符拉迪沃斯托克，2010 年。】；《滨海边疆区的鲁德纳亚文化》，2009 年。</td></tr>
<tr><td>1998</td><td>列季霍夫卡－格奥洛吉切斯基</td><td>切尔尼戈夫斯卡亚地区</td><td>调查</td><td>远东考古学和文化人类学，2002 年</td></tr>
</table>

续表

	年度	遗址	所在地	工作性质	材料来源
俄罗斯境内	1999	列季霍夫卡－格奥洛吉切斯基	切尔尼戈夫斯卡亚地区	发掘	远东考古学和文化人类学，2002 年
	1950～1960、2003	奥西诺夫卡	乌苏里斯克	发掘	鲁德纳亚码头多层遗址及滨海地区新石器时代文化的分期，1992 年；滨海遥远的过去，1982 年；苏联远东史——从远古到 17 世纪，1993 年；《滨海边疆区的鲁德纳亚文化》，2009 年。
	2003、2004	乌斯季诺夫卡－8	泽尔卡利纳亚河谷内	发掘	《滨海边疆区的鲁德纳亚文化》，2009 年
	2000	蓝盖伊－4	兴凯湖南岸	调查	《滨海边疆区的鲁德纳亚文化》，2009 年
	2001～2003	卢扎诺夫索普卡－5	切尔尼戈夫卡地区、兴凯湖南岸	发掘	《滨海边疆区的鲁德纳亚文化》，2009 年
	2001～2003	卢扎诺夫索普卡－2	切尔尼戈夫卡地区、兴凯湖南岸	调查发掘	远东及比邻地区的考古学和社会文化人类学，2003 年；《滨海边疆区的鲁德纳亚文化》，2009 年。
	不详	切尔尼戈夫卡－1	切尔尼戈夫卡村	采集	《滨海边疆区的鲁德纳亚文化》，2009 年

续表

	年度	遗址	所在地	工作性质	材料来源
俄罗斯境内	不详	希罗金卡	兴凯湖南岸	调查	北方文物 1993.3；鲁德纳亚码头多层遗址及滨海地区新石器时代文化的分期，1992年；远东考古学概论，1987年；《滨海边疆区的鲁德纳亚文化》，2009年。
	不详	彼得洛维奇	兴凯湖南岸	调查	鲁德纳亚码头多层遗址及滨海地区新石器时代文化的分期，1992年
	不详	青树林	锡霍特山脉西部山地与兴凯湖平原的交界地带	发掘	远东考古学概论，1987年
	不详	克罗乌诺夫卡	乌苏里斯克西南、克罗乌诺夫卡河谷内	发掘	苏联远东史——从远古到17世纪，1993年；鲁德纳亚码头多层遗址及滨海地区新石器时代文化的分期，1992年

后　记

　　本书是在我博士论文的基础上修改而成。付梓之际，掩卷而思，感概万千。

　　2000 年 9 月，怀着一份欣喜、几分期待和稍许不安来到了吉林大学考古系，开始了我的大学生涯。2004 年 9 月，被保送为吉林大学考古系硕士研究生。2006 年 9 月，被保送为吉林大学考古系博士研究生，师从林沄教授和赵宾福教授。两位导师从边疆考古研究的理念出发，以国际视角研究的思维为指导，为我选定了《鸭绿江、图们江及乌苏里江流域的新石器文化研究》一题。2009 年进入成都文物考古研究所工作后，一直致力于四川平原的考古研究，无暇顾及此文，未能进一步研究，深感遗憾。然而"敝帚自珍"之意，时常萦绕心怀，于是 2013 年初开始对论文进行修改，现在终于改定。

　　在该书出版之际，我首先要感谢我的两位导师林沄教授和赵宾福教授。林老师从论文选题到论文框架的构建等，都倾注了大量的心血，尤其是在写作过程中给予的宏观指导，既高屋建瓴，又充分尊重我个人的意见和观点，大家风范尽显，对我影响至大。在论文修改出版过程中又进一步提出了宝贵的修改意见，并在赴台临行之际为本书撰写序言，甚是感动。赵老师给予了无微不至的指导和帮助，无论是研究方法、写作技巧还是具体问题，每一个环节、每一个细节都严格把关，在论文出版前的修改中每一页都写有他的笔迹，严谨的学风、灵动的思维、开阔的知识视野，让我无比崇敬。教书之外，赵老师不忘育人，在工作、生活、为人处事等多方面对我们教诲和帮助，那时最喜欢的就是聆听赵老师的教诲，经常是聊着聊着、听着听着几个钟头就过去了。这些教诲让我受益终生。深深感念两位导师的恩情，无以为报，只能在治学之路上孜孜以求，聊表寸心。

　　感念求学期间的诸位老师。陈国庆教授、彭善国教授带领我们到三峡实习，那是我们田野考古的起点，虽然条件十分艰苦，但那是一段刻骨的记忆。史吉祥教授、吕军教授带领我们到旅顺实习并出版了《博物馆公众研究》，还有看日出的经历至今都是同学们津津乐道的话题。陈全家教授带我们冒着严寒去松花江边打石器，乒乒乓乓的撞击声伴着雪花一起飞舞，牵动着我们每一个人的心。朱泓教授的风度翩翩、杨建华教授的慈祥、李依萍教授的和蔼、冯恩学教授的严谨、王立新教授的迷离眼神……尊敬的各位老师，能得到你们的培养和教育是我莫大的荣幸！

我的同学陈苇、韩金秋、李有骞、吴松岩、赵新、宋蓉，那时我们相互鼓励，一起拼搏！

在论文资料的搜集和整理过程中，冯恩学教授、潘玲教授等老师，成璟瑭、赵俊杰、李光日、孙璐、内田洪美等师兄师妹们给予了无私的帮助。在论文的修改过程中孙明明师妹提供了新资料。在此一并深表谢意。还要感谢吴丽丹、王亚娟、李志文、段天璟、唐淼、吴静、薛振华、刘伟、张全超、霍东风、邵会秋、袁海兵、胡宝华、张盟、陈章龙等诸位师兄弟、师姐妹的的帮助与陪伴。

论文答辩过程中，答辩委员会主席魏坚以及各答辩委员对本文给予了肯定并提出了修改意见，在此表示真诚的谢意。

工作后进入成都文物考古研究所，深感庆幸。以王毅院长为首的诸位领导十分重视学术研究，注重年轻人的培养，为我们搭建了良好的学术平台。感谢江章华院长把我引入单位，在学术上谆谆教导。感谢蒋臣院长、刘雨茂研究员、陈云洪研究员对我工作、生活的指导、鼓励和帮助。还有这四年来给予我关心、帮助和支持的同事、朋友们，谢谢你们！

感谢我的父母，虽然养育之恩无以为谢！求学、工作都在外地，没能在你们身边尽孝，深感愧对！感谢姐姐、姐夫们，谢谢你们一直以来对我的关心和帮助！谢谢你们对父母的照顾！感谢我的妻子，谢谢你对我工作的大力支持！谢谢你在生活中对我的体谅和照顾！

感慨过后，回想此文，深知尚不成熟、不完善。如对国外学者的观点没能全面梳理，与山东半岛、朝鲜半岛南部文化互动问题没有深入研究，与牡丹江流域、松花江下游、黑龙江下游地区的文化关系问题等等，也未做深入探讨。由于不在东北工作，无暇进一步研究，只祈望本书能够抛砖引玉，引起更多学者对中朝、中俄临境地带考古学文化的关注和研究。

2013 年 11 月 21 日于成都